WITHDRAWN

HARVARD LIBRARY

WITHDRAWN

Lorenz Moser

Die Dimension des Dynamischen im Seinsbegriff

Versuch, das whiteheadsche Wirklichkeitsverständnis
für einen
dynamisch bestimmten Seinsbegriff auszuwerten

Europäische Hochschulschriften

European University Papers
Publications Universitaires Européennes

Reihe XX

Philosophie

Série XX   Series XX

Philosophie
Philosophy

Bd./Vol. 13

Lorenz Moser

Die Dimension des Dynamischen
im Seinsbegriff

Versuch, das whiteheadsche Wirklichkeitsverständnis
für einen
dynamisch bestimmten Seinsbegriff auszuwerten.

Herbert Lang Bern
Peter Lang Frankfurt/M.
1975

Lorenz Moser

Die Dimension des Dynamischen im Seinsbegriff

Versuch, das whiteheadsche Wirklichkeitsverständnis für einen
dynamisch bestimmten Seinsbegriff auszuwerten

Herbert Lang Bern
Peter Lang Frankfurt/M.
1975

B
1674
.W354
M67
1975

ISBN 3 261 01638 8

Herbert Lang & Cie AG, Bern (Schweiz)
Peter Lang GmbH, Frankfurt/M. (BRD)
1975. Alle Rechte vorbehalten.

Nachdruck oder Vervielfältigung, auch auszugsweise, in allen Formen
wie Mikrofilm, Xerographie, Mikrofiche, Mikrocard, Offset verboten.

Druck: fotokop wilhelm weihert kg, Darmstadt

Inhaltsverzeichnis

Einleitung ... 11
1. Hintergrund und Entstehung der These ... 12
2. Anliegen und Ziel der These ... 15
3. Ueberblick über die folgenden Ausführungen ... 19

1. Teil. Allgemeine Einführung in die Problematik.
Der Seinsbegriff als Ausdruck dessen, was "ist". ... 21

Vorbemerkungen ... 21
1. "Was ist Metaphysik?" ... 21
2. Stellung und Funktion des Seinsbegriffs ... 23
3. Der Seinsbegriff als "Begriff" ... 23

1. Kapitel. Das Problem einer allgmeinen Ontologie ... 25
   I. Die Problematik eines allgemeinen Seinsbegriffs ... 25
      1. Der allgemeine, rein formale Seinsbegriff ... 25
      2. Der inhaltlich gefüllte Seinsbegriff ... 27
   II. Bewusste Entscheidung für einen bestimmten Seinsbereich als Grundlage für den Seinsbegriff ... 28

2. Kapitel. Der Bereich des konkreten, realen Seins als Grundlage und Hintergrund des Seinsbegriffs ... 31
   I. Die Grundentscheidung zugunsten des konkreten, realen Seins ... 31
      1. Nähere Umschreibung des gewählten Seinsbereiches ... 32
      2. Vorläufige Umschreibung des Seinsbegriffs ... 33
      3. Begründung der gefällten Entscheidung ... 34
   II. Schwierigkeiten des vorgeschlagenen Seinsbegriffs ... 35
      1. Das Problem als Problem der Sprache und des Denkens überhaupt ... 35
         a. Der Unterschied zwischen den beiden Bereichen ... 35
         b. Die Verbindung zwischen den beiden Bereichen ... 36
      2. Die spezifische Problematik des Seinsbegriffs ... 38
         a. Spezifische Schwierigkeiten des Seinsbegriffs ... 38
         b. Die Ueberwindung der Schwierigkeiten ... 40

3. Kapitel. Aufzuarbeitende Aspekte und Dimensionen ... 43
   I. Zwei Grunddimensionen jeder konkreten Wirklichkeit ... 43
      1. Die Selbständigkeit des einzelnen Seienden ... 44
      2. Das Verwiesensein des einzelnen Seienden ... 44
      3. Das Verhältnis der beiden Aspekte ... 45
   II. Die Geschichtlichkeit als Wesensdimension der aktualen Wirklichkeit ... 47
      1. Allgemeine Umschreibung des Begriffes "Geschichtlichkeit" ... 47

	2. Geschichtlichkeit als Bezogensein auf die Gesamtwirklichkeit	50
	3. Geschichtlichkeit als eigenes Geschichte-sein	52
III.	Das dialogisch-personale Menschenverständnis	53
	1. Der relationale Aspekt im Menschenverständnis	54
	2. Konsequenzen für eine "Definition" des Menschen und für den Seinsbegriff	57

2. Teil. Versuch eines dynamisch bestimmten Seinsbegriffs. Seinsvorstellung und (impliziter) Seinsbegriff bei A.N. Whitehead. 61

Vorbemerkungen 61

    1. Die Schwierigkeit des Sich-Beschränkens 61
    2. Das Neue in Whiteheads Philosophie 63
    3. Der konkrete Ansatzpunkt im Begriff "actual entity" 66

1. Kapitel. Das ontologische Prinzip 69

    I. Allgemeine Charakterisierung des ontologischen Prinzips 69
        1. Verschiedene Formulierungen des Prinzips 69
        2. Einige wichtige Aspekte 70
        3. Die Bedeutung des ontologischen Prinzips 71
    II. Der Zusammenhang des ontologischen Prinzips 72
        1. Der Ausgangspunkt 72
        2. Neue Aspekte des ontologischen Prinzips 73
        3. Das ontologische Prinzip und die "categories of existence" 76
    III. Spezifizierung des ontologischen Prinzips durch andere Prinzipien 78
        1. The principle of process 78
        2. The principle of relativity 80
            a. Konsequenzen für den Substanzbegriff 81
            b. Die Frage der Universalien 82
        3. The (reformed) subjectivist principle 83
        4. The principle of intensive relevance 86
        5. Zusammenfassung 87

2. Kapitel. Die aktuale Entität 89

    I. The category of the Ultimate 89
    II. Analyse der Begriffe "actual" und "entity" 91
        1. "entity" 91
        2. "actual" 93
    III. Nähere Bestimmung der aktualen Entität 94
        1. Uebersicht über die verschiedenen Definitionen 94
            a. Der objektive Aspekt 95
            b. Der subjektive oder formale Aspekt 96
            c. Der Zusammenhang der beiden Aspekte 97
        2. Die aktuale Entität als Prozess 99
            a. Die einzelnen Momente der aktualen Entität als Prozess 100
            b. Der eigentliche Vollzug des Prozesses 100

      c. Rückschlüsse für das Verständnis der aktualen Entität   108
      d. Ursprung und Herkunft der aktualen Entität als Prozess   112
  3. Die aktuale Entität als "subject-superject"   114

Schlussbemerkungen   117

Anmerkungen   123

Bibliographie   137

Abkürzungsverzeichnis

1. Abkürzungen für die Werke von A.N. Whitehead
   (mit Angabe der jeweils benützten Ausgabe)

AE   The Aims of Education and Other Essays. Ernest Benn, London 1966.
AI   Adventures of Ideas. The Free Press, New York 1967.
CN   The Concept of Nature. Cambridge Univ. Press 1971.
MT   Modes of Thought. The Free Press, New York 1968.
PR   Process and Reality. Harper Torchbooks, New York 1960.
RM   Religion in the Making. Cambridge Univ. Press 1926.
SMW   Science and the Modern World. Cambridge Univ. Press 1953.

2. Uebrige Abkürzungen

LThK   Lexikon für Theologie und Kirche. Freiburg ^{2}1957-1968.
ZThK   Zeitschrift für Theologie und Kirche. Tübingen 1891ff.

Vorwort

Die vorliegende Arbeit weicht wohl in einigen Punkten von dem ab, was man üblicherweise von einer Dissertation erwartet; dass sie trotzdem von der philosophischen Fakultät der Universität Freiburg als Doktorats-These angenommen wurde, weiss ich sehr zu schätzen.

Als Erstes ist zuzugeben, dass der Umfang in einem gewissen Missverhältnis zur Themastellung steht, denn die angeschnittene Problematik hätte eigentlich eine viel ausführlichere Darstellung erfordert. Der eine, allerdings nur sekundäre Grund liegt darin, dass die Arbeit innerhalb nützlicher Frist fertig werden musste, sodass der vorliegende Rahmen nicht überschritten werden konnte; der entscheidende Grund hingegen liegt in der Natur der Sache, insofern eine solche Diskrepanz immer dann unvermeidlich ist, wenn solch fundamentale und das gesamte Philosophieren betreffende Fragen angegangen werden wie die Frage nach dem Seinsbegriff und der mit ihm verbundenen Seinsvorstellung. Da nämlich durch die zu gebende Antwort schlechthin alle Gebiete der Philosophie irgendwie mitbetroffen sind, müsste streng genommen den entsprechenden Konsequenzen in allen Fällen nachgegangen werden, ein Unternehmen, mit dem man wohl nie zu Ende käme. Vieles, das noch hätte untersucht und weiter ausgeführt werden sollen, blieb daher ungesagt, bloss angedeutet oder als Behauptung hingestellt. Es ging nicht um Einzelheiten, sondern um eine Grundkonzeption, und es ist zu hoffen, dass diese in der Darstellung deutlich genug zum Ausdruck kommt und einigermassen als begründet erscheint, sodass auch der Ansatz und die Richtung klar ist, in welcher die genannten Lücken auszufüllen und die Einzelheiten weiter zu interpretieren wären.

Weiter ist darauf hinzuweisen, dass nicht beabsichtigt war, die aus Whiteheads Philosophie herausgearbeitete Seinsvorstellung (bzw. den ihr entsprechenden Seinsbegriff) mit jener der (etwas vage und undifferenziert so zusammengefassten) "klassischen" Philosophie zu vergleichen oder gar gegen sie auszuspielen. Was im Verlauf der Philosophiegeschichte zum Thema "Seinsbegriff" direkt oder indirekt erarbeitet wurde, ist viel zu umfangreich und zu vielfältig, als dass es in diesem beschränkten Rahmen auch nur einigermassen befriedigend und für einen Vergleich ausführlich genug hätte dargestellt werden können. Wenn trotzdem hin und wieder "klassische" Positionen herangezogen wurden, dann geschah es nicht so sehr im Sinne eines abwägenden Vergleiches, auch wenn auf gewisse Bewertungen nicht ganz verzichtet wurde, sondern primär in der Absicht, einen Hintergrund zu gewinnen, um von ihm Whiteheads Versuch abheben zu können und damit sein eigentliches Anliegen so deutlich wie möglich hervortreten zu lassen. Die genannte Bezugnahme hat also durchaus eine funktionale Bedeutung und darf nicht anders gesehen werden, weil sonst die Aussagen über die "klassische" Philosophie falsch verstanden werden; der Hauptakzent liegt eindeutig auf der von Whitehead beeinflussten Sicht.

Als Gegenpol zur hier vertretenen Auffassung wurde jedoch nicht eine bestimmte "klassische" Position gewählt, sondern jenes Seinsverständnis, das, wie es scheint, heute (noch) in einer grossen Breite den philosophischen Diskussionen zugrunde liegt und diese bestimmt. Dieses Seinsverständnis wurde verallgemeinernd und ohne weitere Differenzierung als geläufig und bekannt vorausgesetzt, ein Vorgehen, das zwar nicht ganz unproblematisch ist, sich aber aus der bereits angetönten Zielsetzung der Arbeit wohl einigermassen rechtfertigen lässt; dass die Darstellung dieses Seinsverständnisses in einigen Punkten, die sich alle irgendwie auf den Gegensatz statisch-dynamisch beziehen, zugunsten des dynamischen Aspektes etwas einseitig erscheint, ist methodisch bedingt durch die Absicht, das Neue an Whiteheads Versuch möglichst deutlich hervorzuheben; dieser Einseitigkeit darf daher kein zu grosses Gewicht beigemessen werden. Da aber das genannte traditionelle Seinsverständnis grundlegend geprägt ist durch das Erbe aus den verschiedenen Epochen der abendländischen Philosophiegeschichte, und zwar vor allem durch die entscheidenden Errungenschaften der griechischen Philosophie, muss die hier skizzierte, an Whitehead orientierte Konzeption wenigstens teilweise als Alternative zur "klassischen" Philosophie erscheinen, was jedoch nicht ausschliesst, dass sich z.B. auch bei Platon oder Aristoteles entsprechende Ansätze finden liessen, denen aber hier nicht nachgegangen werden konnte. Auf keinen Fall sollen die zeitlos gültigen Resultate des jahrhundertealten philosophischen Ringens in Frage gestellt sein, denn es könnte von ihnen allen ohne grosse Mühe gezeigt werden, dass auch sie in der hier vorgelegten Sichtweise ihren (freilich z.T. neuen) Platz haben; doch auch darauf konnte nicht eingegangen werden. Im Sinne eines negativen Hintergrundes wurden ferner andere Möglichkeiten, den Seinsbegriff zu verstehen, herangezogen; so wurde vom rein formalen, abstrakten und vom inhaltlich gefüllten Seinsbegriff gesprochen, ohne dass diese beiden ebenfalls etwas schematisiert dargestellten Möglichkeiten mit einer konkreten Ausprägung des "klassischen" Seinsbegriffes identifiziert wurden; ihre Darstellung und Ablehnung diente lediglich dazu, den Weg für ein besseres Verständnis des gesuchten Seinsbegriffes vorzubreiten.

Schliesslich ist noch auf das Fehlen einer ausführlichen Bibliographie hinzuweisen. Sicher wäre eine direkte und ausdrückliche Bezugnahme auf entsprechende Literatur in einem grösseren Ausmass, als es tatsächlich geschehen ist, begrüssenswert gewesen; darauf wurde aber, abgesehen von ein paar Ausnahmen, ganz einfach deshalb verzichtet, weil es ins Uferlose geführt hätte. Dafür schien es von Vorteil zu sein, Whitehead selber als anerkannte Autorität möglichst oft im Wortlaut zur Sprache kommen zu lassen. Dadurch dürften die Ausführungen trotzdem genügend fundiert sein und der Sache ihren Dienst erweisen.

Dass die vorliegende Arbeit in dieser Weise möglich war, ist nicht zuletzt das besondere Verdienst von Prof. L.B. Geiger O.P., der mich nicht nur selbständig arbeiten liess, sondern mich auch mit vielen wertvollen Anregungen in meinen Bemühungen unterstützte; ihm gilt daher mein besonderer Dank. Ebenso bin ich Prof. N. Luyten O.P. zu Dank verpflichtet für seine Mithilfe bei der nochmaligen Ueberarbeitung und für seine Bemühungen um die Publikation. Schliesslich gilt mein Dank auch Abt Georg Holzherr OSB aus dem Kloster Einsiedeln, der mir als Vorgesetzter für das Studium die nötige Zeit und die nötigen finanziellen Mittel zur Verfügung gestellt hat.

Einsiedeln, im Frühling 1975.

Einleitung

Es mag vermessen erscheinen, sich mit einer These auf das Gebiet der Metaphysik vorzuwagen, und zwar nicht in Form einer geschichtlichen Abhandlung, was sich eher rechtfertigen liesse, sondern in einer mehr systematischen Arbeit (1), die bei der Komplexität und Vielschichtigkeit der Problematik immer nur Stückwerk bleiben kann, und die bei der notwendigen Beschränkung auf ein Teilgebiet erst recht der Gefahr von Missverständnissen ausgesetzt ist. Es liegt jedoch eine innere Dynamik in der Natur des menschlichen Geistes, die immer wieder dazu drängt, sich neu mit der Frage nach den letzten Gründen, Dimensionen und Strukturen der Wirklichkeit auseinanderzusetzen; eine Antwort auf diese Frage zu suchen, zu formulieren und mehr oder weniger systematisch darzustellen, gehört zu den Aufgaben der Metaphysik, wie immer man diese in ihrer konkreten Form verstehen mag (2).

Es ist nicht gesagt, dass eine solche metaphysische Besinnung nur an Hand und in Weiterführung der bereits bestehenden philosophischen Traditionen geschehen kann und soll; wenn es auch nie möglich ist, sich vom überkommenen geistigen Erbe der Vergangenheit vollständig loszulösen, um voraussetzungslos beim Nullpunkt anzusetzen, ist doch jeder Zeit neu die Aufgabe gestellt, aus ihrer konkreten Situation heraus die grundlegenden philosophischen Fragen zu stellen und aus der jeweiligen Gegenwart heraus zu beantworten. Es ist durchaus denkbar, dass zu gewissen Zeiten der Menschheitsgeschichte sich das Wirklichkeitsverständnis und damit das ganze Denken in einem solchen Ausmass ändern, dass auch philosophische Positionen in Frage gestellt und kritisch überprüft werden müssen, die bisher als selbstverständlich und undiskutierbar übernommen wurden, und dass Alternativen gesucht und zugelassen werden müssen, wo sie im allgemeinen als ausgeschlossen gelten (3); gerade das Selbstverständlichste kann oft sehr trügerisch sein.

In einer solchen Situation scheinen wir heute zu stehen, denn es besteht kein Zweifel, dass sich in der Neuzeit ein tiefer Wandel im Wirklichkeitsverständnis vollzogen hat und noch vollzieht, der neben andern Aspekten (Technik, Rationalisierung, Sozialisierung usw.) durch eine immer stärkere Betonung der geschichtlichen Dimension und der aktiven Rolle des Menschen im Weltgeschehen gekennzeichnet ist. Das ist eine Akzentverschiebung vom mehr Statischen zum Dynamischen, die nicht ohne Auswirkungen auf die ganze Philosophie, insbesondere auf die Metaphysik bleiben kann; auch diese muss sich von dieser neuen Situation umformen lassen, weil sonst der ohnehin immer bestehende Graben zwischen Philosophie und Wirklichkeit unnötig noch weiter vertieft wird.

Tatsächlich kommt man den Eindruck nie ganz los, dass die heutige philosophische Reflexion vor einer Masse von Fragen und Problemen steht, die zu lösen sie mit den bisherigen Grundlagen und Mitteln überfordert ist. Es ist eine stillschweigende Annahme, die der vorliegenden Arbeit zugrunde liegt, dass sich viele, wenn auch nicht alle dieser Probleme nur lösen lassen durch ein kritisches Bedenken jener Grundentscheidungen, die bewusst oder unbewusst am Anfang jeder Philosophie stehen und unserem Denken unweigerlich eine ganz bestimmte Richtung geben.

Da es in der Philosophie immer um eine Erklärung der Wirklichkeit geht, die in ihren Grundzügen im Seinsbegriff zum Ausdruck kommen soll, ist nicht anders zu erwarten, als dass sich das Interesse auf den Seinsbegriff und auf die mit ihm verbundenen Vorstellungen konzentrieren wird, denn der Seinsbegriff ist einerseits selber die Widerspiegelung des Wirklichkeitsverständnisses, wie er anderseits, einmal gewonnen und in seinem Inhalt festgelegt, durch seinen Gebrauch dieses tiefgreifend beeinflusst und bestimmt, zumal da er überall präsent ist, wo über "etwas" gesprochen wird; an ihm entscheidet sich daher zu einem grossen Teil die Adäquatheit, der Wert und damit das Schicksal der Philosophie.

Weit davon entfernt ein vollständiges metaphysisches System zu entwerfen und darzustellen, werden sich die folgenden Ausführungen auf einige mit dem Problemkreis des Seinsbegriffes verbundene Aspekte beschränken, die sich aus dem heutigen Wirklichkeitsverständnis aufzudrängen scheinen und die bisher philosophisch zu wenig berücksichtigt wurden. Es ist auch keine streng systematische Ontologie beabsichtigt, die am Schluss als vollständiger Traktat dastehen würde, sondern aus der Berücksichtigung dieser Aspekte soll sich hintergründig eine Seinsvorstellung herauskristallisieren, die nachher als Verstehenshorizont das ganze philosophische Denken zu bestimmen hat. Die Schwierigkeit wird darin bestehen, dass eine solche Vorstellung kaum direkt fassbar und ausdrückbar ist, sondern hinter Begriffen und Umschreibungen gesehen werden muss, die oft fast unlösbar mit entgegengesetzten Vorstellungen verknüpft sind; zudem müsste sie, um allen möglichen Einwänden zu entgehen, auf allen Gebieten nachgeprüft werden, was hier nicht getan werden kann.

Um das Verständnis des gesteckten Zieles zu erleichtern, und vor allem um der Gefahr vorzubeugen, dass von der These mehr erwartet wird, als sie hergeben will, sind einige Vorbemerkungen anzubringen, die zugleich die Aufgabe haben, in einem ersten Schritt an die Problematik heranzuführen.

1. Hintergrund und Entstehung der These

Es ist kaum möglich, einen konkreten Anlass für die Entstehung der These anzugeben; sie hat sich im Verlauf vielfältiger Auseinandersetzungen nicht nur auf dem Gebiete der Philosophie, sondern vor allem auch der Theologie als letzte Konsequenz ergeben. Trotzdem lassen sich zwei Tatsachen nennen, die bestimmend im Hintergrund der Arbeit stehen und ihr die wichtigsten Impulse vermittelt haben: auf der einen Seite ein tiefgreifendes philosophisches Unbefriedigtsein auf verschiedensten Gebieten und in verschiedensten Zusammenhängen, das man nicht nur selber spüren kann, sondern auf das viele Autoren ausdrücklich hinweisen, und das sich bei näherem Zusehen immer wieder als Folge philosophischer Grundentscheidungen entpuppt, deren Revision sich von da her aufdrängt, und auf der andern Seite die Begegnung mit der Prozess- oder Organismusphilosophie von A.N. Whitehead (1861-1947), die den grossen Versuch darstellt, auf dem Hintergrund heutiger Welterfahrung ein neues philosophisches System aufzubauen, und die, wie zu zeigen sein wird, vielen Bedürfnissen des heutigen philosophischen Denkens in einem recht grossen Ausmass gerecht zu werden vermag; sie wird daher als Ausgangspunkt für die gesuchte Seinsvorstellung wertvolle Dienste erweisen (4).

a. Das genannte Unbefriedigtsein zeigt sich in den verschiedenen philosophischen Disziplinen vor allem in einer weitverbreiteten Ratlosigkeit gegenüber den Problemen der Geschichte und der Evolution, dann aber auch allgemein in den Fragen des "praktischen" Lebens und des Menschenverständnisses überhaupt, in denen es mehr und mehr um die aktive Selbstverwirklichung des Menschen geht, und zwar nicht im Sinne einer Angleichung an ein bereits vorgegebenes Ideal (als ob dieses ein für alle Male vorgegeben wäre), sondern im Sinne planend-schöpferischer Weiterentwicklung, durch die der Mensch wirklich Neues zu schaffen hat (5). Es sind Probleme, die zwar schon früher latent vorhanden waren, die sich aber erst mit der menschlichen Entwicklung der Neuzeit in aller Schärfe aufdrängen, und die einen tiefgreifenden Umbruch in unserem Denken bedingen, der auch philosophisch aufgearbeitet werden muss. Wir stehen mitten in einer "Revolution des Weltbildes", nicht nur des naturwissenschaftlichen, sondern ganz allgemein des geistigen, die sich auch auf unser metaphysisches Denken auswirken muss.

Diese Revolution ist vor allem durch die ungeheure Stärkung und Vertiefung des Bewusstseins von der Geschichtlichkeit unserer ganzen Wirklichkeit gekennzeichnet; die Situation hat sich insofern verändert, als heute nicht mehr nur die philosophische Erklärung einer bestehenden, "objektiv" vorfindlichen Welt zur Aufgabe steht, deren Ergebnis man oft als "metaphysisches" Weltverständnis bezeichnet, sondern die alles umfassende Geschichte zum Hauptproblem geworden ist (6), was nach einem fundametal "geschichtlichen" Denken ruft, d.h. nach einem Denken, das nicht nur die Geschichte zum Gegenstand hat, sondern das sich selber als geschichtlich erweist; für die Metaphysik wird das heissen, dass sie auch das "Geschichtliche" als Wesensdimension der Wirklichkeit, des Seins und der Seienden aufnehmen und integrieren muss, was sich in ihren Begriffen auswirken wird. Damit wird das Gewicht vom Interesse am Bestehenden auf das Interesse am Geschichtlichen und am Faktum des Werdens und Gewordenseins verschoben, wodurch das Dynamische als Hauptaspekt in den Mittelpunkt rückt.

Ein so verändertes Wirklichkeitsverständnis muss sich auf der metaphysischen Ebene einen neuen Ausdruck schaffen; darin hat, wie Whitehead mit aller Deutlichkeit nachgewiesen hat (7), die Philosophie bisher weitgehend versagt, indem sie trotz veränderter Umstände weiterhin ein Begriffsinstrumentarium und die damit verbundenen Vorstellungen verwendet, die aus anderen, vergangenen Situationen herausgewachsen sind. Den Gründen, warum diese Anpassung nicht vollzogen wurde, braucht hier nicht weiter nachgegangen zu werden; es genügt, die Tatsache als solche zu sehen und anzuerkennen, um daraus die nötigen Konsequenzen zu ziehen, denn hier liegt einer der Gründe, wenn nicht sogar der Hauptgrund für das heutige Ungenügen der Philosophie (8).

Ausserhalb der Philosophie macht sich das genannte Unbefriedigtsein wohl nirgends so krass bemerkbar wie in der Theologie, wo man eine die heutigen Konzeptionen (Heilsgeschichte, Bibeltheologie) fundierende Philosophie weitgehend vermissen muss. Dieser Mangel wird besonders in den "dogmatisch"-systematischen Fächern deutlich, die geradezu durch ein Dilemma belastet werden (9); soweit sie auf der bisher gebräuchlichen Philosophie aufbauen, sind sie zwar sehr gut fundiert und als Systeme von grosser Geschlossenheit, vermögen aber, weil sie zu zeit- und lebensfern sind, auf die konkreten Gegenwartsfragen vielfach nur ungenügende Antworten zu geben; wo umgekehrt neue Ansätze versucht werden, fehlt vielfach das philosophische Fundament, sodass sie der Kritik nicht standhalten können; solche Versuche rufen nach der philosophischen Aufarbeitung jener Voraussetzungen, auf denen sie begründet sind, die sie aber nicht selber explizieren können. Dies ist Aufgabe der Philosophie, die damit den Auftrag hat, eine neue Grundlage zu erarbeiten, auf der eine zeitgemässe Theologie möglich wird (10).

Man könnte die Reihe der Hinweise beliebig weiterführen und in die Einzelheiten hinein verfolgen; dabei würde sich zeigen, dass die Schwierigkeiten immer wieder auf dasselbe Kernproblem hin konvergieren, das sich stets neu als Stein des Anstosses in den Weg legt. Es ist die Frage nach dem Werden und dessen Interpretation durch die Metaphysik, eine Frage, die gewiss nicht neu ist, die aber gerade dadurch, dass sie sich heute mit so grosser Schärfe wieder aufdrängt, darauf schliessen lässt, dass ihre bisherige Beantwortung nicht die einzig mögliche und im Blick auf die heutige Situation vielleicht auch nicht die adäquateste ist. Wenn die philosophische Aufarbeitung der Probleme des Werdens, der Geschichtlichkeit, der Evolution usw. so grosse Mühe bereitet, liegt wohl der Grund nicht zuletzt darin, dass unsere Denkkategorien und Vorstellungsweisen, die aus einem doch weitgehend ungeschichtlichen Weltverständnis hervorgewachsen sind, dem Spezifischen dieser Phänomene fremd sind. Wenn wir von einem "Seienden" sprechen, denken wir in erster Linie an ein "Etwas", das sich uns als relativ abgeschlossenes Ganzes zeigt, und erst in zweiter Linie daran, dass dieses "Etwas" ein Gewordenes oder gar ein in diesem Moment erst Werdendes sein könnte. Damit erhält in unserem Denken der Aspekt des Statischen grundlegend die Priorität vor jenem des Dynamischen, was zu den genannten Schwierigkeiten führt.

Dieser hier nur sehr fragmentarisch skizzierten Sicht gegenüber soll im Folgenden der Versuch gemacht werden, den umgekehrten Weg zu gehen, d.h. vom Faktum des Werdens her eine Seinsvorstellung zu gewinnen, um so dem Seinsbegriff die Dimension des Dynamischen zugrunde zu legen. Was uns als Seiendes begegnet, ist dabei als _Moment_ eines Prozesses zu sehen, der für dessen Interpretation herangezogen werden muss. Entsprechend dieser Perspektive wird daher der dynamische Aspekt und dessen fundamentale Einbeziehung in die Seinsvorstellung die folgenden Ausführungen wie ein roter Faden durchziehen und auch die Auswahl der Gesichtspunkte weitgehend bestimmen.

Es fehlt allerdings nicht an bereits bestehenden Ansätzen, die aus den heutigen Gegebenheiten und Forderungen heraus entstanden sind und diesen Rechnung zu tragen versuchen; man denke z.B. an Existenz-, Lebens- und Geschichtsphilosophien, an die personalistisch konzipierte Philosophie eines Martin Buber, oder an Namen wie H. Bergson und Teilhard de Chardin, um wahllos einige Beispiele zu nennen (11). Wenn der Anschein nicht trügt, scheitern diese Versuche mehr oder weniger daran, dass sie keine eigene Metaphysik entwickelt oder doch ihre Ansätze zu wenig weit durchgeführt haben, denn das hat zur Folge, dass sie einerseits gezwungen sind, selber auf metaphysische Kategorien und Ausdrucksmittel zurückzugreifen, die beim Leser Assoziationen hervorrufen, die ihrem eigentlichen Anliegen zuwiderlaufen und es dadurch verschütten; anderseits fallen sie leicht Interpretationen zum Opfer, die gerade jene Masstäbe anwenden, die aus einer von ihnen abgelehnten Metaphysik stammen, sodass sie gar nicht richtig verstanden werden können. Auf diese Art und Weise können solche Versuche unmöglich zum Tragen kommen. Es ist darum die Erarbeitung metaphysischer Grundlagen und eine Besinnung auf Grundvorstellungen notwendig, die solche Versuche zu stützen vermögen; dazu möchte die vorliegende Arbeit einen wenn auch noch so bescheidenen Beitrag leisten.

b. Eine Ausnahme von der geschilderten Situation in der zeitgenössischen Philosophie dürfte die Prozess- bzw. Organismusphilosophie von A.N. Whitehead bilden, denn in ihr ist nicht nur ein neues Denken, sondern auch dessen philosophische Grundlage zu finden. Eigenartigerweise ist sie bis jetzt in Europa, vor allem im nichtenglischen Sprachbereich nur spärlich bekannt und daher auch kaum ausgewertet worden (12), was umso bedauerlicher ist, als in diesem freilich nicht leicht zugänglichen und gerade wegen seiner Originalität oft schwer zu verstehenden Werk der Versuch gemacht wird, selbständig aus der heutigen Wirklichkeitserfahrung heraus ein philosophisches Weltbild und die ihm entsprechenden Vorstellungen entstehen zu lassen, die vielen bisher nicht gelösten Problemen gerecht zu werden vermögen. Schon eine oberflächliche Lektüre erweckt den Eindruck, dass der Versuch in einem unerwarteten Ausmass gelungen ist. Whiteheads Denken hat, wie es scheint, viele Forderungen, die an die heutige Philosophie gestellt werden, mit so grosser Gründlichkeit - und zwar auch auf der Ebene des Metaphysischen - erfüllt, dass seine Philosophie als Grundlage für das hier verfolgte Anliegen benützt werden kann.

Obwohl auch wünschenswert ist keine Kritik des whiteheadschen Ansatzes beabsichtigt, sondern es wird nur darum gehen, die gegebenen Ansatzpunkte herauszuarbeiten und weiter auszuwerten. Aus diesem Grunde werden sich die folgenden Ausführungen ganz bewusst auf Whiteheads Prozessphilosphie stützen und sich an ihr orientieren; sie wird auch dort immer als bestimmender Hintergrund mitgesehen werden müssen, wo nicht ausdrücklich auf sie Bezug genommen wird.

2. Anliegen und Ziel der These

Nach diesen summarischen Hinweisen sollte es möglich sein, Anliegen und Ziel der These noch etwas deutlicher zu umschreiben, was deshalb nicht leicht ist, weil letztlich erst die konkrete Durchführung der ganzen Arbeit erweisen wird, was eigentlich beabsichtigt war; das Ziel genau zu erfassen würde die Vorwegnahme des Endergebnisses bedingen, was deshalb unmöglich ist, weil dieses im Ganzen der Arbeit liegt und nicht in ein paar Worten zusammengefasst werden kann.

Allgemein gesagt geht es darum, einen Beitrag zu leisten an die Neubesinnung im Raum der Metaphysik; es soll erneut die Frage gestellt werden: "Wie stelle ich mir die Wirklichkeit in ihren letzten (d.h. metaphysischen) Dimensionen vor, was denke ich, wenn ich von einem Seienden als solchem spreche?" Damit ist das äusserst heikle, für die ganze Philosophie entscheidende Problem des Seinsbegriffes aufgegriffen, das zwar nicht restlos gelöst werden kann, aber vielleicht durch die anzustellenden Ueberlegungen doch etwas klarer hervortreten wird, womit schon recht viel erreicht wäre. Es ist möglich, dass das Ergebnis die Wiederentdeckung einer alten, aber unterdessen verschollenen, vielleicht nie genügend ausgearbeiteten Antwort sein wird. Ob sie neu oder alt sein wird, die Hauptsache ist, dass sie so weit als möglich der heutigen Wirklichkeitserfahrung entspricht.

Im Hinblick auf die mit jeder Diskussion um den Seinsbegriff gegebenen Schwierigkeiten wird es von Vorteil sein, sich allen weiteren Ausführungen voraus darüber Klarheit zu schaffen, was gemeint sein soll, wenn von "Sein" und "Seienden als solchen" die Rede ist.

1° Mit dem Begriff "Sein" soll nicht jene Wirklichkeit erreicht und ausgedrückt werden, die man "hinter" jedem Seienden und jenseits aller Einzelbestimmungen sieht, etwa in dem Sinne, als man vom Seinsgrund, von der Seinsfülle oder von der Seinsmächtigkeit spricht; freilich ist diese Dimension immer auch gegenwärtig und mitgemeint, aber eben nur _mit_-gemeint, denn sie manifestiert und verwirklicht sich immer nur in einer konkreten Ausformung, die, und das ist für die gewählte Perspektive entscheidend, für ein Seiendes als solches wesensbestimmend ist. Nicht ein allgemeines "Sein an sich", das eine Abstraktion ist und als solche bereits irgend etwas, das heisst aber "Sein" ausschliesst, wird Gegenstand der Ausführungen sein, sondern das konkrete Seiende in seiner ganzen Fülle, einschliesslich alles dessen, was _dieses_ Seiende zu diesem je einmaligen Seienden macht. Mit dem Ausdruck "Sein" soll somit zunächst einfach alles erfasst und gemeint sein, von dem man sagen kann, dass es "ist", möglichst ohne Verkürzung irgendwelcher Dimensionen und Aspekte.

2° In Anbetracht der verschiedenen Formen, unter denen uns Seiendes begegnet, und der vielen Perspektiven, in denen wir es betrachten können, sind wir an sich an die Kategorien verwiesen, da es erst mit ihrer Hilfe möglich ist, von "Seiendem" überhaupt zu sprechen; diese Seinskategorien, wie immer man sie konzipieren mag, sind das Ergebnis des Versuches, in Bezug auf den Seinsaspekt die Vielfalt der Wirklichkeit differenziert zu erfassen und darzustellen.

Nun geht es hier auch nicht darum, einen möglichst vollständigen Katalog von solchen Seinskategorien aufzustellen und diese im Einzelnen zu behandeln und zu interpretieren, um so die Gesamtheit der Seienden in ein doch immer irgendwie arbiträr bleibendes System einzuordnen; so legitim und für viele Zwecke sehr brauchbar ein solches Vorgehen sein mag, so sehr bringt es in der Metaphysik die Gefahr mit sich, dass man sich in der Vereinzelung der Seinsformen und -aspekte verliert, indem man bei den Kategorien stehen bleibt und so nicht zum Eigentlichen vordringt, das sie erfassen sollten, aber nie ohne Rest erreichen können. Setzt man beim Reden vom "Sein" auf dieser kategorialen Ebene an, versteht man also "Sein" zum vorneherein in der Perspektive der Kategorien und damit in einer Art Aufspaltung, so bewegt man sich zu einseitig auf dem Niveau der blossen Seins_aussagen,_ also im andern Extrem gegenüber dem Verständnis von "Sein" als Seinsgrund; irgendwo "zwischen" diesen beiden Extremen eines Seinsverständnisses, einerseits als "Aussagen über" das "Sein", anderseits als direkt nicht fassbarer Seinsgrund, zugleich aber auch in der Spannung zwischen den beiden ist das anzusetzen, was hier unter "Sein" verstanden werden soll.

3° Der Ansatzpunkt für die zu erarbeitende Seinsvorstellung ist daher weder beim Seinsgrund noch bei den Kategorien zu suchen, sondern darin, dass mit dem Ausdruck "Sein" letztlich die Totalität der Wirklichkeit anvisiert ist; schlechthin alles, was ist, fällt unter diesen Ausdruck und kann mit ihm gemeint sein. Nun ist aber für den Menschen wegen seiner Beschränktheit diese Totalität als solche nie voll und ganz erfassbar und ausdrückbar, sie ist ihm nur indirekt zugänglich, dadurch nämlich, dass sie sich gleichsam in einem Brennpunkt polarisiert, in welchem sie gegenwärtig ist und durch den sie vermittelt wird. Dieser Brennpunkt ist für den Menschen seine konkrete Welt bzw. das einzelne Seiende, durch das und in dem ihm diese Welt begegnet (13). Dadurch, dass ein Seiendes mitten in der Gesamtwirklichkeit steht, durch die Beziehungen zu ihr konstituiert wird und daher nur von ihr her und unter deren Einbeziehung zu verstehen und zu interpretieren ist, schliesst es diese in sich und macht sie auf diese Weise zugänglich. Durch diese Sicht wird es möglich, ein umfassendes Seinsverständnis zu gewinnen, in welchem nicht nur das einzelne Seiende, von dem man ausgeht, und damit nur einzelne Aspekte, sondern zugleich die Gesamtwirklichkeit zum Ausdruck kommt; wie dies im Einzelnen zu verstehen ist, wird im Verlauf der weiteren Ausführungen verdeutlicht werden müssen.

Für das Verständnis von "Sein" ist man somit auf das einzelne konkrete Seiende verwiesen, d.h. was man sich unter "Sein" vorzustellen hat, ist vom einzelnen Seienden her abzuleiten. Unter "Sein" ist zwar die Totalität der Wirklichkeit zu verstehen, jedoch so, wie sie sich im einzelnen Seienden konkretisiert und wie sie durch dieses vermittelt wird.

Dadurch, dass das Seiende nicht primär als Einzelnes, sondern fundamental irgendwie als Zusammenfassung und Repräsentant der ganzen Wirklichkeit gesehen wird, ist ein sehr wichtiger Schritt getan, denn damit ist eine sehr breite Basis geschaffen für eine Seinsvorstellung, die nicht auf einen bestimmten Seinsmodus festgelegt ist, sondern die, obwohl von einem einzelnen Seienden abgeleitet, die verschiedenen Seinsweisen als Momente in sich vereinigt. So ist z.B. das "Sein" des Menschen nicht zu verstehen ohne die Formen, die in ihm verwirklicht sind, nicht ohne die Geschichte, aus der er hervorgegangen ist, in der er steht und die er selber auch mitbewirkt, ferner nicht ohne die mannigfachen Beziehungen, durch die er mit seiner Umwelt verbunden ist; mit andern Worten, alle diese (scheinbar) selbständigen Seinsweisen zeigen sich als Aspekte und Momente einer Wirklichkeit, die zutiefst eine Einheit bildet. Wenn man in dieser Perspektive vom Menschen her eine Vorstellung von "Sein" zu gewinnen versucht, wird man daher ursprünglich alle Seinsmodi auf Grund ihrer Funktion, die sie im Menschen ausüben, miterfassen und sie erst sekundär als Einzelmomente differenzieren, und zwar im Hinblick auf die Einheit, deren Momente sie sind. "Sein" ist immer die je einmalige (positive oder negative!) Verwirklichung aller Seinsmodi und ist nur als solche zu verstehen (14); anders gesagt, "Sein" ist nicht durch ein Nebeneinanderstellen verschiedener Kategorien adäquat zu erfassen, sondern nur im Aufweis ihrer gegenseitigen Zuordnung und ihrer Funktion in der Erklärung des konkreten Seienden, denn was das "Sein" in seinem ganzen Umfang ist, liegt "hinter" der Gesamtheit der Kategorien.

Für das konkrete Vorgehen, eine Seinsvorstellung zu erarbeiten, bleibt praktisch nur der eine Weg offen, dass man ein bestimmtes, konkretes Seiendes (bzw. einen bestimmten Seinsmodus) als Ausgangspunkt wählt, dieses aber in seinem "Sein" nicht primär als einzelnes, sondern unter Berücksichtigung der ganzen Wirklichkeit und seiner Beziehungen zu dieser zu bestimmen versucht. Dabei kann theoretisch jedes Seiende bzw. jeder Seinsmodus als Ausgangspunkt gewählt werden, denn wegen der fundamentalen Verflochtenheit und Einheit der ganzen Wirklichkeit kann diese durch jedes Seiende hindurch erreicht werden; die Frage wird nur sein, welches Vorgehen am geeignetsten ist und am besten zum Ziel führt (15). Wenn mit der zu treffenden, aber nie zwingend zu rechtfertigenden Entscheidung für einen bestimmten Seinsbereich unweigerlich gewisse Akzente gesetzt werden, so ist doch darauf zu achten, dass der als Ausgangspunkt gewählte Seinsmodus nicht verabsolutiert wird; er muss vielmehr bewusst auf die im dargelegten Sinn verstandene Gesamtwirklichkeit hin transzendiert werden, damit diese in ihm zum Ausdruck kommt; nur so ist die hier gesuchte Seinsvorstellung zu erreichen.

An dieser Stelle ist nochmals ausdrücklich auf die Kategorien hinzuweisen, denn die hier angeschnittene Problematik hat auch für sie und ihr Verständnis gewisse Konsequenzen. Da von einzelnen Seienden ausgegangen werden muss, und da über das "Sein" und über "Seiendes" gesprochen werden soll, kann auf Seinskategorien nicht verzichtet werden (16); es darf jedoch nicht übersehen werden, dass keine von ihnen genau das auszudrücken vermag, was mit "Sein" gemeint ist; dieses liegt "hinter" allen Kategorien und ist das, was sie _insgesamt_ ausdrücken. Sie bewegen sich daher im Vergleich zu dem mit "Sein" Gemeinten auf einer sekundären Ebene und sind sowohl aus ihrem gegenseitigen Zueinander heraus wie auch von der Funktion her zu verstehen, die sie in der mit dem Ausdruck "Sein" erfassten Totalität erfüllen; jede Kategorie drückt nur einen bestimmten Seins_aspekt_, also nicht das "Sein" in seiner Totalität aus; wenn gewisse Seiende einer bestimmten Kategorie zugeordnet werden, so deshalb, weil in ihnen der betreffende Aspekt vorherrscht und nicht, weil er _allein_ vorhanden wäre. In diesem Sinne sind daher die Kategorien zu relativieren und auf die im konkreten Seienden sich manifestierende Totalität hin zu transzendieren, damit unter "Sein" nicht bloss etwas verstanden wird, was faktisch nur einen Teilaspekt darstellt.

Die Perspektive, unter der die folgenden Ausführungen stehen werden, soll eine metaphysische sein, d.h. sie soll die letzten, grund-legenden Dimensionen des Seienden betreffen; es soll eine Antwort gesucht und gegeben werden auf die Frage, wie das Seiende als solches in seinem Kern zu verstehen ist. Es ist selbstverständlich, dass diese Perspektive sowohl dem Weltverständnis der Naturwissenschaften wie auch jenem des "sensus communis" entsprechen muss, denn dieselbe Wirklichkeit, die diese beiden zum Objekt haben und je auf ihre spezifische Weise betrachten, ist auch das Objekt der Philosophie (Metaphysik); sie darf jedoch nicht auf eine der beiden Sichtweisen reduziert werden, sondern sie muss diese in ihrer Eigenart (17) ernst nehmen und als Ausformung und Manifestation dessen erweisen, was das Seiende in seinem tiefsten Kern ist, d.h. die Metaphysik muss diesen Kern so konzipieren und interpretieren, dass diese Ausformungen als Möglichkeiten des Seienden erscheinen, das sich aber nicht in diesen erschöpft, sondern noch andere Möglichkeiten in sich schliesst. Auch die beiden Aspekte des Statischen und des Dynamischen, die in ihrer gegenseitigen Spannung dem eben genannten Verhältnis zwischen Naturwissenschaft und "sensus communis" nahestehen (18), sind letztlich eine Angelegenheit der Perspektive, in welcher man die Wirklichkeit betrachtet, und müssen in ähnlicher Weise in die Seinsvorstellung eingeholt, zugleich aber auch transzendiert werden (19).

Im Folgenden wird bei dieser metaphysischen Perspektive das Hauptgewicht mehr auf die (sowohl von der Naturwissenschaft wie auch von der Geschichtlichkeit her bestimmte) innere Konstitution und damit verbunden auf das dynamisch zu verstehende Verflochtensein des Seienden mit der Gesamtwirklichkeit gelegt, während andere bisher in der Metaphysik gewohnte Sichtweisen, in welchen ein Seiendes mehr für sich genommen und in sich betrachtet wird, eher im Hintergrund bleiben. Es ist verständlich, dass sich daraus eine gewisse Einseitigkeit ergibt, die aber immer dann nicht zu vermeiden ist, wenn es darum geht, neue Aspekte herauszuarbeiten. Diese Akzentverschiebung ist nicht als eine Ablehnung anderer metaphysischer Interpretationen zu verstehen (obwohl bisweilen der Anschein entstehen mag, als gehe es um sich gegenseitig ausschliessende Alternativen), sondern als Versuch, die verschiedenen berechtigten Perspektiven in einem neuen Verhältnis zueinander zu sehen und so die fundamentale Einheit der Wirklichkeit von einer andern Seite her zu erfassen.

3. Ueberblick über die folgenden Ausführungen

Die Ausführungen sind bewusst an Whiteheads Prozessphilosophie orientiert, wobei folgender Aufbau gewählt wurde: den Ausführungen des zweiten Teiles, in welchem aus der whiteheadschen Philosophie die beiden Problemkreise des "ontological principle" und der "actual entity" herausgegriffen werden, ist ein erster, allgemein gehaltener Teil vorangestellt, dessen Aufgabe es ist, jene Problematik einigermassen aufzurollen, auf die aus Whiteheads Wirklichkeitsverständnis heraus eine Antwort gesucht werden soll. Die beiden Teile sind sehr eng aufeinander bezogen, sodass jeder nur im Hinblick auf den andern richtig verstanden werden kann, denn der erste Teil führt zwar auf den zweiten hin, doch wird erst der zweite konkretisieren und verdeutlichen, was im ersten "eigentlich" gemeint war.

Der Gedankengang des ersten Teiles lässt sich folgendermassen umschreiben: nach einer kurzen Umschreibung dessen, was hier unter "Metaphysik" zu verstehen ist, wird zuerst gezeigt, dass sowohl ein rein formaler, inhaltlich leerer, wie auch ein inhaltlich gefüllter, allgemeiner Seinsbegriff, der jeder Spezifizierung vorausliegt, für die Erfordernisse der Metaphysik unbrauchbar wenn nicht sogar unmöglich ist; daraus ergibt sich die Notwendigkeit, einen neuen Weg für die Bestimmung des Seinsbegriffs zu suchen; er besteht darin, dass man von einem bestimmten Seinsbereich ausgeht, von ihm her eine Seinsvorstellung gewinnt und diese so vertieft und ausweitet, dass schliesslich in ihr die gesamte Wirklichkeit zum Ausdruck kommt; anschliessend wird die Entscheidung zugunsten der konkreten, realen Wirklichkeit als Ausgangspunkt gefällt, um dann paradigmatisch an Hand der Geschichtlichkeit und des dialogisch-personalen Menschenverständnisses einige Dimensionen aufzuzeigen, die in den Seinsbegriff und in die Seinsvorstellung einzuarbeiten sind. Zum Aufbau des zweiten Teiles ist hier nichts beizufügen, da er klar genug sein dürfte, um an Ort und Stelle verstanden zu werden.

Die ganze Arbeit möchte zugleich das Nebenziel erreichen, den äusserst wertvollen whiteheadschen Ideenreichtum etwas näher und besser bekannt zu machen, was jedoch nicht eine allgemeine Einführung (20) ersetzen oder gar die Lektüre seiner Werke (21) ersparen soll, diese aber villeicht erleichtern oder dazu ermutigen kann. Es wäre auch falsch, eine Monographie über Whitehead oder eines seiner Hauptthemen zu erwarten, denn seine Ideen werden mehr als Inspiration benützt, die den Weg weist selbständig seine Ansätze zu verwerten, die er selber nicht überall bis zum Ende durchgedacht und ausgeführt hat (22). Dies erklärt auch die Freiheit, die bisweilen seinen Positionen gegenüber gewahrt bleibt.

Das Endergebnis wird nicht ein fix-fertiger, neuer Seinsbegriff sein, wie man es vielleicht erwarten möchte; ein genau festgelegter Seinsbegriff dürfte sowieso eine Illusion sein. Das Ziel wäre vielmehr ein durch die Ausführungen angeregtes Umdenken, das sich hintergründig auf den Seinsbegriff und die Seinsvorstellung auswirken wird. Es sollte erreicht werden, dass ein konkretes Seiendes - vom Standpunkt der Metaphysik aus - nicht in erster Linie als ein feststehendes, in sich geschlossenes Ganzes, sondern fundamental als Gewordenes und Werdendes verstanden wird, das seine eigene "Geschichte" im weitesten Sinn des Wortes in sich schliesst. Das gemeinte Umdenken sollte dazu führen, dass man beim Gebrauch des Seinsbegriffs wie von selbst auch diese "horizontale" Dimension und damit den dynamischen Aspekt der Wirklichkeit mitmeint und ihn auch in der metaphysischen Interpretation voll und ganz ernst nimmt.

So geht es schliesslich um eine Hinführung und Einübung in eine neue metaphysische Denk- und Vorstellungsweise, die von der heutigen Wirklichkeitserfahrung einerseits angeregt und gleichsam aufgedrängt wird, und die anderseits dieser in der philosophischen Interpretation gerecht werden sollte. Ein solches Einüben, bei dem es um schwer zugängliche philosophische Sachverhalte und um die Ueberwindung tief verwurzelter Vorstellungen geht, ist nur in langsamen Schritten und durch stets neue Anstrengungen möglich, und es wird am Ende kaum auszumachen sein, wie weit die vorliegende These dazu wirklich verhelfen konnte, zumal da es auch von der Bereitschaft des Lesers abhängt, die eingeschlagenen Gedankengänge unvoreingenommen mitzuvollziehen und sie nicht vor ihrer vollständigen Durchführung zu unterbrechen, wobei noch zu betonen ist, dass die gemachten Ansätze hier leider nicht auf allen Gebieten durchgeführt und weiterverfolgt werden können; dies bleibt weiteren Arbeiten vorbehalten.

1. TEIL

ALLGEMEINE EINFUEHRUNG IN DIE PROBLEMATIK

Der Seinsbegriff als Ausdruck dessen, was "ist"

Vorbemerkungen

Weil es sich bei der Metaphysik und den mit ihr zusammenhängenden Disziplinen um eine spekulative und darum um eine relativ freie und schöpferische Tätigkeit des menschlichen Geistes handelt, ist es durchaus legitim, dass sie je nach der Intention und den meist unbewusst bleibenden Vorentscheidungen zu verschiedenen Resultaten führen kann, die ihrerseits nachträglich wieder ganz verschieden beurteilt werden können und je nach den gestellten Erwartungen gerechtfertigt sind oder nicht.

Diese Pluralität im Raume der Metaphysik, die sich sehr fruchtbar auswirken kann, wird umgekehrt zu unüberwindbaren Missverständnissen führen, wo man es unterlässt, sich zum voraus über den jeweiligen Denkhorizont Klarheit zu verschaffen. Es ist daher auch hier unumgänglich, allen weiteren Ausführungen voraus wenigstens zu versuchen, den eingenommenen Standpunkt zu bestimmen, um so eine echte Auseinandersetzung überhaupt erst zu ermöglichen.

1. "Was ist Metaphysik?"

Die Frage, was unter "Metaphysik" zu verstehen sei, findet von Denker zu Denker eine sehr unterschiedliche, in den meisten Fällen leider nur indirekte, implizite und daher als selbstverständlich vorausgesetzte Antwort, obwohl sie gar nicht so selbstverständlich ist; auch die bewusste Ablehnung der Möglichkeit einer Metaphysik impliziert trotz allem ein bestimmtes Metaphysikverständnis. Dieses breite Spektrum möglicher Konzeptionen hat seinen Grund darin, dass hinter jeder Metaphysik gewisse Grundentscheidungen liegen, die sich nie letztgültig und absolut zwingend begründen lassen, sondern mehr oder weniger eine Sache des Ermessens sind. Daher wird sich auch die Entscheidung für eine bestimmte Metaphysik, der sich der Mensch, dem als endlichem Geist der Zugang zum "absoluten Standpunkt" immer verwehrt bleiben wird, nicht entziehen kann, erst durch das Gelingen ihrer Durchführung rechtfertigen (oder widerlegen) lassen, was nochmals eine ganze Reihe von Ermessensurteilen in sich schliesst, sodass jeder Absolutheitsanspruch einer konkreten Metaphysik zum vorneherein sehr fraglich ist.

Die zu stellende Frage sollte daher nicht lauten: "Was ist Metaphysik?" weil es darauf keine allgemein gültige Antwort geben kann, sondern: "Was ist in diesem konkreten Fall und in diesen bestimmten Zusammenhängen unter 'Metaphysik' zu verstehen?", womit die Antwort nicht unbedingt erleichtert ist. Die folgenden Ausführungen bauen auf jenem Metaphysikverständnis auf, das dem Denken von A.N. Whitehead, insbesondere seinem Hauptwerk "Process and Reality" zugrunde liegt; dieses muss daher kurz aufgezeigt werden.

Für Whitehead ist Metaphysik "nothing but the description of the generalities which apply to all the details of practice" (PR 19) (23), eine Beschreibung und Darstellung der allgemeinsten Aspekte und Dimensionen, die die Wirklichkeit charakterisieren; metaphysische Kategorien sind daher nicht dogmatische Aussagen über das Augenfällige, offen Daliegende, sondern "tentative formulations of the ultimate generalities" (PR 12). Eine der Hauptaufgaben der philosophischen Bemühungen wird darin bestehen, diese Darstellung bzw. die Sprache, in welcher diese "Allgemeinheiten" formuliert und ausgedrückt werden, neu zu überprüfen und insbesondere danach zu fragen, was konkrete Sätze tatsächlich beinhalten (24); in diesem Sinne ist Philosophie "explanatory of abstraction, and not of concreteness" (PR 30), also Spekulation. Im Hinblick auf den Seinsbegriff wird das heissen, dass an ihn die kritische Frage gestellt werden muss, ob und wie weit er den letzten Dimensionen des Seienden als solchen gerecht wird und sie adäquat zum Ausdruck bringt.

Dieses Nachprüfen der allgemeinsten Aussagen (und des Seinsbegriffs) ist jedoch nicht ein dem Denken immanentes Geschehen, dessen Ziel nur in der inneren Widerspruchslosigkeit liegen könnte, sondern es muss, wie das Gleichnis vom Flugzeug sehr anschaulich zeigt (PR 7), an der konkreten Wirklichkeit vollzogen werden, wobei noch zu zeigen sein wird, was unter "konkreter Wirklichkeit" gemeint ist; alle Spekulationen haben sich an den konkreten Fakten zu bewähren, und jede Metaphysik ist, insoweit sie diesen Test nicht besteht, als inadäquat zu bezeichnen und bedarf der Revision (PR 19). Diese äusserst starke Rückbindung an die konkrete Wirklichkeit (practice) ist in Whiteheads Philosophie von zentraler Bedeutung.

Metaphysik, wie sie hier im Anschluss an Whitehead verstanden wird, könnte somit umschrieben werden als allgemeine Theorie, die die konkrete, aktuale Wirklichkeit aus ihren allgemeinsten und letzten Gründen erklären soll, und deren Ziel nicht nur darin besteht, "a coherent, logical, necessary system of general ideas" (PR 4) zu entwerfen, sondern ein möglichst unverfälschtes, alle Einzelheiten erfassendes Bild von den Grundzügen der Realität, so wie sie tatsächlich ist, zu geben; sie soll eine so streng als möglich an der konkreten Wirklichkeit orientierte und diese zum Ausdruck bringende Spekulation sein. Dabei darf diese Spekulation nicht zum Selbstzweck werden; sie ist selber in ihrer besonderen Stellung als Darstellungsmittel zu verstehen und entsprechend einzustufen, hat also als Bild gegenüber der Wirklichkeit nach Möglichkeit zurückzutreten und ist immer wieder auf das Eigentliche, d.h. auf die Wirklichkeit hin zu transzendieren.

Dabei ist noch zu bemerken, dass auch der ganze Bereich der Spekulation als solcher einen gerade für den Menschen nicht unbedeutenden Ausschnitt der Wirklichkeit darstellt und als solcher ebenfalls unter das fällt, was in der Metaphysik zur Sprache kommen soll. Das bedeutet, dass die Metaphysik so konzipiert sein muss, dass sie nicht nur die "objektive" Wirklichkeit, sondern auch sich selber als deren Interpretation zum Gegenstand hat und so restlos alles, was "ist", in einer fundamentalen Einheit erklärt.

Stellung und Funktion des Seinsbegriffs

Die Grundfrage der Metaphysik, was die Wirklichkeit eigentlich sei und wie sie letztlich zu verstehen sei, konzentriert sich in der Frage nach dem Sein der Wirklichkeit, also in der Frage nach dem Seinsverständnis. Damit rückt der Seinsbegriff und dessen Interpretation in den Mittelpunkt; weil er als der allgemeinste Begriff sich auf jede Gegebenheit anwenden lässt und von jeder etwas, das heisst aber deren fundamentalste Dimension des Seins aussagen soll, ist es von grösster Bedeutung zu wissen, <u>was</u> er aussagt, denn seine Adäquatheit wird von diesem "was" abhängen. Zudem verbinden wir gerade mit diesem Begriff wegen der Schwierigkeit, ihn genau zu bestimmen, sehr oft unkontrolliert gewisse Vorstellungen, die hintergründig unser Wirklichkeitsverständnis und damit die Metaphysik, die darauf aufgebaut wird, entscheidend bedingen.

So erweist sich der Seinsbegriff als das kritische Bindeglied zwischen der "objektiven" Wirklichkeit, die wir mit ihm erreichen möchten, und unserem Denken über sie, das mit ihr nie zusammenfallen kann, zugleich aber auch als Einfallstor für eine ganze Reihe möglicher Fehlinterpretationen und Täuschungen, weshalb ihm besondere Beachtung geschenkt werden muss.

Aus diesen Gründen dürfte es berechtigt, wenn nicht sogar als die beste Lösung anzusehen sein, mit einer metaphysischen Neubesinnung beim Seinsbegriff einzusetzen, denn hier wird der Grund gelegt für alle späteren philosophischen Reflexionen, sodass das Durchdenken der gesamten Metaphysik und die Lösung weiterer metaphysischer Probleme in gewissem Sinne nur mehr eine Frage der konsequenten Durchführung der im Seinsbegriff erarbeiteten und grundgelegten Ansätze sein wird.

Damit dürfte auch die mit der vorliegenden Arbeit verfolgte Absicht etwas deutlicher geworden sein; es wird darum gehen, im Hinblick auf die Begründung einer wirklichkeitsnahen Metaphysik, die selber nicht mehr ausgeführt wird, einen Seinsbegriff (bzw. eine Seinsvorstellung) zu gewinnen, der sich von der zu erklärenden Wirklichkeit herleitet und ihr möglichst nahe bleibt. Die Hauptaufgabe wird darin bestehen, die grundlegenden Aspekte dieser Wirklichkeit, so wie sie heute erfahren wird, herauszuarbeiten und in den Seinsbegriff einzubringen.

Der Seinsbegriff als "Begriff"

Der undifferenzierte Gebrauch des Ausdruckes "Begriff" führt in der deutschen Sprache oft zu einer gewissen Verwirrung und damit zu erheblichen Missverständnissen, die sich im Zusammenhang mit dem Seinsbegriff besonders empfindlich auswirken können; es dürfte deshalb von Vorteil sein, schon an dieser Stelle ein paar vorläufige Hinweise zu geben, die später noch zu ergänzen sein werden.

Es sind im Bereich der Sprache ganz allgemein drei Ebenen zu unterscheiden, die zwar sehr eng miteinander verbunden sind und ineinander übergehen, die aber doch nach Möglichkeit auseinanderzuhalten sind: 1° die "objektiv" vorgegebene Wirklichkeit, die man erfassen will und "meint", das Gegebene, "über" das man spricht; 2° unsere Vorstellung, die wir von dieser Wirklichkeit haben und von der wir hoffen, dass sie ihr entspricht, die mit ihr aber aus verschiedenen Gründen (Perspektive, Interpretation) nie ganz identisch sein kann; 3° die Sprache bzw. die Ausdrücke und Symbole, die uns als Mittel dienen, unsere Vorstellung bzw. die gemeinte Wirklichkeit auszudrücken und mitzuteilen. Ein erster Grund der Verwirrung liegt darin, dass der Ausdruck "Begriff" sehr oft sowohl für das Ausdrucksmittel (Wort, Terminus) wie auch für den mit ihm gemeinten Inhalt gebraucht wird; so steht "Seinsbegriff" bald für das Wort "Sein" und die von ihm abgeleiteten Wortformen, bald für den Inhalt den man mit ihm ausdrücken will. Um hier Klarheit zu schaffen, müsste man konsequent den Ausdruck "Begriff" nur dann gebrauchen, wenn der Inhalt gemeint ist, und das Wort als Symbol mit "Ausdruck" oder "Terminus" bezeichnen.

Der zweite Grund für Missverständnisse liegt viel tiefer und wirkt sich deshalb - gerade auch für den Seinsbegriff - viel stärker und folgenschwerer aus; er hängt direkt mit dem Inhalt zusammen und lässt sich nur schwer beheben. Es stellt sich nämlich die Frage, was für ein Inhalt gemeint ist, wenn jemand den Seinsbegriff gebraucht. Handelt es sich um eine der verschiedenen Schattierungen des Seinsbegriffs, die sich im Verlauf der Philosophiegeschichte herauskristallisiert haben? Sind es kultur- und milieubedingte Vorstellungen, die unbesehen mitschwingen und die aus der bisherigen Denkgewohnheit einfach übernommen werden? Oder geht es etwa um den Versuch, möglichst unmittelbar aus der heutigen Welterfahrung heraus neue Seinsvorstellungen zu gewinnen und mit dem Seinsbegriff zu verbinden? Kurz gesagt: in welchem Sinn wird (inhaltlich) der Seinsbegriff jeweils gebraucht?

Eine völlig befriedigende und erschöpfende Antwort auf diese Frage wird aus verschiedenen Gründen, denen hier nicht weiter nachgegangen werden kann, nie möglich sein; deshalb bleibt auch die Gefahr von Missverständnissen bestehen. Eines aber ist wichtig: da man bei jedem Gebrauch des Seinsbegriffes die Wirklichkeit in ihrem "Sein" möglichst adäquat erreichen will, wird immer wieder kritisch zu fragen sein, welche Inhalte und Vorstellungen man mit dem Ausdruck "Sein" verbindet; vor allem aber wird zu überprüfen sein, ob dabei die konkrete Wirklichkeitserfahrung oder bisherige Denkgewohnheiten ausschlaggebend sind, denn davon hängt die Adäquatheit des Seinsbegriffes wesentlich ab (25).

1. Kapitel

DAS PROBLEM EINER ALLGEMEINEN ONTOLOGIE

I. Die Problematik eines allgemeinen Seinsbegriffs

Das Bemühen, sich über den Seinsbegriff Klarheit zu verschaffen, legt die Versuchung nahe, zunächst eine allgemeine Ontologie zu entwerfen, die als Grundlage für die Metaphysik dienen könnte, indem sie einen allgemein verwendbaren Seinsbegriff erarbeiten und bereitstellen würde. Abgesehen davon, dass auch eine solche Ontologie nur möglich ist auf grund einer Vorentscheidung für einen bestimmten Seinsbegriff, die ihre Allgemeinheit bereits in Frage stellt und die bewusst gemacht werden muss, wenn Missverständnisse vermieden werden sollen, stösst ein solcher Versuch auf grosse Schwierigkeiten, die ihn geradezu als unmöglich erscheinen lassen.

Der in einer solchen Ontologie erarbeitete Seinsbegriff ist nämlich entweder tatsächlich allgemein, was nur auf Kosten seiner inhaltlichen Fülle und Bestimmtheit möglich ist, sodass er zwar allgemeingültig, dabei aber praktisch nichts-aussagend und daher für die Metaphysik von wenig Nutzen ist, oder er ist auf Kosten seiner Allgemeingültigkeit inhaltlich gefüllt, indem zum vorneherein verschiedene Seinsbegriffe angenommen und in Teilontologien entfaltet werden, oder dann ein bestimmter Seinsbegriff verabsolutiert und auf die Gesamtwirklichkeit übertragen wird. Es ist offensichtlich, dass keine dieser Möglichkeiten wirklich befriedigen kann.

Diese etwas extrem formulierten Positionen, zwischen denen die Lehre von der Analogie auf ihre Weise zu vermitteln sucht, sind noch etwas näher zu betrachten, um dadurch die Lösung vorzubereiten, die hier versucht wird.

1. Der allgemeine, rein formale Seinsbegriff

Ein wirklich allgemeiner Seinsbegriff sollte ohne Unterschied von allen Seienden ausgesagt werden können, insofern sie eben "sind"; dies ist streng genommen nur möglich, wenn von allen inhaltlichen Bestimmungen abstrahiert wird, da diese das eine Seiende vom andern unterscheiden und dadurch gewisse Einschränkungen mit sich bringen; erfasst der Seinsbegriff auch diese Bestimmungen, so verliert er notwendigerweise seine Allgemeingültigkeit, weil er nie alle umfassen kann und dadurch auf gewisse Dimensionen eingeengt wird; er muss, um allgemein zu sein, über allen Einschränkungen stehen. In dieser Allgemeinheit bleibt ein solcher Begriff rein formal, d.h. er hebt ein Seiendes bloss von seiner Negation ab und sagt zwar von ihm, <u>dass</u> es "ist", nicht aber <u>wie</u> und <u>was</u> es ist, es fehlt ihm der Inhalt, der auch zum "Sein" gehört. Dieser inhaltlich leere Seinsbegriff wird überall dort gebraucht, wo die konkreten inhaltlichen Bestimmungen der Seienden kaum eine Rolle spielen, so etwa in rein formalen Wissenschaften wie Logik und Mathematik, wo es primär nicht um die

Seienden als solche, sondern um ihre Beziehungen und ihr gegenseitiges Wechselspiel geht; und weil dabei der Inhalt nicht berührt wird, können die Seienden im Rahmen des gewählten axiomatischen Systems beliebig ausgewechselt und durch Symbole ersetzt werden, worin sich die letzte Konsequenz dieses Seinsbegriffs zeigt.

Es sind zwar auch im Raume der Metaphysik mit Hilfe dieses Seinsbegriffs gewisse Spekulationen über die konkrete Wirklichkeit möglich, freilich nur innerhalb bestimmter Grenzen; sie werden sich auf die rein formalen Aspekte beschränken und die übrigen Dimensionen ausser Betracht lassen, sodass nicht die ganze Wirklichkeit, sondern nur Teilbereiche und -aspekte zur Sprache gebracht werden; darum vermag ein solcher Seinsbegriff ein Seiendes nicht in seiner ganzen Fülle zu erfassen.

So zeigt sich, dass gerade das Bemühen um eine grösstmögliche Allgemeinheit eine sehr enge Beschränkung nach sich zieht; der rein formale Seinsbegriff ist in dem Sinne gar nicht so allgemein, wie man es erwarten würde, als er nur ganz bestimmten Dimensionen gerecht zu werden vermag; er lässt sich zwar von allen Seienden ohne Unterschied aussagen, erfasst aber von ihnen nichts anderes als die blosse Faktizität, ohne diese irgendwie näher zu bestimmen. Es dürfte klar sein, dass ein solcher Seinsbegriff und eine von ihm abgleitete Ontologie eine viel zu schmale Basis für eine Metaphysik darstellen, denn mit der Faktizität ist über die Wirklichkeit noch sehr wenig ausgesagt, und es gibt noch andere Dimensionen, die unbedingt "von Grund auf" mitberücksichtigt werden müssen, wenn die Metaphysik wirklichkeitsgerecht sein soll.

Einige Hinweise und Ansätze für eine breitere Basis ergeben sich bereits aus einem kritischen Ueberprüfen der eben gemachten Aussagen.

1° Die konkreten Seienden sind tatsächlich nicht auswechselbar und können als solche nie durch ein Symbol ersetzt werden; sie sind konkret, individuell, einmalig, und dieses Faktum muss im Seinsbegriff seinen Niederschlag finden, d.h. der Seinsbegriff muss so konzipiert sein, dass er diese Einmaligkeit als wesenskonstitutiv einbezieht und mitaussagt.

2° Ein reines "ist" als reine Faktizität gibt es in dem Sinne gar nicht, als immer "Etwas" ist, wobei dieses "Etwas" nicht mit dem "ist" identisch ist; das "Etwas" ist eine reichhaltigere Wirklichkeit als jene, die mit dem rein formalen "ist" erfasst wird; der Seinsbegriff muss sich daher am "Etwas" orientieren, er muss über die rein formalen Aspekte hinausgehen und das zu erfassen suchen, was dieses "Etwas" ausmacht; zur blossen Faktizität kommt so etwas wie eine zweite Dimension hinzu, nämlich die inhaltliche Fülle dessen, was "ist"; diese ist für einen Seinsbegriff entscheidend, der der Wirklichkeit als solcher gerecht werden soll.

3° Schliesslich kommt noch eine dritte Dimension hinzu, die über die reine Faktizität wie auch über die rein im Seienden für sich erfasste inhaltliche Fülle hinausführt; sie wird später eine sehr wichtige Rolle spielen und soll hier kurz genannt werden. Gemeint ist eine Art Tiefendimension, wie sie im Bezogensein auf das erkennende Subjekt in Erscheinung tritt, aufgrund dessen ein Seinsbegriff überhaupt erst möglich ist. Dieses im Phänomen der Erkenntnis greifbare Bezogensein ist aber nicht etwas, das zum Seienden (weder zum "Subjekt" noch zum "Objekt") erst nachträglich hinzukommt, es ist vielmehr die konkrete Aktualisierung eines fundamentaleren Bezogenseins, das jedes Seiende bestimmt; Erkenntnis ist nur möglich, weil jedes Seiende, vorgängig zur Erkenntnis, bereits mit seiner ganzen Umwelt, zu der auch das erkennende Subjekt und für dieses das erkannte Objekt gehört, in einem vielfältigen Verhältnis steht. Dieser Sachverhalt ist für das Seiende konstitutiv und muss deshalb in den Seinsbegriff aufgenommen werden, der somit am Seienden sowohl Faktizität wie auch inhaltliche Fülle und konstituierendes Bezogensein als gleich ursprünglich aufzuweisen und zum Ausdruck zu bringen hat, denn nur so kann er der Dreidimensionalität des Seienden auf metaphysischer Ebene und damit der Wirklichkeit, wie sie tatsächlich ist, einigermassen gerecht werden.

2. Der inhaltlich gefüllte Seinsbegriff

Ein rein formaler, inhaltlich leerer Seinsbegriff dürfte die seltene Ausnahme sein, denn da man normalerweise ganz von selbst mit dem Seinsbegriff gewisse inhaltliche Vorstellungen verbindet, braucht es eine ganz bewusste, ständige Anstrengung, um ihn konsequent durchzuhalten. Die Diskussionen um den Seinsbegriff bewegen sich daher in den meisten Fällen bereits auf der Ebene des Inhaltlichen, ohne dass man sich darüber genügend Rechenschaft gibt; die inhaltliche Seite bleibt vielfach unkontrolliert, was zu sehr vielen Missverständnissen führt; deshalb ist ihr hier besondere Aufmerksamkeit zu schenken; sie stellt das eigentliche Kernproblem des Seinsbegriffs dar, denn es muss abgeklärt werden, was wir uns unter "Sein" vorstellen und wie wir uns die Wirklichkeit in ihren letzten Dimensionen denken.

Bei der Berücksichtigung der Inhaltlichkeit wird die Hauptschwierigkeit darin bestehen, die Spannung durchzuhalten zwischen der mit jeder inhaltlichen Bestimmung gegebenen Konkretisierung und Vereinzelung, und der gleichzeitig bestehenden Forderung nach der Allgemeingültigkeit des Begriffs, also trotz notwendiger Einengung und inhaltlichem Gefülltsein den Begriff so zu fassen, dass er von allen Seienden ausgesagt werden kann und von ihnen gleichzeitig mehr zum Ausdruck bringt als die blosse Faktizität. Etwas paradox formuliert: es wird darum gehen, den allgemeinen Begriff (Seinsbegriff) dem Einmaligen als solchen so weit als möglich anzunähern und dieses in ihm ohne Beschränkung seiner Allgemeingültigkeit möglichst restlos zum Ausdruck kommen zu lassen. Wenn es bei der spontanen inhaltlichen Füllung des Seinsbegriffs bleibt, ohne dass darüber kritisch reflektiert wird, besteht die grosse Gefahr, dass ein bestimmter Seinsmodus für das Sein als solches, und die von ihm abgleitete Vorstellung als die Seinsvorstellung ausgegeben wird. Als Folge davon ergibt sich, dass nur die Bestimmungen dieses einzelnen Modus in den Begriff aufgenommen, verallgemeinert und auf alle Seienden übertragen werden (26); alle andern Aspekte, die diesem Modus fehlen, für andere Modi jedoch wesentlich sind, gehen dabei verloren. Daraus ergibt sich eine ganz bestimmt gefärbte und in diesem Sinne verfälschte, weil eingeengte Sicht der Wirklichkeit, die nur Teilaspekte sehen und erfassen lässt und deshalb zur Grundlegung der Metaphysik nicht geeignet ist. Das Bewusstmachen dieser Einengung ist bereits ein entscheidender Schritt zu deren Behebung, denn dadurch wird die Perspektive ausgeweitet.

Man kann die genannte Gefahr zu vermeiden suchen, indem man die verschiedenen

Seinsmodi als gleichberechtigt nebeneinanderstellt und für jeden Modus eine eigene Regional- oder Teilontologie entfaltet, die dann nur für diesen Modus Geltung hat. Diese Lösung bringt zwar verschiedene Vorteile, aber abgesehen davon, dass die Abgrenzung der Teilbereiche nicht so klar und eindeutig vollzogen werden kann und dass auch so noch Aspekte verloren gehen können, liegt das Unbefriedigende an ihr darin, dass diese Teilontologien mehr oder weniger unverbunden nebeneinander stehen und so die fundamentale Einheit der Wirklichkeit (als eine der wichtigsten Dimensionen!) nicht zum Tragen kommt, es sei denn, man verweise bereits innerhalb dieser Teilontologien auf Querverbindungen und bestehende Gemeinsamkeiten oder überlasse diese Aufgabe einer Gesamtsicht der Metaphysik, was jedoch in beiden Fällen einen allgemeineren Seinsbegriff voraussetzt, der alle Bereiche irgendwie zu umfassen und auszudrücken vermag. So ruft auch dieses Vorgehen letztlich wieder nach einer Art allgemeiner Ontologie und nach einem Seinsbegriff, der die einzelnen Regionen umspannt, sodass erneut zur Aufgabe gestellt ist, was man auf diesem Weg umgehen wollte.

Damit scheint der inhaltlich gefüllte Seinsbegriff ebenso unmöglich zu sein wie der rein formale, weil er an der Forderung nach Allgemeingültigkeit scheitert; diese Aporie legt es nahe, vorerst auf einen allgemeinen Seinsbegriff in diesem Sinne zu verzichten und eine andere Lösung zu suchen, die von einem anderen Ausgangspunkt her den genannten Forderungen (Universalität und möglichst grosse inhaltliche Aussagekraft des Seinsbegriffs) gerecht werden kann.

II. Bewusste Entscheidung für einen bestimmten Seinsbereich als Grundlage für den Seinsbegriff

Die Lösung der genannten Aporie soll dadurch versucht werden, dass für die Bestimmung des Seinsbegriffs ganz bewusst ein bestimmter Seinsbereich als Ausgangspunkt gewählt wird, von dem her eine vorerst oberflächliche Seinsvorstellung und der ihr entsprechende Seinsbegriff abgeleitet werden; dieser Seinsbegriff ist selbstverständlich beschränkt, gilt nur für den gewählten Seinsbereich und kann nur von diesem ausgesagt werden, wie z.B. ein vom materiellen Sein her gewonnener und von diesem bestimmter Seinsbegriff nur für dieses gilt und nicht ohne weiteres auf andere Seinsbereiche übertragen werden kann.

In weiteren Schritten ist das vorläufige Verständnis dieses Teilbereiches zu vertiefen und auszuweiten, und zwar so, dass er konsequent als Teilbereich der Gesamtwirklichkeit, d.h. als eine bestimmte, konkrete Manifestation der Gesamtwirklichkeit verstanden wird, also nicht isoliert für sich, sondern in seiner Verflochtenheit mit dem ganzen Universum gesehen wird (27). Damit weitet sich sukzessiv das Seinsverständnis aus; es wird nicht mehr bloss vom gewählten Seinsbereich bestimmt, sondern nimmt nach und nach die Bestimmungen der übrigen Bereiche in sich auf, weil diese wegen der fundamentalen Einheit der Wirklichkeit ebenfalls gegenwärtig sind. Entsprechend wird der Seinsbegriff zunehmend umfassender und umgreift schliesslich die ganze Wirklichkeit in ihren Grundzügen; die Aspekte des gewählten Bereiches sind dabei direkt, jene der übrigen hingegen indirekt gegenwärtig, d.h. dadurch, dass sie für das Verständnis des gewählten Bereiches miteinbezogen werden müssen. Im und durch den gewählten Seinsbereich wird dadurch die Gesamtwirklichkeit gesehen und zugänglich gemacht.

Das heisst verallgemeinert, dass kein Seinsmodus für sich allein, sondern nur unter Einbezug der andern verstanden werden kann; wo immer man mit dem Seinsbegriff einsetzen mag, es müssen immer alle Seinsmodi mitbegriffen werden, weil sie fundamental aufeinander bezogen sind. Damit ist auf eine neue Art und Weise ein Seinsbegriff gewonnen, von dem man sagen kann, dass er allgemein ist und für alle Seienden gilt, zugleich aber auch die ganze Wirklichkeit zum Ausdruck bringt, da in jedem Seienden, von dem er ausgesagt wird, alle andern (in ihrer Beziehung zu ihm) miterfasst sind. In einem solchen Seinsbegriff sind, wenn er konsequent durchgehalten wird, alle Seinsdimensionen präsent, wenn auch bei seiner Anwendung auf bestimmte Seiende je verschiedene Aspekte das Uebergewicht haben, worin übrigens der Grund liegt, dass man überhaupt von verschiedenen Seienden sprechen kann. Welcher Aspekt beim Gebrauch des Seinsbegriffs jeweils im Vordergrund steht, ist eine Sache der Perspektive, insofern von jedem Aspekt aus die Totalität der Wirklichkeit erreicht werden kann.

Es ist daher theoretisch möglich, von jedem beliebigen Seinsmodus her eine Seinsvorstellung und einen Seinsbegriff im hier gemeinten Sinne zu gewinnen. Trotzdem wird der Erfolg nicht wenig davon abhängen, welcher Seinsbereich als Ausgangspunkt gewählt wird, und zwar deshalb, weil nicht alle Seinsbereiche die verschiedenen Seinsmodi gleich ausgeprägt in sich vereinigen und deshalb die verschiedenen Aspekte an sich sehr unterschiedlich erfassen lassen. Je umfassender und vielseitiger sich der gewählte Seinsbereich zeigt, umso geringer wird die Gefahr sein, dass Aspekte unterschlagen werden. Es ist daher darauf zu achten, von einem möglichst reichhaltigen Seinsbereich auszugehen, der selber schon die verschiedensten Seinsmodi aufweist und die übrigen impliziert, indem er sie zu seiner vollständigen Erklärung erfordert oder sie doch als Möglichkeit zulässt; negativ gesagt ist zum vorneherein ein Seinsmodus auszuschliessen, der von sich aus keinen Anlass gibt, auf andere Seinsmodi überzugehen oder solche zu erschliessen. Was damit gemeint ist, sollen zwei kurze, nicht weiter ausgeführte Hinweise etwas verdeutlichen.

1° Als Ausgangspunkt ungeeignet wäre z.B. der Modus des rein abstrakten Seins, denn wenn man nicht aus einer andern, ausserhalb dieses abstrakten Seins liegenden Quelle weiss oder doch annimmt, dass jedes abstrakte Seiende ein konkretes, aktual Seiendes als seinen Träger voraussetzt (28), könnte man allein von ihm aus nie zum Modus des konkreten Seins vorstossen; der Bereich des abstrakten Seins genügt sich selber und wird nie von sich aus konkret. Die Wahl zwischen konkretem und abstraktem Sein als Ausgangspunkt muss daher zugunsten des erstgenannten ausfallen, weil sonst der Aspekt "konkret" nicht oder nur sehr schwer in den Seinsbegriff eingebracht werden kann, während umgekehrt das konkrete Sein das abstrakte als Aspekt und Moment vielfältig in sich schliesst und ohne dieses gar nicht denkbar ist, sodass es sicher mitgesehen wird.

2° Auch im Bereich des konkreten Seins kann der Ausgangspunkt verschieden gewählt werden. Nimmt man die menschliche Erfahrung und die Gesamtwirklichkeit als zwei Möglichkeiten, dann ist im Hinblick auf die inhaltliche Fülle die zweite vorzuziehen, denn die menschliche Erfahrung ist selber nur ein Ausschnitt und ein Teilbereich aus der Gesamtwirklichkeit (obwohl natürlich diese nur durch die Erfahrung zugänglich ist (29)), was sich u.a. darin zeigt, dass diese Gesamtwirklichkeit immer wieder neu als geheimnisvoll und darum als die Erfahrung transzendierend erfahren wird. Von der Gesamtwirklichkeit sind daher mehr Aspekte zu erwarten, weshalb diese als Ausgangspunkt und Hintergrund für den Seinsbegriff besser dienen kann als die menschliche Erfahrung, die sich als _eine_ unter andern Wirklichkeitsformen erweisen wird und als solche gesehen werden muss.

Zusammenfassend und dieses Kapitel zugleich abschliessend lässt sich sagen: zur Grundlegung einer Metaphysik als Gesamterklärung der Wirklichkeit ist nicht ein allgemein gültiger Seinsbegriff in dem Sinne zu entwickeln, dass er sich unmittelbar von allen Seienden aussagen liesse, denn ein solcher würde entweder zu sehr im rein Formalen stecken bleiben und zu wenig über die konkrete Wirklichkeit aussagen, oder dann weitgehend unreflektiert einen bestimmten Seinsmodus verabsolutieren, wodurch nur _eine_ der verschiedenen Seinsweisen erfasst und die Totalität der Wirklichkeit verfehlt würde. Statt dessen ist zum vornehrein bewusst ein bestimmter Seinsbereich als Ausgangspunkt zu wählen und von den zu ihm gehörenden Seienden eine (zunächst nur für diese geltende) Seinsvorstellung zu gewinnen und dem Seinsbegriff zugrunde zu legen. Indem aber diese Seienden fundamental als Teil der Gesamtwirklichkeit und als durch ihr Bezogensein auf diese Gesamtwirklichkeit konstituiert erfasst werden, wird auch der Seinsbegriff in dem Sinne umfassend, als er zusammen mit dem gewählten konkreten Seienden auch die Gesamtwirklichkeit umspannt. Durch dieses Vorgehen soll erreicht werden, dass der Seinsbegriff nicht so sehr durch ein bereits vorgegebenes Verständnis, sondern stets neu und so direkt wie möglich durch die Wirklichkeit in ihrer ganzen Fülle, so wie sie heute erfahren wird bestimmt wird, damit so von der Wurzel her die "fallacy of misplaced concreteness" (30), d.h. die Verwechslung des rein Begrifflichen mit dem Konkreten vermieden werden kann.

2. Kapitel

DER BEREICH DES KONKRETEN, REALEN SEINS ALS GRUNDLAGE UND HINTERGRUND DES SEINSBEGRIFFS

Im Sinne der bisherigen Ausführungen geht es nun darum, einen geeigneten Seinsbereich zu suchen, ihn zu umschreiben und aus ihm jenes Seinsverständnis herauszuarbeiten, das mit dem Seinsbegriff verbunden werden soll. Dabei ist Folgendes zu bedenken:

1° Es geht nicht darum, einen Seinsbegriff bis in alle Einzelheiten hinein genau zu bestimmen, sondern ausgehend vom gewählten Seinsbereich einen gewissen Verstehenshorizont ausdrücklich und in dem Sinne geläufig zu machen, dass man den Seinsbegriff wie von selbst auf diesem Hintergrund versteht; die Hauptsache ist nicht eine Definition des Seinsbegriffs, sondern die Vorstellungen, die wir mit ihm verbinden, und auf diese hin ist der gewählte Seinsbereich zu betrachten.

2° Die Wahl eines bestimmten Seinsbereiches als Grundlage für den Seinsbegriff ist eine wirkliche Grundentscheidung, die bewusst gefällt werden muss, damit falsche Identifikationen vermieden werden, und weil sie einen philosophischen Grundbegriff betrifft, wird sie sich auf sämtliche Gebiete der Philosophie irgendwie auswirken. Der Seinsbegriff, in welchem sie sich unmittelbar niederschlägt, darf daher erst der Kritik unterzogen werden, wenn er konsequent durchgedacht ist und wenn versucht worden ist, alle Bereiche der Wirklichkeit von ihm her zu verstehen und in seiner Perspektive zu sehen. Auf diese Situation hinzuweisen ist deshalb von grosser Wichtigkeit, weil die Gefahr besteht, dass Einwürfe erhoben werden, die auf einem andern Seinsbegriff basieren und sich deshalb kaum widerlegen lassen, es sei denn, man gehe auf die Grundentscheidung zurück.

3° Die Entscheidung, die hier gefällt wird, ist im Hinblick auf die philosophischen Positionen bei Whitehead zu verstehen, mit deren Darlegung im zweiten Teil sie ein Ganzes bilden soll; allfällige Unklarheiten und Schwierigkeiten sind daher immer vom Ganzen her anzugehen, wobei es nicht möglich ist, in jedem Fall konkrete Hinweise auf die späteren Ausführungen zu geben.

I. Die Grundentscheidung zugunsten des konkreten, realen Seins

Wie die vorausgehenden Ausführungen bereits vermuten liessen, wird die genannte Grundentscheidung zugunsten des konkreten, realen Seins gefällt; wenn von Sein und Seiendem die Rede ist, dann ist in erster Linie an die konkrete, reale Wirklichkeit in ihrer ganzen Fülle einschliesslich aller in ihr liegenden Möglichkeiten gedacht, und der Seinsbegriff soll so verstanden werden, dass er diese Wirklichkeit zum Ausdruck bringt.

1. Nähere Umschreibung des gewählten Seinsbereiches

Diese als Grundlage gewählte Wirklichkeit muss ganz kurz umschrieben werden, damit sie richtig verstanden wird. Vorausgesetzt ist ein naives Wirklichkeitsverständnis, das jeder kritischen Auseinandersetzung über Möglichkeit und Grenzen der Erkenntnis überhaupt und der Frage, was mit dieser Wirklichkeit im Vorgang des Erkennens geschieht, vorausliegt, und das in einer realistischen Sicht annimmt, dass es unabhängig von der Erkenntnis eine "objektive" Welt gibt, in die der Mensch als erkennender und handelnder hineingestellt ist und die er, wenn auch nur unvollkommen, so doch einigermassen adäquat erfassen kann. Es geht, kurz zusammengefasst, um jene Wirklichkeit, mit der der Mensch täglich umzugehen pflegt, in der er lebt und die seine Welt bildet, jene Wirklichkeit also, wie sie sich der vielfältigen, zwischen der spontanen und der rein wissenschaftlichen Erkenntnis liegenden, menschlichen Erfahrung darbietet.

Diese Wirklichkeit erschöpft sich jedoch nicht in der dem Menschen entgegentretenden Welt; ein solcher Ausgangspunkt würde zu einem rein objektivistischen Seinsverständnis führen, das hier überwunden werden soll. Zu ihr gehört vielmehr wesentlich auch das Faktum, dass der Mensch einer Welt gegenübersteht, sie erkennt und mit ihr umgeht. Dieses sein Bezogen- und Ausgerichtetsein auf eine Umwelt ist eine Grunddimension der Wirklichkeit, wie sie hier verstanden wird; Whitehead nennt die Entdeckung dieser Dimension die Wende vom Objekt zum Subjekt, die sich ungefähr seit Descartes vollzogen und für die Metaphysik eine völlig neue Situation geschaffen habe, und zwar deshalb, weil sie sich nicht auf den Menschen beschränkt, sondern von jedem Seienden gilt, denn jedes Seiende steht in einer noch zu bestimmenden Weise seiner Umwelt gegenüber. Darum lässt sich ein Seiendes nicht mehr nur für sich, sondern erst in seinem Bezogensein richtig verstehen. Ueber eine zunächst spezifisch menschliche Gegebenheit (Erkenntnis) wird somit eine fundamentale Dimension sichtbar, die wegen ihrer Allgemeinheit im Seinsbegriff begründet werden muss.

Die Einbeziehung des Subjektes und der Erkenntnis in die Grundlegung des Seinsbegriffes, die zum Teil auch Whiteheads Terminologie bestimmt (31), ist nicht eine anthropozentrische Engführung, sondern umgekehrt eine Ausweitung der Perspektive und die Hinführung zu einer Dimension, die sonst unberücksichtigt bleiben würde. Die Wirklichkeit ist somit grundlegend in dieser Subjekt-Objekt-Differenz, die aber immer schon eine ursprüngliche Einheit darstellt, zu sehen, womit das Bezogensein und damit der dynamische Aspekt in ihrer konstitutiven Bedeutung sichtbar werden; und da sich diese Situation bis in die Konstitution des einzelnen Seienden hinein verfolgen lässt (32), muss sie ihren Niederschlag im Seinsbegriff finden.

Zur weiteren Klärung ist es wichtig zu betonen, dass nicht die Wirklichkeit als erkannte, also nicht unsere Vorstellung von ihr, sondern die konkrete, bestehende, "objektive" als Ausgangspunkt gewählt wird, denn unsere Vorstellung und damit der Seinsbegriff sollen sich ja erst an der konkreten Wirklichkeit bilden und verifizieren lassen. Die Vorstellung ist als solche ein anderer Seinsmodus, der zwischen "objektiv" vorfindlicher Wirklichkeit und erkennendem Subjekt zu vermitteln hat, und der in dieser seiner spezifischen Funktion zu verstehen und zu bestimmen ist; er ist gegenüber der eigentlichen Wirklichkeit sekundär, weil er nur Hilfsmittel für den Zugang zu ihr bzw. ihr Abbild ist und als solches hinter ihr immer zurücksteht; freilich kann auch die gedachte Wirklichkeit als Objekt gesehen werden; als solche bildet sie nämlich auch einen Teilbereich der Gesamtwirklichkeit. Für die metaphysische Perspektive ist die Gesamtwirklichkeit das Primäre und muss zum Ausgangspunkt gemacht werden.

Der Seinsbereich, der den Hintergrund der folgenden Ausführungen bildet und von dem her diese zu verstehen sind, ist somit die möglichst umfassend und vorerst undifferenziert verstandene Gesamtwirklichkeit einschliesslich all ihrer Dimensionen und Aspekte, die erst nachher im Rahmen der fundamentalen Einheit auszufalten und in ihrer gegenseitigen Beziehung wie auch in ihrer das Seiende konstituierenden Funktion aufzuweisen sein werden.

2. Vorläufige Umschreibung des Seinsbegriffs

Auf dem Hintergrund des skizzierten, realistischen Wirklichkeitsverständnisses ist nun der ihm entsprechende Seinsbegriff zu gewinnen und zu entfalten. Nicht dass er schon hier zu seiner grösstmöglichen Klarheit gebracht werden könnte; diese ist erst mit der konkreten Durchführung zu erhoffen, die umgekehrt auch zu einer Vertiefung des Wirklichkeitsverständnisses führen wird, das bisher recht oberflächlich bleiben musste. Beides kann im Grunde nur miteinander bzw. das eine durch das andere geschehen, denn einen Seinsbegriff zu erarbeiten, der an der Wirklichkeit orientiert ist, und die Wirklichkeit zu verstehen, zu erklären und auszudrücken sind letztlich nur zwei verschiedene Formen ein und desselben Bemühens: der Seinsbegriff in seiner ganzen Fülle ist eben bereits, sofern er adäquat ist, die Erklärung und der Ausdruck der Wirklichkeit, und es kommt auf dasselbe heraus, ob man den Seinsbegriff an der Wirklichkeit nachprüft, oder ob man zu sagen versucht, was diese in ihren Grundzügen sei.

Damit ist im Wesentlichen bereits gesagt, wie hier der Seinsbegriff verstanden wird: er soll eine Art Spiegelbild der konkreten, realen Wirklichkeit sein; wo er gebraucht wird, soll er für das reale, aktuale Sein stehen und immer an dieses denken lassen. An ihn ist daher die Forderung zu stellen, dass er möglichst nahe an diese Wirklichkeit herankommt und sie möglichst getreu und "ohne Rest" in ihren Wesenszügen zum Ausdruck bringt; er soll das beinhalten, was allen aktual Seienden gemeinsam ist, und von ihnen auch inhaltlich möglichst viel aussagen, freilich ohne je mit einem bestimmten Seienden zusammenzufallen, weil er sonst nicht mehr von allen Seienden ausgesagt werden könnte.

Der gesuchte Seinsbegriff darf sich aber auch nicht nur auf die Strukturen beschränken, wie man fälschlicherweise annehmen könnte, denn die aktual Seienden haben über die Strukturen hinaus auch inhaltliche Gemeinsamkeiten, die darauf basieren, dass sie die _eine_ Wirklichkeit bilden und diese je auf eigene Weise in sich vereinigen und verkörpern, was im Seinsbegriff ebenfalls grundgelegt und ausgedrückt werden muss.

Hinter der Frage, wie diese Annäherung des Seinsbegriffs an die konkrete Wirklichkeit überhaupt möglich und wie weit sie durchführbar ist, verbirgt sich die ganze Problematik des hier eingeschlagenen Vorgehens. Die Diskussion dieses Problems, auf die anschliessend einzugehen sein wird, wird noch weiter klären, wie der intendierte Seinsbegriff zu verstehen ist.

Die einzelnen Aspekte und Momente, die in den Seinsbegriff hineinzunehmen sind, brauchen hier nicht im Einzelnen aufgeführt zu werden, da dies die Aufgabe des dritten Kapitels sein wird. Es genügt die allgemeine Feststellung, dass vor allem jene Aspekte aufzuarbeiten sind, die für den als Ausgangspunkt gewählten Seinsbereich spezifisch sind; es sind dies die Aspekte der Geschichtlichkeit, des Werdens, der Evolution, des horizontalen Verflochtenseins aller einzelnen Gegebenheiten usw.; besondere Beachtung wird dem Aspekt der Konkretheit und Einmaligkeit zu schenken sein, da er zum allgemein-abstrakten Charakter des Begriffs, durch den das konkrete Seiende erfasst wird, in einer unaufhebbaren Differenz steht und deshalb sehr leicht übergangen wird.

Diese Akzentsetzung wie überhaupt die ganze Zielsetzung der Arbeit bringen es mit sich, dass die gewohnten Probleme um den Seinsbegriff, wie sie in Systematiken und Lehrbüchern unter dem Titel "Ontologie" behandelt werden (33), zumindest unter ihrem sonst gebräuchlichen Namen und in der bisher bekannten Perspektive eher in den Hintergrund treten; das bedeutet aber nicht, dass sie verharmlost oder gar ignoriert werden, vielmehr wird gehofft, dass sie durch dieses Vorgehen von ungewohnten Seiten her neuen Lösungsversuchen nähergeführt werden können.

3. Begründung der gefällten Entscheidung

Es wurde bereits darauf hingewiesen, dass die Wahl des Ausgangspunktes nicht zwingend begründet werden kann und daher auch anders ausfallen könnte. Bei näherem Zusehen zeigt sich jedoch, dass sie durch die Grundkonzeption der Metaphysik gefordert oder doch nahegelegt wird. Erwartet man von der Metaphysik, dass sie die Wirklichkeit erklärt und zum Ausdruck bringt, so wie sie tatsächlich ist, dann bleibt als Ausgangspunkt für den Seinsbegriff und die Seinsvorstellung eigentlich nichts anderes als diese Wirklichkeit selber, denn ein anderer Ausgangspunkt würde andere Voraussetzungen in die Begrifflichkeit hineintragen und unter Umständen falsche Weichen stellen, sodass diese Wirklichkeit verfehlt würde.

Jedes andere Vorgehen stellt an sich einen Umweg dar. Geht man z.B. vom Inhalt unseres Bewusstseins als Grundgegebenheit aus, dann wird, will man nicht auf der Ebene der reinen Spekulation bleiben oder in Skeptizismus und Agnostizismus enden, für den Uebergang in die konkrete Wirklichkeit irgendwo ein Sprung vom bloss Gedachten in diese "objektiv" bestehende Wirklichkeit vollzogen werden müssen, es sei denn, diese werde unbesehen bereits vorausgesetzt; da aber der Sprung selber seine Begründung nur aus der tatsächlichen Wirklichkeit erhält, ist man letztlich doch auf diese verwiesen, womit der gewählte Ausgangspunkt genügend begründet sein dürfte.

II. Schwierigkeiten des vorgeschlagenen Seinsbegriffs

Die Hauptschwierigkeit eines solchen Seinsbegriffs, der die konkrete, aktuale Wirklichkeit möglichst ohne Rest zum Ausdruck bringen soll, dürfte darin liegen, dass der Begriff als solcher und die aktuale Wirklichkeit ihrer Natur nach auf zwei verschiedenen Ebenen liegen und einem je verschiedenen Seinsmodus angehören; der Begriff ist (auch als Vorstellung) an sich abstrakt, während die Wirklichkeit im hier verstandenen Sinne wesentlich konkret ist. Die beiden Bereiche werden sich daher nie völlig zur Deckung bringen lassen, sodass es nur darum gehen kann, diese bestehende Differenz so gut als möglich zu überbrücken und den Begriff so nahe als möglich an die Wirklichkeit heranzurücken.

Der Umstand, dass der Begriff der Wirklichkeit nie ganz adäquat sein kann, ist für den Seinsbegriff umso schwerwiegender, als dieser nie aufhebbare Unterschied, vereinfacht als Differenz zwischen abstrakt und konkret bezeichnet, gerade jenen Aspekt betrifft, auf den es entscheidend ankommt und mit dessen Berücksichtigung der hier gemeinte Seinsbegriff steht und fällt, da die Wirklichkeit nicht abstrakt, sondern in ihrer Konkretheit und Einmaligkeit erfasst werden soll; es wird daher eine stete Anstrengung notwendig sein, um diese dem Begriff als solchem fernliegende Dimension genügend zu berücksichtigen.

1. Das Problem als Problem der Sprache und des Denkens überhaupt

Das hier sich stellende Problem betrifft Sprache und Denken ganz allgemein, denn unser Denken steht als solches immer in einer gewissen Differenz zur "objektiven", ausser ihm liegenden Wirklichkeit, sodass der Seinsbegriff als Spezialfall eines ganz allgemeinen Problems zu verstehen ist. Die Art und Weise, wie dieses Problem in der (Alltags-)Sprache gelöst wird, kann deshalb für das bessere Verständnis des Seinsbegriffs sehr aufschlussreich sein, weshalb hier kurz darauf einzugehen ist.

Betrachtet man das Phänomen der Sprache und des Denkens, dann fallen zunächst zwei einander widersprechende Tatsachen auf: einerseits ist eine deutliche Trennung und anderseits eine geradezu selbstverständliche Verbindung und Wechselwirkung zwischen den beiden Bereichen Sprache und Wirklichkeit festzustellen.

a. Der Unterschied zwischen den beiden Bereichen

Zwischen dem Gegebensein einer Wirklichkeit im Denken und in der Sprache einerseits und ihrer konkreten, "objektiven" Vorfindlichkeit anderseits besteht ein fundamentaler Unterschied in der Seinsweise. Ein reales Geschehen und dessen Beschreibung sind nie dasselbe; die Beschreibung mag noch so ausführlich und treffend sein, sie wird die tatsächliche Wirklichkeit, das, was sie beschreibt, nie ganz einholen können, es fehlt in ihr immer das tatsächliche Geschehen als solches; die Wirklichkeit <u>geschieht</u>, im Bericht über sie wird sie bloss <u>erzählt</u>. So kann z.B. in einem Buch eine Geschichte noch so gut und anschaulich geschildert werden, sie ereignet sich ausserhalb

35

des Buches trotzdem nicht; Aehnliches gilt für Film und Theater, denn obwohl diese durch optische Darstellung und konkreten Vollzug der Handlung (Theater) der eigentlichen Realität um Einiges näher stehen, bleiben sie doch von dieser wesentlich unterschieden; wer dies nicht beachtet, verfällt bekanntlich Illusionen. Die faktische Wirklichkeit lebt und ereignet sich, der Inhalt der Sprache hingegen ist als solcher "bloss" gedacht, sodass in dieser Beziehung zwischen diesen beiden Bereichen eine unaufhebbare Differenz besteht.

b. Die Verbindung zwischen den beiden Bereichen

Anderseits ist es eine evidente Tatsache, dass diese beiden Ebenen faktisch immer sehr eng miteinander verbunden sind, so eng, dass sie, wenigstens für uns Menschen, unabhängig voneinander gar nicht denkbar sind, denn einerseits sind Sprache und Denken nicht möglich ohne den Hintergrund der konkreten Wirklichkeit, und anderseits ist die Wirklichkeit auf menschlich-geistige Weise nicht zugänglich und damit auch nicht mitteilbar ohne den Weg ihrer Sprachwerdung. Wenn der Mensch die Sprache benützt, dann bleibt er normalerweise nicht auf der Ebene der reinen Spekulation und des bloss Gedachten, was an sich dem Seinsmodus der Sprache und des Denkens entsprechen würde, sondern er transzendiert diese Ebene immer und ist gerade mit ihrer Hilfe und durch ihre Vermittlung immer schon irgendwie bei der "objektiven" Wirklichkeit, was ihm sowohl seine dominierende Stellung ihr gegenüber wie auch die gegenseitige Verständigung und Kommunikation ermöglicht.

Es muss also eine Art Brücke vorhanden sein, die diese beiden Seinsebenen miteinander verbindet und es dadurch möglich macht, mit Hilfe des einen Seinsmodus (Sprache) beim andern (konkrete Wirklichkeit) zu sein; sich über diese Brücke und über das gegenseitige Wechselspiel, das dahinter stecken muss, im Klaren zu sein, ist im Hinblick auf den Seinsbegriff sehr wichtig. Dabei geht es nicht um die psychologischen Fragen oder um den konkreten Mechanismus, in welchem sich die vielfältigen Vorgänge abspielen, sondern nur um das Faktum, dass die beiden Ebenen tatsächlich miteinander verbunden sind und damit um die entscheidende Frage, wie die Wirklichkeit in Sprache und Denken gegenwärtig sein kann bzw. umgekehrt, wie es möglich ist, mit der Sprache an die Wirklichkeit heranzukommen (34).

Die genannte Brücke wird durch die Vorstellungen hergestellt, die wir mit unsern Ausdrücken und Aussagen verbinden; diese Vorstellungen müssen nicht immer identisch sein mit genau definierten Inhalten unserer Begriffe, was zur Folge hat, dass sie nicht zum vorneherein fixiert sind, sondern gleichsam oszillieren können zwischen den beiden Polen der konkreten und der gedachten Wirklichkeit, d.h. dass sie mehr von der im Begriff (mehr oder weniger ausdrücklich) festgelegten oder mehr von der durch die konkrete Wirklichkeit je neu gegebene Inhaltlichkeit bestimmt und geformt werden können, sodass sie durch dieses Nicht-Festgelegtsein zwischen Sprache und Wirklichkeit vermitteln, wobei es sehr bedeutsam ist, welcher Seite das Hauptgewicht zukommt.

Im ersten Fall wird die Vorstellung durch den im Begriff vorgegebenen Inhalt bestimmt und festgelegt, der seinerseits bereits der Niederschlag einer bestimmten Wirklichkeitserfahrung, d.h. eine zum Begriff verfestigte Vorstellung ist; gebraucht man einen Begriff in diesem Sinne, lässt man sich also die Vorstellung von ihm und nicht von der Wirklichkeit geben, dann projiziert man eine frühere Vorstellung auf die jetzige Wirklichkeit und erfasst diese unter einem Vorurteil statt in ihrer je neuen Ursprünglichkeit. So besteht die Gefahr, dass die Sicht der Wirklichkeit durch den Begriff filtriert wird und so nur jene Dimensionen erreicht werden, die der notwendigerweise immer beschränkten Inhaltlichkeit des übernommenen Begriffes und der mit ihm verbundenen, früher einmal gewonnenen und fixierten Vorstellung entsprechen, während der Zugang zu neuen Aspekten weitgehend versperrt bleibt.

Demgegenüber wird im zweiten Fall die Vorstellung nicht vom vorgegebenen Begriff, sondern von der jeweiligen konkreten Wirklichkeitserfahrung geformt und bestimmt, was den Vorteil hat, dass neu auftauchende und bisher nicht beachtete Dimensionen und Aspekte unmittelbar berücksichtigt werden können. Die Vorstellung passt sich direkt der konkreten Wirklichkeit an, wodurch sie selber wirklichkeitsnah wird und sich so immer wieder auf die Inhaltlichkeit des Begriffes, in welchem sie zum Ausdruck kommt, auswirken und diese entsprechend umformen kann, was allerdings nur auf Kosten einer gewissen Unbestimmtheit und "Durchlässigkeit" des Begriffes möglich ist. Dieser Vorgang, durch den die Vorstellung und mit ihrer Hilfe auch der Begriff immer näher an die konkrete Wirklichkeit herangerückt wird, ist nie abgeschlossen und muss immer wieder neu realisiert werden, nicht nur weil Vorstellung und Wirklichkeit nie ganz zur Deckung zu bringen sind, worauf bereits hingewiesen wurde, sondern auch, weil die Wirklichkeit selber stets in Entwicklung begriffen ist und dabei neue Aspekte entfalten kann, die ebenfalls berücksichtigt werden müssen.

Die Tatsache, dass diese Problematik in der Alltagssprache kaum Schwierigkeiten bereitet und daher als solche nie aufgeworfen wird, lässt darauf schliessen, dass sie normalerweise spontan gelöst wird. Die Situation ist folgende: einerseits sind die Begriffe der Alltagssprache (im Sinne einer definierten Inhaltlichkeit) relativ wenig festgelegt und können sich daher sehr leicht den von der konkreten Erfahrung genährten Vorstellungen anpassen; anderseits tritt die konkrete, zu erfassende Wirklichkeit mehr oder weniger offen zutage und drängt sich unmittelbar auf. Daraus ergibt sich, dass in der Alltagssprache Eindeutigkeit und Unwiderlegbarkeit der konkreten Erfahrung ein Umdenken immer wieder erzwingen, sodass die Anpassung der Sprache selbstverständlich ist und spontan vollzogen wird; man spricht daher von einer lebendigen Sprache, die sich gerade dadurch auszeichnet, dass sie sich stets weiterentwickelt und so mit dem geschichtlichen Fortschreiten des Menschen Schritt hält; auf diese Weise kann sie, wenigstens einigermassen adäquat, an die Wirklichkeit heranführen und sie immer wieder so zum Ausdruck kommen lassen, wie sie tatsächlich ist, denn weil und insofern sie sich von der jeweiligen Erfahrung bestimmen lässt, sind wir mit ihrer Hilfe bei der Wirklichkeit; die Brücke ist hergestellt, und zwar von der vorgegebenen Wirklichkeit her, was ganz der menschlichen Erfahrung entspricht, wo bei den schönsten Theorien und den grossartigsten Gedankenexperimenten doch immer wieder die "objektive", konkrete, reale Wirklichkeit das letzte Wort hat und sagt, was "eigentlich" ist.

2. Die spezifische Problematik des Seinsbegriffs

Im Rahmen und auf dem Hintergrund dieser allgemeinen Problematik ist als Spezialfall die Frage nach dem Seinsbegriff zu stellen und zu untersuchen, denn an ihn wird erst recht die Forderung gestellt, dass er möglichst nahe an die Wirklichkeit heranführt und diese in ihren fundamentalen Dimensionen zum Ausdruck bringt. Es ist abzuklären, wie hier zwischen Begriff und Wirklichkeit vermittelt wird, wobei sich einige zusätzliche Schwierigkeiten zeigen werden, die durch die Eigenart des Seinsbegriffs wie auch des durch ihn zu erfassenden "Gegenstandes" bedingt sind.

a. Spezifische Schwierigkeiten des Seinsbegriffs

Schon die Tatsache der vielen Missverständnisse, die den Seinsbegriff belasten, ist ein Hinweis dafür, dass hier die Brücke zwischen Begriff und Wirklichkeit nicht so spontan und problemlos hergestellt wird wie bei der Alltagssprache; verantwortlich dafür sind verschiedene Gründe, von denen die wichtigsten kurz angeführt werden sollen.

1° Im Gegensatz zur Alltagssprache, wo man sich deshalb leicht verständigen kann, weil die gemeinte Wirklichkeit unmittelbar vorliegt und es zwei Gesprächspartnern im allgemeinen klar ist, was mit einem gebrauchten Ausdruck gemeint ist, liegt der "objektive" Sachverhalt, der im Seinsbegriff erfasst und ausgedrückt werden soll, nicht offen vor, sondern muss an der Wirklichkeit erst hervorgehoben und mühsam erarbeitet werden; was unter "Sein" zu verstehen ist, drängt sich nicht unmittelbar auf, sondern ist in gewissem Sinne das Ergebnis einer vom Menschen vollzogenen Interpretation. Es ist deshalb nicht ohne weiteres klar, woran die Richtigkeit des Seinsbegriffes nachgeprüft werden soll und welches der "objektive" Tatbestand ist, dem er zu entsprechen hat. Daraus ergibt sich, das sei hier nur ganz kurz angedeutet, dass sich die Seinsvorstellung, die zwischen Begriff und Wirklichkeit im früher genannten Sinne zu vermitteln hat, begreiflicherweise viel leichter durch einen bereits vorhandenen und vorgeprägten Begriff als durch die anvisierte, aber erst noch zu klärende Wirklichkeit bestimmen lässt.

Anders ausgedrückt: es gibt keine direkte, unwiderlegbare Erfahrung, die eine Korrektur des gewohnten Seinsbegriffes unbedingt erzwingen würde, weil immer verschiedene Interpretationen dieser Erfahrung möglich sind, nicht zuletzt auch im Sinne des genannten Seinsbegriffes; die Frage ist nur, welche dieser Interpretationen die bestmögliche ist. Selbst wo Erfahrungen und Sachverhalte auftauchen, die mit dem geläufigen Seinsbegriff nur schwer zu bewältigen sind, ist die Tendenz vorherrschend, nicht aus der neuen Situation heraus einen neuen Seinsbegriff zu gewinnen und den bisherigen zu korrigieren, sondern die neuen Gegebenheiten trotz der Schwierigkeiten im Lichte des bisherigen Seinsverständnisses zu interpretieren und in dieses einzubauen; dabei ist die Gefahr sehr gross, dass gerade das Spezifische an diesen neuen Gegebenheiten nicht adäquat erfasst wird und dadurch der philosophischen Reflexion verlorengeht.

2° Die zweite Schwierigkeit, die hier genannt werden muss, ist im Grunde nur die

:hrseite der erstgenannten; sie weist in dieselbe Richtung und führt zum gleichen
rgebnis. Die grosse geistige Anstrengung, die aufgebracht werden muss, um den
insbegriff in seiner Inhaltlichkeit zu erarbeiten, führt leicht dazu, dass man am
nmal erreichten Seinsbegriff festhält und ihn mehr oder weniger stark fixiert. Dies
schieht meistens dadurch, dass irgend ein im Verlauf der Philosophiegeschichte
arbeiteter Seinsbegriff aufgenommen und zu eigen gemacht wird.

s wäre nun durchaus falsch, ein solches Vorgehen als illegitim abzulehnen, denn es
bt Errungenschaften des menschlichen Geistes, die für alle Zeiten gültig bleiben.
s ist aber äusserst wichtig zu bedenken, dass durch diese Uebernahme gleichzeitig
ch eine aus der betreffenden Kultur- und Geistesgeschichte tradierte Perspektive
it der entsprechenden Inhaltlichkeit übernommen wird, die bei der Verwendung des
griffes auf die Wirklichkeit übertragen bzw. projiziert wird, sodass diese im
chte des Seinsverständnisses dieses übernommenen Seinsbegriffes erscheint. Da-
rch ist ein Blickwinkel vorgegeben, der es zwar erlaubt, die gleich gebliebenen
pekte der Wirklichkeit zu erfassen, der es aber u.U. verunmöglicht, die für die
utige Welterfahrung spezifischen Aspekte und Dimensionen ebenfalls und mit der
tigen Akzentsetzung zu erfassen. Die Wirklichkeit kommt in einem solchen Seins-
griff nicht oder doch zu wenig so zur Sprache, wie sie _jetzt_ ist und _jetzt_ erfahren
rd, sondern sie wird auf jene Perspektive verkürzt, aus der der Seinsbegriff ur-
rünglich hervorgegangen ist (35).

t diesem Festhalten an einem vorgegebenen Seinsbegriff ist die Tatsache mitgege-
n, dass im Gegensatz zu den Ausdrücken der Alltagssprache dessen Inhalt viel
irker festgelegt ist, sodass er nur schwer neue Inhalte in sich aufnehmen kann;
ist zum vorneherein bestimmt, was unter "Sein" zu verstehen ist. Dadurch wird
 Differenz zwischen (festgelegtem) Begriff und (sich stets wandelnder) Wirklichkeit
h vergrössert statt verringert, weil so die Anpassung des Begriffes an die Wirk-
hkeit praktisch unmöglich wird; die Folgen dieser Situation sind tiefgreifend und
schränken sich keineswegs auf den Seinsbegriff. Hier liegt z.B. der Grund für das
oft feststellbare und beklagte Nachhinken der Philosophie hinter der gelebten Wirk-
hkeit und für ihre Ratlosigkeit vielen Gegenwartsproblemen gegenüber.

Eine dritte Schwierigkeit wurde bereits genannt, soll aber hier nochmals kurz be-
rochen werden, da sie sehr wichtig zu sein scheint; sie betrifft die Vorstellung, die
ischen Begriff und Wirklichkeit vermitteln und die beiden Pole einander näher brin-
n soll. Die doppelte Tatsache, dass einerseits der mit dem Seinsbegriff zu erfas-
nde Sachverhalt "objektiv" nicht unmittelbar vorliegt und sich deshalb nicht auf-
ingt (1°), und dass anderseits ein relativ weitgehend festgelegter Inhalt mit dem
rnommenen Seinsbegriff vorgegeben ist (2°), hat zur Folge, dass sich die Seins-
stellung nicht primär von der "objektiven" Wirklichkeit ableitet wie bei der All-
ssprache, sondern vom vorgegebenen Inhalt des Begriffes, ja mit diesem praktisch
ntisch ist, zumal da erst der Seinsbegriff sagt, was unter "Sein" zu verstehen ist.
ist die Vorstellung weitgehend an den Begriff gebunden, d.h. sie wird nicht von
 Wirklichkeit, sondern in erster Linie vom Begriff bestimmt, womit ihre Ver-
tlerrolle weitgehend beeinträchtigt ist. Das aber für die Adäquatheit des Seins-
riffes von grösstem Nachteil, da nur dann die konkrete Wirklichkeit in ihm optimal
n Ausdruck kommen kann, wenn er möglichst unmittelbar aus ihr hervorgeht.

b. Die Ueberwindung der Schwierigkeiten

Die genannten Schwierigkeiten kommen alle mehr oder weniger darin überein, dass sie die Entfernung des Seinsbegriffs (im Sinne seines expliziten Inhaltes) von der Wirklichkeit begünstigen und dadurch die Kluft zwischen Begriff und Wirklichkeit verbreitern statt überbrücken, also die Arbeit erschweren, die Wirklichkeit so zum Ausdruck zu bringen, wie sie tatsächlich *ist*. Um sie zu überwinden, können verschiedene Wege beschritten werden, die sich jedoch in den wesentlichen Punkten treffen. Man könnte zunächst versuchen, von den mit dem bisher gebrauchten Seinsbegriff verbundenen Seinsvorstellungen bewusst abzusehen und sich von der konkreten Wirklichkeitserfahrung her eine neue Seinsvorstellung geben zu lassen. Das kommt praktisch darauf heraus, durch eine gründliche Analyse der erfahrenen Wirklichkeit von Grund auf einen neuen Seinsbegriff zu erarbeiten, der das heutige Wirklichkeitsverständnis widerspiegeln würde.

Eine andere, weniger radikale Möglichkeit liegt darin, dass man einen bereits bekannten Seinsbegriff mehr oder weniger explizit übernimmt, ihn aber bewusst auf die konkrete Wirklichkeit hin transzendiert. Zu diesem Zweck ist er in dem Sinne zu relativieren, dass man die Tatsache zum Bewusstsein bringt, dass er, wenigstens teilweise, der Niederschlag einer zeitbedingten Erfahrung ist, dass er in seiner den Inhalt betreffenden Beschränktheit nur bestimmte Aspekte zum Ausdruck bringt, die nie für das Ganze genommen werden dürfen, und dass er daher immer wieder kritisch an der Wirklichkeit überprüft werden muss; es muss klar werden, dass auch er immer für "etwas" steht, das ihn übersteigt und das er nie ganz ohne Rest zum Ausdruck bringen kann. Es ist zu versuchen, mit Hilfe des Begriffes bewusst nicht bei ihm und bei seiner vorgeformten Inhaltlichkeit, sondern bei der konkreten Wirklichkeit zu sein.

Nach dieser Relativierung ist in einem zweiten Schritt zu fragen und zu untersuchen, welche Dimensionen für die heute erfahrene Wirklichkeit spezifisch sind und deshalb den Seinsbegriff (mit-)begründen müssen. Durch ihren Aufweis sollen sie in den Seinsbegriff aufgenommen werden, freilich ohne dabei das Bleibende früherer Erfahrungen zu unterschlagen, d.h. ein revidierter Seinsbegriff wird auch vergangenen Erfahrungen gerecht werden müssen. Durch dieses Vorgehen soll, etwas vereinfacht ausgedrückt, versucht werden, jenen langen und komplexen Prozess zu wiederholen, durch den sich der Seinsbegriff erstmals herausgebildet hat, wobei aber nicht die damalige, sondern die heutige Wirklichkeitserfahrung als Grundlage und Ausgangspunkt gewählt wird; dadurch sollen auch jene Dimensionen in den Seinsbegriff direkten Eingang finden, die erst im Verlauf der Zeit deutlicher sichtbar geworden sind (wie z.B. das Phänomen der Evolution).

Damit ist zwar die Ueberbrückung der Kluft zwischen Begriff und Wirklichkeit nicht in dem Sinne gelungen, dass die verschiedenen Seinsmodi ineinander übergeführt wären; es lässt sich nichts daran ändern, dass der Begriff ein "blosses" Abbild, eine Vergegenwärtigung der Wirklichkeit, diese hingegen etwas anderes als der Begriff ist. Doch die Loslösung von einer allzu stark festgelegten Inhaltlichkeit des Seinsbegriffes und die bewusste Orientierung unserer Seinsvorstellung an der konkreten Wirklichkeit öffnen einen Weg, der die beiden Seiten einander näher bringt, indem dadurch der eine Modus auf den andern hin transzendiert werden kann. Damit wird erreicht, dass man wie bei der Alltagssprache mit Hilfe des Begriffs (bzw. der Seinsvorstellung) bei der Wirklichkeit ist und sich letztlich nicht auf der Ebene des Begriffes verständigt, sondern sich in der gemeinsam gemeinten und anvisierten "objektiven" Wirklichkeit trifft, wobei es natürlich unumgänglich bleibt, diese gemeinte Wirklichkeit irgendwie zu umschreiben, d.h. sich einen Begriff zu bilden und auf einen bestimmten Begriffsinhalt zu einigen, dessen Relativität und Untergeordnetsein gegenüber dem Konkreten man jedoch nie aus dem Auge verlieren darf.

3. Kapitel

AUFZUARBEITENDE ASPEKTE UND DIMENSIONEN

Es stellt sich nun folgerichtig die weitere, entscheidende Frage, welche Aspekte und Dimensionen in diesen neu zu konzipierenden Seinsbegriff aufzunehmen und einzuarbeiten sind; ihr wenigstens in den grossen Linien nachzugehen ist Aufgabe dieses dritten und zugleich letzten Kapitels des ersten Teiles.

Die Antwort, die sich ergeben wird, ist weitgehend bedingt durch die gefällte Grundentscheidung. Wenn die konkrete, reale Wirklichkeit Ausgangspunkt und bestimmender Hintergrund für den Seinsbegriff sein und in diesem zum Ausdruck kommen soll, dann werden hauptsächlich jene Züge zu berücksichtigen sein, die für aktual Seiende als solche wesentlich und spezifisch sind, jene Dimensionen also, ohne die ein Seiendes etwas anderes als ein konkretes, aktuales wäre.

Dabei stellt sich im Grunde genommen ein doppeltes Problem: einerseits ist zu bestimmen und zu entscheiden, welche Aspekte als wesentlich zu betrachten sind, und anderseits ist zu versuchen, diese Aspekte in den Seinsbegriff einzubringen, was deshalb sehr schwierig ist, weil es sich gerade um jene Aspekte handelt, die den Seinsmodus der Wirklichkeit von jenem des Begriffes unterscheiden. Das erstgenannte Problem ist weitgehend eine Sache des Ermessens, die sich in der späteren konkreten Durchführung wird bewähren müssen, das zweite hingegen ist eine Sache der Denkgewohnheit, der Art und Weise, die Wirklichkeit zu <u>sehen</u>, ein in verschiedener Hinsicht sehr heikles und schwieriges Problem. Die Lösung dieser beiden Probleme wird entscheiden über die Adäquatheit des Seinsbegriffes wie auch überhaupt unseres ganzen Denkens.

I. Zwei Grunddimensionen jeder konkreten Wirklichkeit

Es ist, so sehr es auch zu wünschen wäre, hier nicht möglich, eine ausführliche Phänomenologie der konkreten Wirklichkeit vorzulegen, um anschliessend aus ihr die angestrebte Seinsvorstellung herauszuarbeiten; unsere menschliche Erfahrung der Wirklichkeit muss als selbstverständlich und genügend bekannt vorausgesetzt werden, um aus ihr unmittelbar jene Dimensionen hervorheben zu können, auf die es hier ankommt.

Es lässt sich auch keine vollständige Liste aller wichtigen Aspekte zusammenstellen, was jedoch in dem Sinne gar nicht notwendig ist, als sich viele Einzelaspekte ohne weitere Differenzierung, die für den beabsichtigten Zweck nicht ins Gewicht fällt, unter einen Hauptaspekt subsumieren lassen; zudem geht es nicht direkt um den Seinsbegriff, sondern um die Erarbeitung einer Seins<u>vorstellung</u>, die immer weiter und umfassender ist als einzelne Aspekte, und die durch eine noch so vollständige Aufzählung von Einzelaspekten nie ganz aufgeholt werden kann. Es genügt daher, wenn durch ein paar charakteristische Momente der aktualen Wirklichkeit die Richtung aufgezeigt wird, in welcher die genannte Vorstellung zu suchen ist.

Bei einem ersten, allgemeinen Ueberblick zeigen sich zwei Grundaspekte, die jedes aktual Seiende kennzeichnen und allen andern Aspekten vorausliegen. Sie lassen sich, freilich sehr ungenau und vorläufig, als Moment des "Selbstandes" und als Moment des Verwiesenseins bezeichnen, denn jedes Seiende ist etwas für sich und zugleich an die übrige Wirklichkeit verwiesen und mit ihr in Verbindung. Im Verständnis dieser beiden <u>dasselbe</u> Seiende bestimmenden Momente und deren gegenseitiger Verknüpfung liegt der Schlüssel zum hier gesuchten Seinsbegriff.

1. Die Selbständigkeit des einzelnen Seienden

Einerseits ist jedes aktual Seiende etwas für sich, ein Selbständiges, Konkretes, Einmaliges, Unwiederholbares, eine Art Individuum, es ist gerade dieses und kein anderes; dieser Aspekt macht es, dass man überhaupt von einem Seienden sprechen und dieses von allen anderen unterscheiden kann. In dieser Perspektive schliesst das Seiende die ganze übrige Wirklichkeit aus, es setzt sich von ihr ab, es ist das für sich und in sich betrachtete Seiende, unabhängig und getrennt von allem andern.

Dieser Aspekt ist so evident und selbstverständlich, dass er sich immer wieder von selbst aufdrängt, sodass ihm kaum besondere Aufmerksamkeit geschenkt werden muss, es sei denn in einer kritischen Weise wegen der Gefahr, dass er allein gesehen und in Hinblick auf den Seinsbegriff verabsolutiert wird, sodass das eigentliche Sein der Seienden allein in dieser Dimension gesucht wird, was zu einem ausgeprägten, einseitigen Substanzdenken und einem ihm entsprechenden Seinsbegriff führen kann, wodurch die konkrete Wirklichkeit in ihrer Fülle verfehlt wird.

2. Das Verwiesensein des einzelnen Seienden

Wichtiger, weil sehr oft zu wenig beachtet und vor allem nur schwer in den Seinsbegriff aufzunehmen, ist der zweite Grundaspekt, die Dimension des Verwiesenseins. Bei näherem Zusehen zeigt sich, dass es ein rein für sich existierendes, konkretes Seiendes gar nicht gibt, denn jedes aktual Seiende ist mannigfaltig verflochten mit dem Gesamt der Wirklichkeit, sodass es ohne diese gar nicht sein könnte; das Verflochtensein mit ihr ist für dessen "Wesen" (36) konstitutiv. Im Gegensatz zum vorher genannten Aspekt wird in dieser Perspektive das Seiende nicht mehr in sich, sondern von seinem Platz und seiner Rolle in der Gesamtwirklichkeit her bestimmt und verstanden, sodass nicht mehr seine eigene Selbständigkeit im Zentrum steht, sondern der Beitrag, den sämtliche Momente der Wirklichkeit zu seiner Konstitution leisten. Damit verlegt sich das Hauptgewicht auf das Verwiesensein bzw. auf die Unselbständigkeit des aktualen, konkreten Seienden; sein ontologischer Schwerpunkt liegt nicht mehr im Aspekt der Selbständigkeit, sondern irgendwie "zwischen" diesem und der Gesamtwirklichkeit, da die Umwelt durch ihre Rolle für das Seiende konstitutiv ist; das Seiende kann nicht aus sich selber verstanden werden, es hat kein eigenes Wesen rein für sich, sondern die ganze Wirklichkeit gehört zu ihm und geht irgendwie in sein Wesen ein, muss darum bei seiner Wesensbestimmung und damit auch im Seinsbegriff mitberücksichtigt werden (37).

3. Das Verhältnis der beiden Aspekte

Stellt man die beiden Aspekte einander gegenüber, tritt der in ihnen liegende Gegensatz unmittelbar hervor, denn während der erste Aspekt das einzelne Seiende aus der Wirklichkeit hervorhebt, von ihr distanziert und als selbständig erklärt, verbindet es der zweite in einer äusserst engen, für sein Wesen entscheidenden Verknüpfung mit jeder ihrer Gegebenheiten und spricht ihm so seine Eigenständigkeit geradezu ab, da es schwierig sein kann, von einem Seienden zu sagen, wo es aufhört und wo seine Umwelt beginnt. Weil sich aber die beiden Aspekte immer an ein und demselben Seienden aufweisen lassen, muss dieser Widerspruch irgendwie überwunden und erklärt werden, ohne dass eine der beiden Seiten verkürzt und die bestehende Spannung aufgehoben wird. Die naheliegendste und in den meisten Fällen versuchte Lösung besteht darin, dass man die Seienden zunächst unter dem erstgenannten Aspekt erfasst, sie also in sich und als bereits bestehende Grössen behandelt und sie als solche erst nachträglich zueinander in Beziehung treten lässt; in einer solchen Perspektive wird das Bezogensein zu etwas Sekundärem, das zum Seienden hinzutritt, zu dessen Konstituierung aber nichts beiträgt. Man begründet diese Sicht damit, dass immer "Etwas" mit einem andern "Etwas" in Beziehung treten müsse, also jede Beziehung etwas bereits Bestehendes voraussetze, vergisst dabei aber, dass schon dieses "Etwas" das Ergebnis von Beziehungen sein könnte und es entsprechend dem zweiten Aspekt auch tatsächlich ist.

Wenn aber ein Seiendes als solches bereits das Ergebnis von Beziehungen ist, d.h. wenn es ohne seine bestimmten Beziehungen nicht das wäre, was es ist, dann sind diese konstitutiv und müssen in die Erklärung des Seienden einbezogen werden; das bedingt aber einen Seinsbegriff, der so konzipiert ist, dass er das Bezogensein als ursprüngliche und nicht als nachträglich hinzugekommene und damit nebensächliche Gegebenheit zum Ausdruck bringt. Diese Forderung kann durch den vorhin skizzierten Lösungsversuch kaum erfüllt werden, da er den zweiten Aspekt verkürzt und dem ersten unterordnet, sodass er dieses fundamentale, wesenskonstituierende Bezogensein nicht entsprechend zu erfassen vermag.

Es muss deshalb ein anderes Vorgehen gesucht werden, um diese Verkürzung des zweiten Aspektes vermeiden und beide als gleich ursprünglich erklären und integrieren zu können. Es bleibt nichts anderes übrig als zu versuchen, statt vom aktual Seienden als feststehender Grösse vom Faktum des Bezogenseins auszugehen, wobei darauf zu achten ist, dass dieses Bezogensein richtig verstanden wird; gemeint sind nicht "objektiv" bestehende und als solche aufweisbare Verhältnisse, so wie man etwa von einem Seienden sagen kann, es sei rechts oder links in der und der Distanz von einem andern, oder wie man seine Grösse und Qualität mit einem vorgegebenen Masstab vergleichen kann; eine solche Betrachtungsweise, die durchaus ihre Berech-

45

tigung hat, erfasst die Wirklichkeit so, wie sie für das betrachtende Subjekt objektiviert ist, also nicht so, wie sie ursprünglich und in sich ist, sondern in einer gewissen Abstraktion (38); auch sie geht bereits von konstituierten Seienden aus und erfasst sie nicht in ihrer Konstitution.

Hier stehen jedoch nicht verobjektivierte Aspekte zur Diskussion, sondern die eigentlich metaphysische Tiefendimension der Wirklichkeit, das, was das Seiende in seinem Kern ist, und was nach dem "principle of process" (39) nur erfasst werden kann, wer dessen Werden und Entstehen erfasst wird. Es geht somit um jene Beziehungen, die diesem Werden zugrunde liegen und das Seiende konstituieren, also nicht um bestehende Verhältnisse, sondern um sich realisierende und damit um wesentlich dynamische Relationen, die nicht einfach nur vorhanden sind und sich zwischen Seienden aufweisen lassen, sondern die ein Seiendes erst ausmachen; in diesem konstituierenden Sinne ist hier vom Bezogensein die Rede.

Das "Wesen" eines Seienden ist demnach gerade in diesen sich ereignenden Beziehungen zu sehen und letztlich als solche Beziehungen zu verstehen, weil diese seinen Kern ausmachen (40). Das Seiende _ist_ nur, weil und insofern es sich ereignet, und es ist nur _das_, was sich ereignet. Dabei ist die Gefahr, den ersten Aspekt zu verkürzen, insofern zum vornherein gebannt, als einerseits ein Seiendes für das erkennende Subjekt immer objektiviert sein muss, weil es ihm nur als bestimmte, vorgegebene Grösse zugänglich werden kann; anderseits ist auch der Prozess als solche nur erfassbar, wenn er gleichsam in seine Momente aufgegliedert wird, d.h. das Seiende muss, wie später zu zeigen sein wird, gerade wenn es als Prozess verstanden werden soll, immer sowohl als Subjekt (Anfang des Prozesses) wie auch als Superjekt (Ziel des Prozesses) (41) gesehen werden, ohne mit einem dieser Momente identisch zu werden, da es zwischen ihnen liegt und sie gleichzeitig umgreift. So ist mit diesem Vorgehen, das für das metaphysische Verständnis der Seienden bei deren Bezogensein ansetzt, die Garantie gegeben, dass beide genannten Aspekte genügend berücksichtigt werden, da die Dimension des Prozesshaften und Dynamischen, die zugrundegelegt wird, nur mit Hilfe objektivierter Aspekte erreicht werden kann.

Diese auf ein Minimum beschränkten und daher wohl nur sehr schwer verständlichen Hinweise führen mitten ins Zentrum des zu erarbeitenden Seinsbegriffes und werfen eine ganze Menge von Fragen und Problemen auf, die erst an Ort und Stelle im Zusammenhang mit Whiteheads Positionen geklärt werden können. Hier mag es genügen, wenigstens die Möglichkeit eines Neuansatzes und den Ort, wo er liegt, ganz allgemein aufgewiesen zu haben.

Mit dem bisher Gesagten ist der Weg vorbereitet, auf dem weiterzugehen sein wird. Da sich, wie gezeigt wurde, die "Selbständigkeit" des Seienden immer wieder unmittelbar aufdrängt und daher eher über- als unterbewertet wird, während das Bezogensein leicht als sekundär erscheint, obwohl es für das Seiende konstitutiv ist, wird es notwendig sein, das Hauptgewicht auf die Seite des Bezogenseins zu verlegen. Es sind daher jene charakteristischen Gegebenheiten der aktualen Wirklichkeit ins Bewusstsein zu bringen, die mit dem Bezogensein im Zusammenhang stehen bzw. besondere Ausprägungen dieses Bezogenseins darstellen.

Wenn im Folgenden die Dimension der Geschichtlichkeit und das dialogisch-personal

Menschenverständnis zur Sprache kommen, dann wird zwar die Untersuchung kaum über das bisherige, grundlegende Ergebnis hinausgeführt, wohl aber dürfte dieses geklärt und konkretisiert werden. Es wir nichts wesentlich Neues zu erwarten sein, aber der Hintergrund und der Verstehenshorizont für den angestrebten Seinsbegriff sollte durch diese paradigmatischen Hinführungen zum eigentlichen Problem noch etwas plastischer und damit das Verständnis der späteren Ausführungen weiter erleichtert werden.

II. Die Geschichtlichkeit als Wesensdimension der aktualen Wirklichkeit

Eine erste Gruppe von Aspekten, in welchen sich das Bezogensein manifestiert und die hier zu berücksichtigen sind, lässt sich unter dem Stichwort "Geschichtlichkeit" zusammenfassen. Es geht nicht um die einzelnen Aspekte als solche; sie werden nur insofern berücksichtigt, als sie zur Klärung jener charakteristischen Züge beitragen, die zusammengenommen jene Dimension der Wirklichkeit ausmachen, die man allgemein als deren Geschichtlichkeit bezeichnet.

Ziel der Ueberlegungen, die hier anzustellen sind, ist die Hinführung zu einer Antwort auf die Frage, wie man sich ein Seiendes vorzustellen und zu denken habe, zu dessen "Wesen" es gehört, geschichtlich zu sein, oder noch allgemeiner formuliert, wie ein Seinsbegriff zu konzipieren sei, der die Dimension des Geschichtlichen als für das Seiende konstitutiv einbezieht; damit soll von einem ganz bestimmten Bereich unserer Wirklichkeitserfahrung her der grundlegend auf dem Bezogensein basierte Seinsbegriff vorbereitet werden.

1. Allgemeine Umschreibung des Begriffes "Geschichtlichkeit"

Es dürfte nicht überflüssig sein, zuerst kurz darauf einzugehen, was hier unter "Geschichtlichkeit" verstanden werden soll, denn dieser Begriff ist sehr vielschichtig und wird für verschiedenste Sachverhalte gebraucht, die ihm recht unterschiedliche Nuancierungen verleihen (42).

Der Begriff stammt ursprünglich aus der menschlichen Sphäre und bringt zunächst einen typischen Aspekt der menschlichen Grundbefindlichkeit zur Sprache; in diesem spezifischen Sinne verstanden meint "Geschichtlichkeit" die mehr oder weniger <u>bewusste</u> und <u>reflektierte</u> Verknüpfung mit Vergangenheit und Zukunft, einschliesslich das Wissen um das Mitbeteiligtsein und die Mitverantwortung am ganzen Geschehen. Ein solches Stehen in der Wirklichkeit kommt nur dem Menschen zu, denn nur er ist fähig, den Lauf der Dinge, wenn auch in beschränktem Masse, in die Hand zu nehmen und in eigener Entscheidung Geschichte zu machen; geschichtlich ist in dieser Perspektive nur der Mensch und die von ihm gestaltete Wirklichkeit.

Nun aber ragt der Mensch nicht wie ein erratischer Block aus der Wirklichkeit hervor, sondern ist mit ihr organisch verbunden; in seiner Geschichtlichkeit, wie sie eben umschrieben wurde, kommt nicht etwas absolut Neues zum Vorschein, sondern etwas, das in der Gesamtwirklichkeit verankert sein muss; es muss eine Grundstruktur vorhanden sein, die sich in der menschlichen Geschichtlichkeit konkretisiert, die aber in anderen Bereichen der Wirklichkeit ebenfalls vorhanden ist, jedoch andere Formen annimmt. In diesem allgemeineren Sinne hat jedes Seiende seine Geschichte und verwirklicht geschichtliche Dimensionen, denn nicht nur der Mensch, sondern jedes Seiende steht innerhalb des grossen Geschehens des Universums und spielt darin seine spezifische, wenn auch nicht von Bewusstsein begleitete Rolle.

Damit ist die Möglichkeit gegeben, den Begriff "Geschichtlichkeit" in dem Sinne allgemeiner zu fassen, dass für ihn die Art und Weise des Geschichte-Habens nicht mehr von entscheidender Bedeutung ist; worauf es in dieser Perspektive ankommt, ist nicht das Faktum, sich der Geschichte bewusst zu sein, auch nicht die aus diesem Bewusstsein sich ergebenden Konsequenzen und Forderungen, sondern einzig und allein die Tatsache, dass eine horizontale Verknüpfung vorhanden ist, die die ganze Wirklichkeit umfasst, durchwaltet und ihr eine gemeinsame Struktur verleiht, und in die jedes Seiende hineingenommen ist. Dieser allgemeine Sachverhalt, vorgängig zu jeder konkreten Ausformung auf irgendwelcher Ebene, ist im Folgenden unter dem Begriff "Geschichtlichkeit" gemeint; ihn gilt es herauszuarbeiten und auf den Seinsbegriff hin durchzudenken.

Aus diesem Grunde braucht auf die spezifisch menschliche Geschichtlichkeit als solche und auf den ganzen Problemkreis der Evolution (43) nicht gesondert eingegangen zu werden, da es um die den beiden Bereichen gemeinsamen Aspekte und Strukturen, nicht um ihre Unterschiede geht, die in der whiteheadschen Terminologie ausgedrückt in der "subjective form" liegen, d.h. in der unterschiedlichen Art und Weise der Verwirklichung dessen, was mit "Geschichtlichkeit" im allgemeinsten Sinne gemeint ist. Damit soll nicht die Wichtigkeit dieser spezifizierenden Aspekte geleugnet, wohl aber die Unabhängigkeit der allgemeinen Strukturen von ihnen festgehalten werden.

Wenn im Verlauf der Ausführungen und vor allem später im zweiten Hauptteil die menschliche Geschichtlichkeit im Vordergrund steht und die Denkvorstellungen weitgehend beherrscht (44), sodass von der Evolution nicht mehr die Rede sein wird, liegt der Grund neben der notwendigen Beschränkung nicht nur darin, dass uns die Geschichtlichkeit zuallererst in der menschlichen Erfahrung zugänglich und daher hier am unmittelbarsten fassbar ist, sondern auch darin, dass sie im Menschen ihre (bisher) vollständigste Ausprägung gefunden hat, sodass sich ihr die Evolution als vorangehende und sie tragende Stufe relativ leicht subsumieren lässt, da sie selber letztlich nur auf dem Hintergrund der Evolution richtig verstanden werden kann.

Dieses Vorgehen, dem der Vorwurf gemacht werden kann, dass unberechtigterweise von einem Teilgebiet auf die Gesamtwirklichkeit geschlossen werde, scheint nicht nur der zugunsten der "objektiven" Wirklichkeit als Ausgangspunkt gefällten Grundentscheidung zu widersprechen, sondern es ist auch tatsächlich nicht ganz unproblematisch und weist gewisse Schwierigkeiten auf, denn die Gefahr liegt nahe, dass spezifisch menschliche Aspekte auf die Gesamtwirklichkeit projiziert werden, sodass in letzter Konsequenz die Philosophie als ganze einer Anthropologie untergeordnet und geopfert werden könnte. Um diese Einwände zu entkräften, ist einerseits darauf hinzuweisen, dass die menschliche Ebene nicht isoliert für sich zu betrachten, sondern bewusst als Ausformung einer sie tragenden und transzendierenden Wirklichkeit zu sehen ist, sodass sie, wenn das Vorgehen richtig verstanden wird, nicht verabsolutiert, sondern transparent gemacht wird auf ein grösseres Ganzes hin; was im Menschen zum Vorschein kommt, ist nichts anderes als die bisher höchste Entfaltung der in der Wirklichkeit liegenden Möglichkeiten und muss als solche verstanden werden, sodass die menschliche Wirklichkeit jenen Schlüssel zur Gesamtwirklichkeit darstellt, der ihre Dimensionen am tiefsten und umfangreichsten aufzuschliessen vermag. Deshalb ist die besondere Betonung der menschlichen Geschichtlichkeit nicht eine Verengung, sondern die eigentliche Eröffnung der für das Verständnis der Gesamtwirklichkeit notwendigen Perspektive.

Anderseits ist nochmals daran zu erinnern, dass es nicht um Einzelheiten, sondern um Grundstrukturen geht, die man als einheitlich annehmen muss, sofern man der Wirklichkeit nicht eine fundamentale Einheit absprechen will. Das bedeutet aber, dass es möglich sein muss, dieselben Kategorien, die diese Strukturen zum Ausdruck bringen, durchgehend für alle Ebenen zu verwenden, was aber nur dann möglich ist, wenn sie die Hauptstrukturen aller Ebenen beinhalten; solche Kategorien müssen zu diesem Zweck von der höheren, reichhaltigeren Wirklichkeit abgeleitet und auf die niedrigere übertragen werden, denn beim umgekehrten Weg ist der Gefahr kaum zu entgehen, dass wesentliche Aspekte verloren gehen; so kann z.B. die menschliche Wirklichkeit nur mit personhaften, nie aber mit rein sachhaften Kategorien adäquat erfasst werden, während für eine rein sachliche Wirklichkeit beide Arten von Kategorien brauchbar sind; sollen nun aber beide Bereiche in derselben Sprache zum Ausdruck gebracht werden, dann kommen logischerweise nur die von der obersten Ebene abgeleiteten, also die personhaften Kategorien in Frage, weil nur sie zugleich beiden Ebenen gerecht zu werden vermögen, ohne dabei die eine zu verkürzen und auf das Niveau der andern herabzuziehen.

Dieses Vorgehen scheint allerdings der unmittelbaren menschlichen Erfahrung diametral zu widersprechen, denn nach ihr sind nur die "niedersten" Dimensionen allen Ebenen gemeinsam, sodass die allgemeinsten Kategorien von der "untersten" Ebene her zu gewinnen wären; trotzdem ist daran festzuhalten, dass die Anwendung der Kategorien von "oben" nach "unten" zu geschehen hat und nicht umgekehrt, denn es ist ein grosser Unterschied, ob nach "unten" hin gewisse Abstriche oder nach "oben" gewisse Zusätze gemacht werden müssen. Wenn man von der obersten Ebene ausgeht und die Kategorien nach "unten" überträgt, ist man zwar zu Abstrichen gezwungen, doch bleibt in solchen Negationen immer eine Spur des Negierten erhalten, sodass dadurch jede Ebene von selbst in Beziehung zur höchsten Ebene und damit im Blick auf das Ganze erfasst wird; die Einheit wird von "oben", von der Ganzheit her garantiert, denn auf jeder Ebene ist die höchste Ebene (wenn auch durch eine Negation) mitgesehen.

Leitet man umgekehrt die Kategorien zunächst von der untersten Ebene ab, so lassen sie sich zwar von allen anderen Ebenen aussagen; sie erfassen diese jedoch nicht adäquat, weil nur in dem, was sie mit der untersten Ebene gemeinsam haben; sollen die Kategorien mehr aussagen, so müssen neue Dimensionen hinzugefügt werden, die über die ursprüngliche Ebene hinausgehen, ohne sich aus ihr selber zu ergeben; sie kommen von "aussen" hinzu, sodass bei diesem Vorgehen die verschiedenen Ebenen unverbunden aufeinandergeschichtet werden. Eine organische Einheit wird auf diese Weise nicht sichtbar, es sei denn, man sehe diese darin, dass jede niedrigere Stufe in der höheren enthalten und aufgehoben ist, was aber nur dann eine wirkliche Einheit ergibt, wenn man die niedrigere Ebene auch umgekehrt aus der Rolle erklärt, die sie in der höheren spielt, womit man jedoch bei konsequenter Durchführung wieder bei der erstgenannten Perspektive angelangt ist und faktisch von "oben" nach "unten" vorgeht und nicht mehr von "unten" nach "oben".

Diese Hinweise zeigen, dass die Uebertragung der aus der menschlichen Wirklichkeit gewonnenen Begriffe und Vorstellungen auf die Gesamtwirklichkeit nicht nur legitim ist, sondern es erst ermöglicht, die eigentlichen Grundstrukturen der Wirklichkeit zugänglich zu machen und adäquat zu erfassen, denn durch dieses Vorgehen werden Aspekte der gesamten (subhumanen) Wirklichkeit zutage gefördert, die man aus ihr allein nie entdecken würde, obwohl sie vorhanden sind, denn erst in der Geschichtlichkeit des Menschen zeigt sich, was eine geschichtliche Wirklichkeit "eigentlich" ist; deshalb lässt sich dieses "Eigentliche" nur in Kategorien ausdrücken, die aus dem menschlichen Bereich abgeleitet sind (45).

Wenn also hier von Geschichtlichkeit gesprochen wird, dann soll darunter eine Grunddimension verstanden werden, die zwar im Menschen am deutlichsten hervortritt und daher von ihm aus am besten erfasst werden kann, die sich aber nicht auf ihn beschränkt, sondern die _ganze_ Wirklichkeit durchzieht; gemeint ist das Faktum, dass die ganze aktuale Wirklichkeit ein alles umfassender Prozess ist, der von einer der Untersuchung sich mehr und mehr entziehenden Vergangenheit her stets fortschreitet und unterwegs ist auf eine nur sehr beschränkt voraussehbare Zukunft hin. Jedes konkrete Seiende steht irgendwo mitten in diesem Prozess, verwirklicht ihn selber durch die Rolle, die es im Ganzen spielt, und wird gerade dadurch in seinem Wesen konstituiert. Der Seinsbegriff, der dieses sein Wesen erfassen soll, muss daher von diesem Prozess her konzipiert werden und in diesem Sinne die Geschichtlichkeit in sich aufnehmen, indem er die Wesensmomente des Geschichtlichen in sich schliesst und zum Ausdruck bringt (46).

Um dieses allgemeine Verständnis von Geschichtlichkeit noch etwas zu verdeutlichen und zu vertiefen, sind zwei ihrer wichtigsten Aspekte besonders hervorzuheben, einerseits das Bezogensein jedes Seienden auf die Gesamtwirklichkeit und anderseits das eigene Geschichte-sein des Seienden.

2. Geschichtlichkeit als Bezogensein auf die Gesamtwirklichkeit

Die Geschichtlichkeit bedeutet für ein Seiendes immer Eingebettetsein in das grosse Ganze der Wirklichkeit, das nur als Geschehen richtig verstanden werden kann, und damit ein Teilhaben an der Geschichte dieser Wirklichkeit. Jedes Seiende steht mit jedem andern Seienden des Universums in irgendwelcher Beziehung, und zwar nicht nur äusserlich, sondern in dem Sinne innerlich, dass dieses Bezogensein wesenskonstitutiv ist. Die Art und Weise, wie ein Seiendes den andern gegenübertritt, von ihnen beeinflusst wird und auf sie reagiert, bedingt fundamental, was es ist, d.h. das vielfältige Wechselspiel mit ihnen bestimmt sein Wesen; dabei sind nicht nur die positiven, sondern auch die negativen Beziehungen von grosser Bedeutung, denn die Tatsache eines Nicht-in-Beziehung-Tretens, also die Ablehnung und der Ausschluss einer Gegebenheit, macht aus einem Seienden genauso ein anderes wie sein positives Verhalten. Dieses Bezogensein umschliesst nicht nur die unmittelbare Umgebung eines Seienden, sondern letztlich die ganze Geschichte des Unviversums, sowohl die Vergangenheit wie auch die Zukunft. Die Vergangenheit ist in jedem Seienden präsent, insofern es Ergebnis und Erbe aller in ihr getroffenen bzw. nicht getroffenen Entscheidungen ist, und zwar sowohl der eigenen Entscheidungen wie auch jener anderer Seienden, mit denen es in Verbindung steht und die ihm ihre eigene Vergangenheit vermitteln und selber schon vermittelte Vergangenheit in sich tragen. So ist eine ganze Kette von Verbindungslinien vorhanden, die letztlich alle Gegebenheiten des Universums miteinander verknüpfen und auf jedes Seiende hin vermitteln, wobei freilich die Abstufungen so mannigfach und die Vermittlungen grösstenteils so komplex und vielschichtig sind, dass sie sich, abgesehen von Ausnahmefällen, kaum mehr im Einzelnen nachweisen lassen, was jedoch nicht gegen ihre Existenz spricht.

Die Zukunft ist einerseits dadurch gegenwärtig, dass sie in jedem Seienden durch dessen konkreten Vollzug erst geschaffen wird, d.h. indem ein Seiendes auf dem Weg seiner Verwirklichung ist, umschliesst es seine Zukunft, auf die es zustrebt; anderseits ist die Zukunft durch die offenstehenden Möglichkeiten der konkreten Verwirklichung präsent, die das Wesen eines Seienden bestimmen, insofern sich dieses für gewisse Möglichkeiten unter Ausschluss von anderen irgendwie "entscheiden" kann und muss, wobei es auch hier wiederum Abstufungen und Intensitätsgrade des konkreten Bezogenseins gibt.

Das Seiende ist durch seine vielfältigen Relationen eine Art Brennpunkt, in welchem sich alle Gegebenheiten seiner "Umwelt", direkt oder vermittelt, treffen, sodass es in seiner konkreten, einmaligen Perspektive das ganze Universum in sich vereinigt; daraus folgt, dass es letztlich nie in sich allein verstanden werden kann, denn jede Gegebenheit gehört, wenn auch noch so entfernt, irgendwie zu seinem Wesen und muss als konstitutiver Faktor mitberücksichtigt werden.

Die Geschichtlichkeit hebt somit das Seiende, verstanden als in sich geschlossenes Ganzes, über sich selbst hinaus, denn sie bedeutet wesentlich dessen Bezogensein auf die gesamte Wirklichkeit; soll diese Tatsache in den Seinsbegriff einbezogen werden, dann muss im Seienden das ganze Universum in seiner Bedeutsamkeit für dieses mitgesehen werden, d.h. das Seiende darf nicht einfach als Subjekt verstanden werden, das seiner Welt gegenübersteht, wobei dieses Gegenüberstehen für sein Wesen irrelevant wäre, vielmehr gehört die "objektive" Wirklichkeit und sein Bezogensein auf sie ebenfalls zu seinem Wesen. Der Seinsbegriff wird in dieser Perspektive umfassend im wörtlichen Sinne, denn er umfasst, jeweils zentriert auf ein bestimmtes Seiendes, das einen relativen Mittelpunkt bildet, die ganze Wirklichkeit.

Aus der doppelten Tatsache, dass einerseits die Wirklichkeit, mit der das Seiende in Beziehung steht, keine feste Grösse ist, sondern als geschichtliche sich selber entwickelt und entfaltet, und dass anderseits die Beziehungen immer als sich realisierende und nicht als feststehende Verhältnisse zu verstehen sind, ergibt sich als weitere Eigenschaft des Seienden, dass auch dieses wesentlich unabgeschlossen ist, sich ständig verändert und sein "Wesen" nie hat, sondern stets daran ist, es erst zu verwirklichen. Das "Wesen", der Kern eines Seienden <u>ist</u> nur so und dadurch, dass es <u>wird</u>; auch dieser Tatbestand muss in den Seinsbegriff aufgenommen werden, was mit Hilfe des "principle of process" und der entsprechenden Konzeption der "actual entity" im zweiten Hauptteil zu versuchen sein wird.

3. Geschichtlichkeit als eigenes Geschichte-sein

Ein Aspekt, der bereits gestreift wurde, muss hier noch eigens hervorgehoben werden, um der Gefahr eines grundlegenden Missverständnisses vorzubeugen. Die Versuchung liegt nämlich nahe, die Geschichtlichkeit nur der Gesamtwirklichkeit als ganzer zuzuschreiben und sie als "objektive" Grösse aufzufassen, in die das Seiende hineingestellt ist, etwa im Sinne eines Parcours, dessen einzelne Posten es durchzugehen hätte, ohne dass sich an ihm etwas Entscheidendes ändern würde. Eine solche Sicht wäre falsch und würde dazu führen, trotz des vielen Redens über Geschichtlichkeit auf halbem Weg stehen zu bleiben und diese nicht bis in die Tiefe der Seienden hinein zu sehen, sodass sie letztlich für den Seinsbegriff doch nicht ausgewertet würde.

Die einzelnen Seienden sind nicht eine Art vorgegebener "Spielklötze", mit denen die Geschichte ihr Spiel treibt, und die, abgesehen von einer gewissen Abnützung, dabei im Wesentlichen bleiben, was sie sind. Jedes Seiende ist vielmehr selber ein Stück Geschichte, es verwirklicht im Kleinen, was die Gesamtwirklichkeit im Grossen ist; es ist selber ein Prozess und weist darum bis ins Tiefste die Strukturen der Geschichtlichkeit auf, sodass es grundsätzlich gleich zu verstehen ist wie die geschichtliche Wirklichkeit als ganze.

Man wird noch weiter gehen und umgekehrt sagen müssen, dass nicht das Seiende geschichtlich ist, weil die Gesamtwirklichkeit es ist, in die es hineingestellt ist, sondern dass die konkrete Wirklichkeit geschichtlich ist, weil jedes Seiende selber Geschichte ist, denn wenn die Geschichtlichkeit eine Wesensdimension der Wirklichkeit sein soll, dann muss sie in ihrer letzten Tiefe, das heisst aber in ihrem Sein verankert und grundgelegt sein, ihr Sein und damit das Sein aller Seienden muss geschichtlich sein und als geschichtliches verstanden werden.

Wenn daher von einem Seienden gesprochen wird, dann ist fundamental an ein Geschehen zu denken, was übrigens im Begriff "<u>Wirk</u>lichkeit" noch anklingt, im allgemeinen Bewusstsein jedoch kaum mehr lebendig ist. Jedes aktuale Seiende ist ein Werdendes, zu dessen vollem Wesen der ganze Prozess mit all seinen Momenten gehört; jedes Erfassen dieses Seienden als abgeschlossene Grösse ist ein Festlegen auf einen bestimmten Moment dieses Prozesses, also eine Abstraktion, die die Fülle des Seienden verpasst und daher nicht mit dessen Wesen identifiziert werden darf; das konkrete Seiende ist genauso offen und unabgeschlossen wie die geschichtliche Wirklichkeit als ganze und muss analog zu ihr verstanden werden.

Der Versuch, geschichtliche Kategorien und Vorstellungen für den Seinsbegriff frucht bar zu machen und ihn von diesen her zu konzipieren, ist daher nicht nur gerechtfertigt, sondern entspricht letzten Gegebenheiten der tatsächlichen Wirklichkeit und drängt sich geradezu auf. Wenn der Seinsbegriff diesen Gegebenheiten entsprechen soll, was als Grundforderung an ihn erhoben wurde, dann muss er sich an der Geschichtlichkeit orientieren, wie sie konkret erfahren wird, damit die daraus gewonnene Seinsvorstellung es ermöglicht, auch auf der ontologischen Ebene dieselben Sachverhalte zu erfassen und ausdrücklich zu machen.

So weist die Geschichtlichkeit einen wichtigen Zugang zur eigentlich metaphysischen Dimension der Wirklichkeit, und es wird sich die weitere Aufgabe stellen, diesen Zugang für den Seinsbegriff auszuwerten bzw. einen solchen Seinsbegriff zu konzipieren, der durch seinen Gebrauch auf anderen Gebieten dazu verhelfen wird, diesen Zugang und diese Sichtweise für die ganze Philosophie fruchtbar zu machen.

III. Das dialogisch-personale Menschenverständnis

Die bisherigen Ausführungen befassten sich mehr allgemein mit der Geschichtlichkeit und rückten dabei die horizontale Erstreckung der Wirklichkeit und damit die alles durchwaltende und bestimmende Dynamik im Sinne eines geschichtlichen Prozesses in den Vordergrund; dabei war die menschliche Dimension insofern bestimmend präsent, als von der menschlichen Erfahrung her als bekannt vorausgesetzt wurde, was unter "Geschichtlichkeit" verstanden werden soll.

Da die Kluft zwischen dem allgemeinen, geschichtlichen Wirklichkeitsverständnis, wie es dargelegt wurde, und dem Seinsbegriff, der von einzelnen Seienden ausgesagt werden soll, noch zu gross ist, sodass man sich den Seinsbegriff noch zu wenig plastisch vorstellen kann, dürfte es von Vorteil sein, zur weiteren Klärung ein bestimmtes Seiendes herauszugreifen und an ihm jene Dimensionen deutlicher hervorzuheben, die für den gesuchten Seinsbegriff entscheidend sind, um so die Seinsvorstellung nicht nur von der Gesamtwirklichkeit und einer allgemein verstandenen Geschichtlichkeit, sondern von ihrer konkreten Ausformung und Verwirklichung in einem Seienden her zu gewinnen, damit so beim Seinsbegriff leichter an ein einzelnes Seiendes gedacht werden kann. In diesem Sinne ist der ganze folgende Abschnitt als Konkretisierung und Verdeutlichung der vorausgehenden, mehr allgemeinen Ausführungen zu verstehen, wobei es wiederum um nichts anderes geht, als die Richtung zu verdeutlichen, in welcher der Seinsbegriff zu suchen ist.

Aus der Vielfalt der Seienden soll der Mensch herausgegriffen werden, weil er jenes aktual Seiende ist, das uns unmittelbar zugänglich und in welchem die Geschichtlichkeit am deutlichsten ausgeprägt ist; näherhin geht es jedoch nicht um die spezifisch menschliche Geschichtlichkeit im Allgemeinen, sondern um die dialogisch-personale Seite am Menschen, in welcher wohl am ursprünglichsten verwirklicht ist, was hier unter "Geschichtlichkeit" verstanden wird, und an welcher daher deren Strukturen noch deutlicher fassbar werden als bisher, denn in einem dialogisch-personalen Verhältnis verwirklicht sich genau jenes Verwiesensein, das als Grunddimension des Geschichtlichen aufgezeigt wurde; Geschichtlichkeit ist hier unmittelbar in ihrem Vollzug zugänglich und erfassbar.

Die Frage, um die sich die ganzen Ausführungen drehen, lässt sich darum neu etwa so formulieren: welche Seinsvorstellung muss mit dem Seinsbegriff verbunden werden, damit dieser einem dialogisch-personal zu verstehenden Seienden gerecht wird und es in seinen Wesensdimensionen zum Ausdruck zu bringen vermag? Die Antwort auf diese Frage wird ganz in der Linie des bisher Gesagten liegen, wobei auch hier wieder, auf Grund der fundamentalen Einheit der Wirklichkeit, die Annahme gemacht wird, dass im Ergebnis allgemeine Strukturen ans Licht treten werden, die nicht auf den Menschen beschränkt sind, sondern von der ganzen Wirklichkeit gelten.

Es kann im Folgenden jedoch nicht darum gehen, eine umfassende Anthropologie zu entwerfen, so vielversprechend und nützlich ein solches Unternehmen wäre, da sich die hier gesuchte Seinsvorstellung auch von einer solchen her ableiten liesse; gemäss dem gewählten Vorgehen wird aber eine durchgeführte Anthropologie eher Frucht und Bestätigung als Ausgangspunkt des zu erarbeitenden Seinsbegriffes sein. Es sollen daher entsprechend ihrer Brauchbarkeit gewisse Aspekte herausgegriffen werden, die als Anstösse für die Entfaltung des Seinsbegriffes dienen können.

Der zu berücksichtigende Teilaspekt aus dem Phänomen "Mensch" ist dessen Personalität, verstanden im Sinne eines dialogischen Personalismus, wie er etwa bei F. Ebner, M. Buber, G. Marcel, R. Guardini, Th. Steinbüchel, E. Brunner, F. Gogarten und anderen mehr oder weniger deutlich zum Ausdruck kommt (47). Die ganze Geschichte der Verwendung des Personbegriffes, die für die vorliegende Problematik einige wertvolle Hinweise geben könnte, muss hier leider übergangen werden, weil deren Behandlung zu weit führen würde (48).

Bei der grossen Komplexität der mit der Personalität des Menschen gegebenen Fragen und Probleme muss auch dieser Teilaspekt noch weiter eingeschränkt werden. Es wird nicht um Einzelheiten gehen, sondern vor allem um den formalen Aspekt des Bezogenseins, d.h. um das Faktum, dass eine menschliche Person nie in sich selber, sondern immer nur in ihrer mannigfaltigen Verflochtenheit mit der ganzen Wirklichkeit verstanden werden kann, und dass der Mensch, gerade und hauptsächlich als Person, fundamental durch seine Beziehungen und durch das "dialogische" Wechselspiel mit der ihm begegnenden Wirklichkeit bestimmt und konstituiert ist, wobei dem "Du" eine besonders ausgeprägte Rolle zukommt (49); um dieses Faktum des "Ueber-sich-selbst-hinaussein" des Menschen, und zwar verstanden als konstitutives, und daher in den Seinsbegriff aufzunehmendes Moment, geht es hier, nicht aber um dessen konkrete Ausformungen und Einzelheiten.

1. Der relationale Aspekt im Menschenverständnis

"Menschsein bedeutet einen unablässigen Prozess von Frage und Antwort" (50). Diese Aussage soll hier ganz allgemein verstanden werden, denn es ist auf allen Ebenen, die im Menschen vereinigt sind, angefangen von der rein materiellen bis hinauf zur höchsten geistig-religiösen, ein vielschichtiges Wechselspiel zwischen Mensch und Umwelt festzustellen, ohne das der Mensch gar nicht denkbar wäre. Um zu zeigen, dass es sich dabei um eine durchgehende Grundstruktur handelt, die jedes konkrete Seiende auf jeder Ebene mitbestimmt, und die daher in den Seinsbegriff aufgenommen werden muss, soll dieses Bezogensein auf den verschiedenen Ebenen kurz skizziert werden.

a. Bereits das rein materielle Seiende ist wesentlich bestimmt und bedingt durch seine Umwelt; das zeigt sich darin, dass es sich bei deren Veränderung, sofern sie gross genug und daher relevant ist, ebenfalls wandelt und anpasst. So sind z.B. Verbindungen verschiedener Materieteilchen nur möglich unter bestimmten, durch die Umwelt gegebenen Voraussetzungen wie Druck, Temperatur, Vorhandensein (bzw. Fehlen) gewisser Stoffe, die als Aufbauelemente oder als Katalysatoren wirken usw. Tritt in diesen Voraussetzungen eine entscheidende Aenderung ein, so wird auch das in Frage stehende Seiende ein anderes, seine Umwelt und seine Beziehungen zu dieser sind offenbar für sein Wesen konstitutiv. Darum ist das Seiende bereits auf dieser Ebene nicht aus sich allein, sondern letztlich nur unter Einbeziehung des ganzen Universums zu verstehen: "each atom is a system of all things" (PR 53).

Dieses konstitutive Bezogensein ist auch hier ein dynamisches, d.h. es existiert nur im steten Vollzug, auch wenn es nach aussen meistens als statische Gegebenheit erscheint (51), denn die Stabilität der Materie ist, ontologisch gesehen, nur vordergründig, hinter ihr liegen vielfältige Beziehungen, in denen bereits die Grundstruktur des Geschichtlichen sichtbar wird.

b. Deutlicher tritt dieses Bezogensein im Bereich des Lebendigen hervor, wo es zugleich klarer wird, dass es sich um ein Geschehen und nicht um feststehende Verhältnisse handelt. Leben ist wesentlich Austausch mit der Umwelt; es ist ohne gewisse Voraussetzungen gar nicht möglich, wie es umgekehrt sich in seiner konkreten Gestalt bis zu einem gewissen Grad dieser Umgebung anpassen kann. So gibt es z.B. kein menschliches Leben ohne eine ihm entsprechende Atmosphäre; in diesem Fall ist das Wechselspiel mit der Umwelt sogar derart eng und intensiv, dass man sagen muss, es gehöre irgendwie zum Wesen des Menschen. Dasselbe lässt sich, unter Berücksichtigung der jeweils unterschiedlichen Intensität und Bedeutsamkeit, von allen Beziehungen eines lebendigen Seienden zu seiner Umwelt sagen, ohne die es nicht existieren könnte oder zumindest ein anderes und eben nicht mehr _dieses_ Seiende wäre. Für jedes Lebewesen sind seine Umgebung und die Wechselwirkungen mit ihr konstitutiv, gehören also zu dessen Wesen.

c. Geradezu evident ist die grundlegende Bedeutung des Bezogenseins auf der psychischen und auf der geistig-personalen Ebene. Es ist eine unleugbare Tatsache, dass der Mensch sich nicht zu einer vollen Person (Person als höchstmögliche Entfaltung des Menschen verstanden) entwickeln kann ohne den Bezug zu anderen Personen (52); erst in der Personbegegnung und darin eingeschlossen in der Weltbegegnung werde ich als Person geschaffen, nur im Dialog mit dem Mitmenschen werde ich wahrhaft Mensch; dabei ist Dialog nicht auf den gesprochenen Dialog einzuschränken, sondern ganz allgemein im Sinne jeder möglichen Form menschlicher Kommunikation zu verstehen.

Als aufschlussreichstes Beispiel wäre das Phänomen der echten menschlichen Liebe in ihren verschiedensten Formen anzuführen und zu bedenken, in welcher der Mensch seine eigentliche Verwirklichung findet; solche den Menschen erfüllende und vollendende Liebe ist nur möglich in der Begegnung zwischen Ich und Du. Das bedeutet aber dass der Mensch, um er selber und Person zu werden, über sich selbst hinausgreifen muss, dass also dieses Bezogensein in der Begegnung als Wesensvollzug für ihn konstitutiv ist und zu seinem Wesen gehört. Es ist wiederum derselbe, mit dem Begriff "Geschichtlichkeit" anvisierte Sachverhalt.

d. Theologisch und vor allem von der christlichen Offenbarung her gesehen zeigt sich das Bezogensein des Menschen zudem als Angesprochensein durch den Schöpfer, dem er (wie überhaupt jedes Seiende) seine Existenz verdankt. Dieses Angesprochensein ist nicht als einmaliger Akt "am Anfang" zu verstehen, sondern als ständiger Dialog im weitesten Sinne zwischen Schöpfer und Geschöpf, durch den das Geschöpf im Sein erhalten bleibt. Sein heisst darum für das Geschöpf, hier für den Menschen, nicht einfach Vorhandensein, sondern Antwort-sein auf den Anruf des Schöpfers, Sein heisst Antworten und Reagieren, "sein tiefstes Wesen besteht in dieser Antwortlichkeit, das heisst in diesem Sein-im-Wort des Schöpfers" (53). Nimmt man den Aspekt der Freiheit noch hinzu, dann zeigt sich dieses Antwort-sein als Verantwortlichkeit, die dem Menschen dem höchsten Du gegenüber, das ihn anruft und sich ihm mitteilt, in jedem Moment je neu aufgetragen ist; diese Verantwortlichkeit als solche betrifft jedoch nur die konkrete Art und Weise des Bezogenseins und ändert daher nichts am grundsätzlichen Bezogensein aller geschaffenen Seienden, sodass auch vom theologischen Standpunkt aus diese Dimension als allgemeine zu betrachten ist.

Parallel zur Schöpfungsordnung wäre auch die Gnadenordnung zu verstehen. Auch Gnade, oder wie immer diese durch Christus geschaffene neue Wirklichkeit genannt werden mag, ist nicht ein Etwas, eine statische Wirklichkeit, sondern eine personale Beziehung zu Gott, ein dynamisches Geschehen, das nur _ist_, indem es sich stets neu realisiert; der begnadete Mensch als solcher ist in dem Sinne etwas mehr als der nicht begnadete, als er in einem neuen, tieferen personalen Verhältnis zu Gott steht; das gnadenhafte Sein ist letztlich das Stehen und sich Bewegen in der personalen Beziehung zu Gott. In dieser Richtung wäre auch die "Vollendung" des Menschen in der ewigen Anschauung Gottes zu verstehen, nicht so sehr als Zustand, sondern als den Menschen restlos erfüllende und beglückende personale Begegnung und als gegenseitiger Austausch mit dem göttlichen Du.

So zeigt sich, dass auch auf der theologischen Ebene und im übernatürlichen Bereich die Relation als konstitutives Element zum "Wesen" des Menschen gehört; auch theologisch gesehen ist der Mensch, was er ist, nur auf grund seines Bezogenseins auf Gott, und Gott gehört durch die Rolle, die er dem Menschen gegenüber spielt, irgendwie zu dessen "Wesen", so missverständlich dies auf den ersten Blick erscheinen mag; es erscheint also hier nochmals die Grundstruktur des Geschichtlichen.

Ueberblickt man diese Hinweise, so wird deutlich, dass in allen Dimensionen, angefangen von der rein materiellen bis hinauf zur übernatürlichen Ebene für den Menschen und damit a fortiori auch für jedes subhumane Seiende, bei dem lediglich gewisse Dimensionen weniger stark ausgeprägt sind, das Bezogensein eine so zentrale und wesentliche Rolle spielt, dass es für ihn als konstitutiv angesehen werden muss; das Spiel von Frage und Antwort im allgemeinsten Sinne verstanden gehört zu seinem Wesen, seine ganze Existenz liegt im Grund im Vollzug dieses korrelativen Verhältnisses, sodass er nur in der Aktualisierung dieses Verhältnisses ein Mensch sein kann, also nur dadurch *ist*, dass er wird, denn "menschliche Person ist dialogisch bestimmt, metaphysisch durch das Antwortsein ihres Selbstandes und die Bezogenheit ihres Wesens, aktuell durch die existentiale Verwiesenheit auf die konkrete Begegnung, durch den Beziehungscharakter ihrer Selbstbestimmung und durch die worthafte Struktur ihres leiblich-materiellen Handelns" (54). Da aber im Menschen die verschiedenen genannten Ebenen eine Einheit bilden, und da, wie gezeigt wurde, auf allen Ebenen das Bezogensein eine entscheidende Rolle spielt, ist nicht nur der Mensch, sondern auch jedes andere Seiende, obwohl es nicht alle Ebenen aufweist, von diesem Bezogensein her zu verstehen, d.h. der für alle geltende Seinsbegriff ist auf der Basis des Bezogenseins zu begründen und muss die Grundzüge des über die Person als solche Gesagten umfassen.

2. Konsequenzen für eine "Definition" des Menschen und für den Seinsbegriff

Es stellt sich nun die weitere Frage, wie diese Dimension des Bezogenseins in eine "Definition" des Menschen eingebracht werden kann, und zwar so, dass dieses Bezogensein nicht als etwas erklärt wird, das zum bereits vorgängig bestehenden Seienden hinzukommt, sondern unverkürzt als etwas, das dieses Seiende mitkonstituiert. Die Beantwortung dieser Frage wird zugleich näher an den gesuchten Seinsbegriff heranführen, denn dieser ist nur noch eine Sache der Verallgemeinerung, da er in jeder Aussage über die Wirklichkeit und somit auch in jener über den Menschen impliziert ist, sodass er gleichzeitig mit dem Bemühen um eine "Definition" des Menschen in seinen Grundzügen erarbeitet wird.

Neben den bereits früher genannten, prinzipiellen Schwierigkeiten, die das Verhältnis zwischen Begriff und Wirklichkeit betreffen, und die sich hier von neuem bemerkbar machen (55), liegt das Hauptproblem darin, dass für eine metaphysische Interpretation des Menschen als Person, wie sie hier versucht wird, die Alltagserfahrung radikal, d.h. in ihren grund-legenden Vorstellungen transzendiert werden muss. Zu diesen Vorstellungen der unmittelbaren Erfahrung gehört es, dass der Mensch und überhaupt jedes einzelne Seiende zunächst als Individuum, als für sich bestehendes und in sich mehr oder weniger geschlossenes Ganzes gesehen wird. Diese Sicht hat durchaus ihre Berechtigung, da ohne sie von einzelnen Seienden gar nicht gesprochen werden könnte, aber sie ist dann ungenügend, wenn man die oben skizzierte Perspektive annimmt und von ihr her die eigentlich metaphysische Dimension zu erfassen sucht. Gibt man nämlich zu, dass das Bezogensein konstitutiv ist, dann muss man für eine Wesensbestimmung von diesem ausgehen und es als zum "Eigentlichen" am Menschen gehörend betrachten, weil es auf grund der unmittelbaren Erfahrung allein nicht genügend berücksichtigt werden kann.

Als Hintergrund für die Beschreibung dessen, was der Mensch ist, darf daher nicht sein "Selbstand" genommen werden, da dadurch zu sehr die Vorstellung eines in sich geschlossenen Ganzen nahegelegt und vermittelt wird; vielmehr ist von der Tatsache des fundamentalen Bezogenseins auszugehen, das sich in verschiedensten Formen aktualisiert, die alle irgendwie konstitutiv sind. Versteht man diese Dimension richtig, d.h. nicht als feststehende Verhältnisse, sondern als konkrete, sich ereignende Vollzüge, dann wird auf diese Weise eine dynamische Vorstellung vermittelt, die den Menschen nicht als in seiner Immanenz isoliertes Subjekt oder als rein für-sich-seiendes "Ich" verstehen lässt, sondern als Seiendes, das wesentlich auf das Andere verwiesen ist und erst in diesem Verwiesensein und durch die vielfältigen Wechselbeziehungen mit der Umwelt konstituiert wird.

In dieser Sicht ist ein gewisses Transzendieren des Subjekt-Objekt-Gegensatzes eingeschlossen, denn wenn Beziehungen konstitutiv sind, dann kann weder das "Subjekt" ohne das "Objekt" noch das "Objekt" ohne das "Subjekt" verstanden werden, d.h. jedes Seiende umgreift dank seines Bezogenseins auch seine Objekte und ist nur unter Berücksichtigung der ganzen Wirklichkeit und seiner Beziehungen zu ihr erklärbar. Damit fallen "Subjekt" und "Objekt" nicht einfach zusammen, denn wenn die Beziehungen nicht statisch, sondern als wechselseitiges Geschehen aufgefasst werden, dann muss die Differenz erhalten bleiben, weil ohne sie solche dynamische Beziehungen gar nicht möglich wären.

Ein solch umgreifendes und die Umwelt integrierendes Person- und Menschenverständnis ist nur möglich, wenn man es "nicht allein im begrifflichen Horizont der Substantialität als vielmehr in dem der Relationalität" (56) zu begreifen sucht, die Person also nicht so sehr als "Ich", sondern vielmehr als "Ich-vom-Du-her" versteht; hinter einem solchen Verständnis, das hier nur angedeutet werden kann, steht grundlegend ein Denken, "das den Menschen nicht als grundsätzlich ungeschichtliche Substanz begreift, der gegenüber das tatsächliche In-Beziehung-Treten des einen Einzelnen zum andern als geschichtliches Faktum nur akzidentell wäre (im Sinn eines ahistorischen Essentialismus) oder die, obzwar notwendige, bloss geschichtliche Selbstvermittlung der übergeschichtlichen 'Substanz' bedeute (im Sinne der idealistischen Dialektik), sondern das diese Faktizität des Sichbegegnens als sie selbst als zum Wesen des Menschen gehörig zu verstehen sucht" (57). Dieses Denken, das als Voraussetzung für ein adäquates Menschenverständnis gefordert wird, und das genau jene Dimension meint, um die es in unserem Zusammenhang geht, ruft auch nach einem entsprechenden Seinsbegriff, wobei es fraglich ist, "ob ein dialogisches Personverständnis unbedingt auf eine schon bestehende allgemeine Metaphysik zurückgreifen muss" und kann, denn es scheint vielmehr, dass es "nach einer neuen Ontologie, nach einer neuen Metaphysik der Person" (58) verlangt; eine solche neue Metaphysik wird sich dann aber nicht auf die Person beschränken können, denn als Metaphysik wird sie die ganze Wirklichkeit umgreifen.

In diesem Sinne ist wie vorher allgemein aus der Geschichtlichkeit, so auch hier konkreter aus dem dialogisch-personalen Menschenverständnis allmählich eine neue Seinsvorstellung und ein neuer Seinsbegriff zu gewinnen, der die ganze Wirklichkeit in der hier aufgezeigten Strukturen erfassen lässt. An einen solchen Seinsbegriff werden im Wesentlichen dieselben Forderungen gestellt wie vorhin an den Personbegriff: Ueberstieg des Subjekt-Objekt-Gegensatzes, sodass grundsätzlich kein Seiendes in seiner Immanenz rein für sich erklärt wird; Einbeziehung aller Gegebenheiten der jeweiligen Umwelt und der Beziehungen zu ihnen als konstitutive Momente für jedes aktual Seiende; Denken in Kategorien nicht der Substantialität, sondern der Relationalität; Berücksichtigung der Geschichtlichkeit im weitesten Sinne des Wortes, und zwar nicht als Akzidens, sondern in ihrer konstitutiven Stellung.

Gelingt es, diesen Forderungen auch nur einigermassen nachzukommen, dann ist der Seinsbegriff insofern näher an die Wirklichkeit herangerückt, als er das fundamentale Bezogensein jedes aktual Seienden, sein Eingebettetsein in die Gesamtwirklichkeit und damit seine eigene Geschichtlichkeit und Prozesshaftigkeit als wesenskonstituierende Momente berücksichtigt, integriert und zum Ausdruck bringt; damit wäre das Hauptpostulat des Seinsbegriffes erfüllt, wie er hier konzipiert und verstanden wird. Wie er im Einzelnen zu denken ist, wird anschliessend an Hand des ontologischen Prinzips und der "actual entity" bei Whitehead zu zeigen sein, sodass sich hier weitere Ausführungen erübrigen.

Zusammenfassend lässt sich sagen: der Seinsbegriff, wie er hier verstanden und intendiert wird, ist stets neu an der konkreten, erfahrenen Wirklichkeit zu messen und von ihr her zu gewinnen, damit er möglichst umfassend deren Wesenszüge in sich begreift und zum Ausdruck bringt. Zu diesen Wesenszügen gehören Konkretheit, Einmaligkeit und Aktualität, vor allem aber auch das horizontale, geschichtliche und daher nur dynamisch zu verstehende Bezogensein, wie es im Zusammenhang mit der Geschichtlichkeit und dem dialogisch-personalen Menschenverständnis paradigmatisch aufgezeigt wurde. Es sind jene Aspekte, die, wenn nicht alles trügt, im bisher geläufigen Seinsbegriff zu wenig berücksichtigt wurden, aber auch nur unter grossen Anstrengungen in den Seinsbegriff eingebracht werden können, weil sie letztlich jeder sprachlichen Fixierung, ohne die es nicht geht, widerstreben und "hinter" jeder begrifflichen Festlegung gesehen werden müssen, wobei bestehende Denkgewohnheiten sich als sehr hartnäckig erweisen können und so den Zugang zu bisher nicht beachteten Dimensionen sehr oft versperren.

Weil die Vorstellungen, die wir mit dem Seinsbegriff verbinden, zwischen Begriff und Wirklichkeit vermitteln und die Adäquatheit des Seinsbegriffs weitgehend bedingen, sind sie besonders kritisch zu überprüfen; vor allem ist zu fragen, von wo her wir sie bestimmt sein lassen: ob von einer vorgegebenen Inhaltlichkeit des Begriffes, von der welthaften Vorfindlichkeit oder von der heute (geschichtlich) erlebten Wirklichkeit her, denn dadurch werden entscheidende Weichen gestellt.

Damit dürfte der allgemeine Horizont, in welchem der Seinsbegriff zu verstehen ist, genügend klar und deutlich umschrieben und vergegenwärtigt sein, um verstehen zu können, zu welchem Zweck Whiteheads Wirklichkeitsverständnis analysiert und welche Aspekte aus diesem hervorgehoben werden sollen.

2. TEIL

VERSUCH EINES DYNAMISCH BESTIMMTEN SEINSBEGRIFFS

Seinsvorstellung und (impliziter) Seinsbegriff bei A.N. Whitehead

Vorbemerkungen

Zur Weiterführung und Konkretisierung dessen, was im ersten Teil dargelegt wurde, ist nun erneut die Frage aufzugreifen und, soweit überhaupt möglich, explizit zu beantworten, wie das Sein eines Seienden zu verstehen ist, zu dem es wesentlich gehört, dass es geschichtlich ist, und wie ein Seinsbegriff zu konzipieren ist, der das horizontale, dynamische Bezogensein als konstitutiv in sich begreift, oder noch allgemeiner formuliert: wie die Dimension des Dynamischen in den Seinsbegriff einzubringen ist. Im Mittelpunkt steht auch hier nicht der Seins_begriff_, sondern die Seins_vorstellung_, die wir mit ihm verbinden; diese muss als bestimmender Hintergrund des Seinsbegriffs noch klarer herausgearbeitet werden, denn nur so ist an den hier gemeinten Seinsbegriff heranzukommen.

Die damit gestellte Aufgabe soll so angegangen werden, dass Whiteheads metaphysisches Wirklichkeitsverständnis im Hinblick auf dessen Konsequenzen für den Seinsbegriff wenigstens in einigen Hauptzügen analysiert und dargestellt wird. Hinter diesem Vorgehen steht die Annahme, die sich in den weiteren Ausführungen wird bestätigen müssen, dass Whitehead das aufgestellte Postulat einer an der heutigen Wirklichkeitserfahrung orientierten und von ihr her aufgebauten Philosophie in einer einzigartigen Weise erfüllt hat, und dass seine Prozess- bzw. Organismusphilosophie gerade auf jener Seinskonzeption begründet ist, um die es hier geht. Die Aneignung seines Wirklichkeitsverständnisses, wie es vor allem in seinem Hauptwerk "Process and reality" zum Ausdruck kommt, wird daher die gesuchte Seinsvorstellung und den von ihr geprägten Seinsbegriff vermitteln können und damit den Weg zum gesteckten Ziel um Einiges verkürzen und erleichtern.

Die Art und Weise, wie im Folgenden ein Zugang zu Whiteheads Philosophie gesucht werden soll, und die Schwierigkeiten, die sich ganz allgemein bei einer Beschäftigung mit seinem Denken einstellen, verlangen ein paar einführende Bemerkungen, die es erleichtern sollen, die späteren Ausführungen besser zu situieren und zu verstehen.

1. Die Schwierigkeiten des Sich-Beschränkens

Schon eine erste, oberflächliche Begegnung mit Whiteheads Denken lässt spüren, dass es nicht leicht sein kann, sich darin zurecht zu finden, denn Whitehead erweist sich immer wieder als wahrhaft universal interessierter Denker. Sein Werk besticht nicht nur durch einen fast unerschöpflichen Ideenreichtum und eine praktisch sämtliche Gebiete des menschlichen Geisteslebens umfassende Vielseitigkeit, sondern ebenso sehr durch eine hinter dieser Vielfalt stehende, sie begründende und von ihr bedingte Neuheit der Denkweise, zwei Gegebenheiten, die beide in gleicher Weise die notwendige Beschränkung immer wieder erschweren.

Es gibt kaum ein Gebiet unserer Wirklichkeit, das in Whiteheads umfangreichen Schrifttum nicht irgendwo (zumindest implizit) zur Sprache käme (59). Dabei bringt der innere Zusammenhang seiner Ideen immer wieder die Versuchung mit sich, vom einmal gewählten Thema abzuschweifen und sich mit jenen andern Problemkreisen auseinanderzusetzen, die sich aus dem entsprechenden Zusammenhang heraus ebenfalls aufdrängen würden. Nun ist es aber unmöglich und auch gar nicht beabsichtigt, die ganze whiteheadsche Philosophie in ihrer ganzen Fülle aufzuarbeiten und nachzuvollziehen. Da es nicht um die Prozessphilosophie als ganze und auch nicht um Einzelprobleme, sondern um die dahinter liegende Denkweise geht, werden zwar verschiedene Themenkreise anzuschneiden sein, aber nur, um mit ihrer Hilfe Whiteheads Wirklichkeitsverständnis zugänglich zu machen, sodass auf eine umfassende Darlegung der entsprechenden Einzelthemen konsequent verzichtet werden muss (60). In diesem Sinne sind auch die Ausführungen über das ontologische Prinzip und über die aktuale Entität nicht als Monographien zu verstehen.

Neben dem genannten Reichtum der Thematik ist vor allem auch der Ansatzpunkt der Prozessphilosophie für die Schwierigkeit des Sich-Beschränkens verantwortlich. Da es sich wirklich um einen philosophischen Ansatzpunkt handelt, der die letzten Grundlagen, nämlich den allem Denken zugrunde liegenden Seinsbegriff betrifft, und von dem daher der Aufbau des ganzen philosophischen Gebäudes in seinen Grundzügen bestimmt ist, und da Whitehead, wie zu zeigen sein wird, gerade hier etwas wesentlich Neues geschaffen hat, ergibt sich nicht nur das Bedürfnis, sondern geradezu die Notwendigkeit, alle Teilgebiete unserer Wirklichkeit von der neuen Grundlage her durchzudenken, zumal da sich der neue Ansatzpunkt streng genommen nur durch seine Bewährung in der konkreten Durchführung legitimieren kann; dazu kommt noch, dass der Ansatzpunkt nicht abstrakt, sondern erst in seiner konkreten Ausgestaltung in den Teilgebieten richtig erfasst werden kann. Konkreter gesagt: es geht um eine neue Konzeption des Seinsbegriffs, die bei dessen Allgmeingültigkeit die ganze Philosophie irgendwie betrifft, und deren Konsequenzen nachzugehen man deshalb immer wieder versucht wird; doch auch darauf muss hier verzichtet werden, sodass sich die Ausführungen auf die Grundlegung des genannten Ansatzpunktes beschränken werden.

Diese unvermeidliche Beschränkung mag in mancher Hinsicht problematisch erscheinen; sie muss denn auch nach Möglichkeit in dem Sinne überwunden werden, dass trotzdem der Blick immer wieder bewusst auf das Ganze der Wirklichkeit gerichtet wird, denn obwohl vordergründig vom Seinsbegriff und von der Seinsvorstellung die Rede ist, geht es doch immer um eine Gesamtsicht der Wirklichkeit, die darin zum Ausdruck kommen soll und auf die hier das Hauptgewicht zu legen ist. Es ist zwar selbstverständlich, dass jede Aussage von einem bestimmten Wirklichkeitsverständnis getragen wird, doch muss hier besonders darauf hingewiesen werden, da gerade dieses Wirklichkeitsverständnis in Frage steht, denn während wir bei den im Rahmen der "klassischen" Philosophie gemachten Aussagen den entsprechenden Hintergrund immer schon durch unsere von der abendländischen Geistesgeschichte geprägte Denkweise vorgegeben haben und daher als bekannt voraussetzen dürfen, sodass wir die einzelnen Probleme mehr oder weniger wie von selbst von der richtigen philosophischen Vorstellungswelt her angehen und lösen, sind wir bei Whiteheads Philosophie gezwungen, uns neben den Einzelproblemen auch um die noch nicht oder zu wenig bekannte Gesamtsicht zu bemühen und uns diese immer wieder neu zu vergegenwärtigen, dies umso mehr, weil wir sonst unbemerkt andere, ihr fremde oder gar widersprechende Vorstellungen an sie herantragen und sie dadurch von Grund auf missverstehen. Es geht wirklich um fundamentale, metaphysische Vorstellungsweisen und Denkgewohnheiten, die uns nicht geläufig sind, und die wir uns wie eine Sprache erst aneignen müssen, was umso schwieriger ist, je tiefer ein bestehendes Denken bereits verwurzelt und festgelegt ist.

Es sei hier noch auf eine weitere Beschränkung hingewiesen, die die Berücksichtigung der whiteheadschen Schriften betrifft und sich aus vorwiegend praktischen Gründen nahelegt; sie besteht darin, dass sich die folgenden Ausführungen weitgehend auf das Hauptwerk "Process and reality" stützen, während die übrigen Werke nur sehr spärlich zu Worte kommen werden; dies lässt sich im Hinblick auf die Zielsetzung der Arbeit, die nicht eine Gesamtdarstellung, sondern höchstens eine Art Hinführung zur Prozessphilosophie bzw. eine zwar an Whitehead orientierte, im übrigen aber selbständige Abhandlung sein möchte, deshalb rechtfertigen, weil dieses Werk nicht nur ganz eindeutig eine zentrale Stellung einnimmt, sondern praktisch die ganze whiteheadsche Philosophie in ihren Grundzügen umspannt und sie mehr oder weniger systematisch in geraffter, auf die spezifisch philosophischen Aspekte konzentrierter Art und Weise zur Darstellung bringt (61), sodass aus ihm allein herausgeholt werden kann, was für die gestellte Aufgabe von Bedeutung ist.

2. Das Neue in Whiteheads Philosophie

Um den Einstieg in Whiteheads Denken etwas zu erleichtern, soll kurz auf das eigentlich Neue in seinem philosophischen Ansatzpunkt eingegangen werden; dabei ist es unumgänglich, dass einerseits Dinge wiederholt werden, auf die schon im ersten Teil angespielt wurde, und anderseits in allgemeiner Weise vorausgenommen wird, was später im Einzelnen darzulegen sein wird.

Es kann wohl kaum bestritten werden, dass der dynamische Aspekt der Wirklichkeit und dessen Integrierung in die Metaphysik das eigentliche Hauptproblem der whiteheadschen Prozessphilosophie darstellt. Sätze wie "in the world, there is nothing static" (PR 365), "the actual world is a process" (PR 33) oder "nature is a structure of evolving processes. The reality is the process" (SMW 90) kehren in verschiedensten Abwandlungen immer wieder; das Werden, die Prozesshaftigkeit, ist das Leitmotiv, wie es auch im Titel des Hauptwerkes "Process and reality" schlagwortartig zum Ausdruck kommt. Der Fluss der Dinge ist eine letzte Gegebenheit, hinter die man nicht mehr zurückgehen kann, und der daher als solcher an der Basis der Philosophie gesehen werden muss (62); so wird das Werden den Kern der ganzen philosophischen Reflexion bilden.

Vor einer einseitigen Verabsolutierung des Werdens, die man zu Recht ablehnen würde, ist hier zu warnen. Es gibt zwar Anhaltspunkte, die darauf schliessen lassen, dass Whitehead dem Werden vor dem in einem rein statischen Sinne verstandenen Sein einen gewissen Vorrang einräumt, so etwa wenn er sagt, der Ausdruck "passing on" sei fundamentaler als jener eines "private individual fact" (PR 324), oder wenn er mit Hilfe des "principle of process" das "Sein" einer Entität auf ihr Werden zurückführt (PR 34); tatsächlich versteht er in Bezug auf "Sein" und "Werden" seine Organismusphilosophie, zusammen mit gewissen östlichen, indischen oder chinesischen Denkrichtungen, als eine Alternative zur westlichen, abendländischen Philosophie: "one side makes process ultimate; the other side makes fact ultimate" (PR 11).

Diese deutliche Ueberbetonung des Werdens ist aber nicht einfach als Leugnung des statischen Aspektes an der Wirklichkeit zu verstehen, als ob sich Sein und Werden gegenseitig ausschliessen würden, denn Whitehead ist sich durchaus bewusst, dass es sowohl einen dynamischen wie auch einen statischen Aspekt der Wirklichkeit gibt, die beide berücksichtigt und in das System eingebaut werden müssen, denn "every scheme for the analysis of nature has to face these two facts, *change* and *endurance*" (SMW 107), und zwar nicht etwa je für sich, was zu Widersprüchen führt (PR 526), sondern in ihrer wechselseitigen Beziehung (63). Es geht nicht um ein Entweder-Oder zwischen Sein und Werden, sondern um ihr gegenseitiges Zueinander, wobei es auf die Akzentsetzung und den Stellenwert, der den beiden Aspekten gegeben wird, ankommt, d.h. darauf, ob die Seinsvorstellung mehr vom Aspekt des Bestehens und Vorgegebenseins, oder eben mehr von jenem des Werdens bestimmt wird, was weitgehend vom Ausgangspunkt des konkreten Philosophierens bedingt ist.

Im Hinblick auf die beiden Möglichkeiten, vom statischen oder vom dynamischen Aspekt auszugehen, liegt nun das Neue in Whiteheads Ansatzpunkt darin, dass er grundlegend vom Faktum des Werdens ausgeht und die statischen Aspekte der Vorfindlichkeit und des Bestehens als Momente dieses Werdens zu erklären versucht. Statt das Werden als eine Dimension am Seienden aufzuweisen, die man so interpretiert, dass das Seiende als Werdendes noch in der Entwicklung steht und daher noch nicht ist, was es sein sollte und sein könnte, also sein volles "Sein" noch nicht erreicht hat, wodurch im Grunde genommen das Werden als "Mangel an Sein" verstanden und mit einem negativen Vorzeichen versehen wird, erklärt es Whitehead als Grunddimension des Seienden, ohne die eine aktuale Entität gar nicht denkbar wäre. Seiendes *ist* nur als Werdendes, und was an ihm als statischer Aspekt erscheint, ist als Moment an diesem Werden zu verstehen und zu erklären.

Welches dieser beiden Vorgehen auf metaphysischer Ebene der Wirklichkeit näher kommt, ist nicht leicht auszumachen; Kriterium für die Beurteilung wird sein, wie die beiden Aspekte miteinander verbunden werden können, und es scheint, dass dies mit dem Vorgehen, das Whitehead einschlägt, besser gelingt als mit einer Philosophie, die von fixen Fakten und von feststehenden Seienden als geschlossenen Grössen ausgeht und diese als letzte Gegebenheiten auffasst, denn eine solche Philosophie hat Mühe, das Dynamische als ursprüngliche Dimension zu integrieren, da sie es erst an zweiter Stelle als etwas zum Seienden Hinzukommendes aufweisen kann; Fakten lassen sich nämlich leicht als Momente des Werdens erklären, d.h. das Werden bringt notwendig Faktizität immer in verschiedensten Formen mit sich, während ein Faktum rein aus sich nicht unbedingt auf ein Werden verweist; das Faktum - absolut gesetzt - kann als solches ohne das Werden verstanden werden, nie aber das Werden ohne Faktizität. Von da her drängt es sich eigentlich geradezu auf, das Werden und nicht das Faktum an den Anfang der Metaphysik zu stellen.

Diese Akzentverschiebung vom Faktum auf den Prozess und das Werden ist bedingt und nahegelegt durch den Wandel im Wirklichkeitsverständnis, von dem bereits die Rede war, und den Whitehead als Wende vom Objekt zum Subjekt bezeichnet, die sich an der Schwelle der Neuzeit mit der Entdeckung des Subjektes und dessen spezifischer Rolle vollzogen hat. War vor dieser Wende das objektiv Gegebene Gegenstand der Beschreibung und Erklärung durch die Philosophie, wobei auch das erkennende Subjekt mit den von dieser objektivistischen Sicht her abgeleiteten Kategorien erfasst und durch diese Beschreibung eigentlich nicht mehr als Subjekt gesehen, sondern dem Objekt gleichgesetzt wurde, steht nun das Subjekt mit seiner Erfahrung des Objektes im Vordergrund; die philosophische Reflexion sollte nun nicht mehr beim Objekt, sondern beim Selbstvollzug des Subjektes als letzter Gegebenheit ansetzen; ob dieser mehr in der Form des "cogito" bei Descartes oder mehr in der Form der "sensations" bei den englischen Empiristen verstanden wird, spielt dabei keine entscheidende Rolle.

Mit diesem Selbstvollzug ist eine neue, in dem Sinne nicht mehr reduzierbare Situation gegeben, als er nur als Ganzes richtig verstanden werden kann, d.h. als Vorgang, der nicht nur Subjekt und Objekt, sondern auch die Beziehungen zwischen den beiden umschliesst, und zwar so, dass kein Moment ohne die andern verstanden werden kann. Nimmt man diese Gegebenheit als Ausgangspunkt für den Seinsbegriff und als Hintergrund für die Seinsvorstellung, dann ist die Möglichkeit gegeben, dass der von ihr her konzipierte Seinsbegriff das Werden als fundamentale Dimension miterfasst, da das Wechselspiel zwischen Subjekt und Objekt nur als Geschehen und Vollzug möglich ist.

Whitehead begründet deshalb seine Philosophie auf diesem Subjekt-Objekt-Verhältnis und gewinnt von diesem her eine von Grund auf dynamisch bestimmte Seinsvorstellung, die den letzten Dimensionen der Wirklichkeit gerecht zu werden vermag; diese Seinsvorstellung ist dynamisch, weil auf dieser Basis ein Seiendes nur noch vollumfänglich in seinem "Wesen" erfasst werden kann, wenn sein Bezogensein zu den andern Seienden mitberücksichtigt wird, und sie ist allgemein, weil nicht nur der Mensch, sondern jedes Seiende ein Subjekt ist, das je auf seine Art der Umwelt gegenübersteht.

Weil dieses Subjekt-Objekt-Verhältnis als Vollzug auf der menschlichen Ebene am deutlichsten fassbar ist, entnimmt Whitehead seine Terminologie weitgehend dem menschlichen Bereich, weitet sie aber aus und gebraucht sie für metaphysische Gegebenheiten, wodurch er die aus unserer Erfahrung bekannten Vorstellungen auf die metaphysische Ebene überträgt und es damit ermöglicht, das "Sein" aller Seienden in dieser dynamisch bestimmten Perspektive zu sehen. Wenn z.B. von "feeling" die Rede ist, dann ist ganz allgemein jener Vorgang gemeint, durch den ein Seiendes (positiv) mit einem andern in Beziehung tritt, ein Vorgang, der sich zwar beim Menschen als "fühlen" im strengen Sinne des Wortes abspielen, aber auch ganz andere konkrete Formen annehmen kann; die Struktur ist immer dieselbe.

Auf Grund dieses Subjekt-Objekt-Bezuges erscheint die Wirklichkeit in ihrer Ganzheit als grosser Organismus, in welchem alle Gegebenheiten irgendwie miteinander in Beziehung stehen; nimmt man aber dieses Bezogensein als Grundgegebenheit ernst, dann muss die in der Gesamtwirklichkeit sichtbare Struktur bis ins einzelne Seiende hinein verfolgt werden, das seinerseits ebenfalls als Organismus zu verstehen ist. Die letzte Konsequenz dieser Sicht besteht darin, dass das "Sein" des Seienden unter dem Bild und unter der Vorstellung eines Organismus gedacht werden muss, d.h. als nicht mehr weiter analysierbare Ganzheit, die die für den Organismus konstitutiven Momente in sich schliesst; die Strukturen des Organismus sind zugleich auch Grundstrukturen des Seins als solchem (64).

Es dürfte klar sein, dass ein Seinsverständnis aus dieser Perspektive ein ganz fundamentales Umdenken erfordert, das sich zunächst im Raum der Metaphysik auswirkt, das aber nicht auf diesen beschränkt bleibt, sondern schliesslich alle Gebiete der Philosophie betreffen wird. Von diesem Umdenken und von der Abkehr von gewohnten Vorstellungen kann man sich nicht dispensieren, wenn man Whiteheads Philosophie wirklich verstehen und sie nicht in ein geläufiges Denkschema einzwängen will, dies umso mehr, als die Brillanz und die vordergründige Klarheit seiner Sprache oft verführerisch sind und den Zugang zur eigentlichen Tiefe seines Denkens versperren können. Von der Konsequenz, mit der dieses Umdenken gelingt, wird es wesentlich abhängen, ob die vielfältigen neuen Ansatzpunkte für die Weiterentwicklung der Philosophie wirklich fruchtbar gemacht werden können; dass sich die Mühe lohnen wird, lässt schon ein kleiner Einblick in dieses wohl bedeutendste metaphysische Werk des 20. Jahrhunderts erahnen, das einen nahezu unerschöpflichen Reichtum an Hinweisen und Anregungen in sich birgt, den, wie man den Eindruck hat, nicht einmal Whitehead selber voll ausgeschöpft hat und den es daher durch Aneignung seiner Grundgedanken auszuwerten gilt (65).

Hauptbedingung für das Gelingen des genannten Umdenkens ist wohl eine direkte Begegnung und eine möglichst intensive Beschäftigung mit den wichtigsten Texten, dies umso mehr, als Whitehead teils eine neue Terminologie einführt, teils aber die gewohnte übernimmt und mit einer neuen Inhaltlichkeit füllt, was zu grossen Missverständnissen führen kann, wenn man sie nicht aus dem jeweiligen konkreten Zusammenhang heraus versteht; es wird daher von Vorteil sein, sehr viele Zitate wörtlich anzuführen, und zwar unter Verzicht auf eine Uebersetzung, da eine ebenso klare und prägnante Terminologie im Deutschen einstweilen nicht vorhanden ist, sodass eine Uebersetzung mehr verunklären als verdeutlichen würde; ein wirklicher Zugang zu Whiteheads Denken ist wohl nur von der englischen Sprache her und über seine eigenen, eleganten und treffenden Formulierungen möglich.

3. Der konkrete Ansatzpunkt im Begriff "actual entity"

Wenn es im Folgenden darum geht, das genannte Neue in Whiteheads Denken herauszuarbeiten und auf den Seinsbegriff hin auszuwerten, dann stellt sich die Frage, wo man mit diesem Versuch am besten einsetzt; da Whitehead weder eine Metaphysik noch eine Ontologie thematisch durchgeführt hat, sondern sich in erster Linie als Ko molog versteht (66), muss sein Seinsverständnis aus den verschiedenen Aussagen, in denen es zum Ausdruck kommt, herausgehört und so aus seinem Gesamtwerk erst zusammengetragen werden.

Der beste Ansatzpunkt liegt wohl im zentralen Begriff "actual entity", denn durch dessen Analyse kann, weil er für "the final real things of which the world is made up" (PR 27), also für die konkreten, realen einzelnen Seienden steht, unmittelbar die gesuchte Seinsvorstellung zugänglich gemacht werden; zudem treten in der Art und Weise, wie Whitehead die aktuale Entität versteht, sowohl sein Wirklichkeitsverständnis wie auch sein Gegensatz zu den von ihm abgelehnten philosophischen Positionen sehr klar hervor, sodass das Neue in seinem Denken hier am leichtesten erfasst werden kann.

"Actual entity" ist ein von Whitehead neu geschaffener philosophischer Begriff, der das Seiende nicht nur als Träger und Ausgangspunkt eines Prozesses (Subjekt), sondern zugleich als dessen Vollendung und Abschluss (Superjekt) meint, bzw. als das, was "zwischen" diesen beiden Polen sich ereignet und diese in einem umfasst; die aktuale Entität zeigt sich zwar als Subjekt und als Superjekt, ist aber letztlich keines von beiden, sondern ein Prozess. Für die Beschreibung eines solchen Seienden gilt daher die Forderung: "morphological description is replaced by description of dynamic process" (PR 10), d.h. der Seinsbegriff ist zu verstehen als Ausdruck und Beschreibung eines Prozesses. Wo es um das "Sein" eines Seienden geht, müsste man daher das bekannte Axion "agere sequitur esse" umkehren und sagen "esse sequitur agere", denn was sich am Seienden nach aussen als "esse" zeigt, ist das Ergebnis bzw. ein Moment seines inneren, metaphysischen Konstitutionsprozesses.

Hier liegt denn auch der Grundunterschied zwischen einer Substanzphilosophie, wie sie Whitehead versteht, und der Organismusphilosophie: "The philosophies of substance presuppose a subject which then encounters a datum, and then reacts to the datum. The philosophy of organism presupposes a datum which is met with feelings, and progressively attains the unity of a subject" (PR 234); auf der einen Seite wird ein Seiendes vorausgesetzt, das bereits besteht und "nachträglich" zu seiner Konstituierung mit andern Seienden in Beziehung tritt, auf der andern Seite hingegen wird das Seiende selber als durch dieses Bezogensein konstituiertes verstanden. In Whiteheads metaphysischer Perspektive bestimmt das Seiende nicht seine Handlungen, sondern es ist umgekehrt selber in seinem Sein durch die Handlungen bestimmt, durch die es zu seiner Realisierung unterwegs ist: "The operations of an organism are directed towards the organism as a 'superject', and are not directed from the organism as a 'subject'" (PR 228); primär ist nicht ein bestehendes, sondern ein werdendes Seiendes.

In gewissem Sinne kann "actual entity" als Ersatz für den Begriff "Substanz" verstanden werden, insofern beide das Seiende in dem treffen wollen, was es in seinem tiefsten Kern ist; dabei ist jedoch zu beachten, dass die beiden Begriffe von einer je verschiedenen Perspektive getragen sind und daher nicht ohne weiteres miteinander in Parallele gesetzt werden dürfen, ganz abgesehen davon, dass der Substanzbegriff in verschiedensten Bedeutungen gebraucht wird. Aus der Polemik gegen den Gebrauch des Substanzbegriffes auf der metaphysischen Ebene, deren Höhepunkt im Satz zum Ausdruck kommt: "but in metaphysics the concept is sheer error" (PR 122), geht hervor, dass Whitehead einen vorwiegend von Descartes her bestimmten Substanzbegriff vor Augen hat (67), der nach seiner Interpretation das Seiende durch Autonomie und "Selbstgenügsamkeit" ("braucht nichts anderes zum Existieren als sich selbst") bestimmt sein lässt, was nach seinem Ansatz keineswegs der metaphysischen Dimension des Seienden entspricht, das eben gerade, was das Sein betrifft, nicht selbständig ist, sondern erst durch das Bezogensein konstituiert wird, also andere Seiende braucht, um existieren zu können. Darum ist es begreiflich, dass Whitehead den so verstandenen Substanzbegriff als Ausdruck für das "Sein" des Seienden konsequent ablehnt und ihn durch den neuen Begriff "actual entity" ersetzt; genauer gesagt: er lehnt das Begriffspaar Substanz-Qualität ab, weil es auf metaphysischer Ebene die Vorstellung einer fundamentalen Dualität nahelegt für etwas, das als ursprüngliche Einheit zu denken ist; Substanz und Qualität sind erst "später" in Erscheinung tretende Aspekte des Seienden, es sind für manche Belange des praktischen Lebens äusserst nützliche Abstraktionen (PR 122), aber das Seiende als solches bildet eine "hinter" ihnen liegende und sie übersteigende Einheit, die im Seinsbegriff erfasst werden muss; dies ist nach Whitehead mit dem Substanzbegriff nicht möglich, weil er das Seiende als Träger von Qualitäten sehen lässt, wohl aber mit dem Begriff "actual entity", der, wie zu zeigen sein wird, von dieser Einheit her gedacht werden muss.

Auf einen Vergleich der beiden Begriffe und die dahinter steckende Kontroverse kann und soll hier nicht weiter eingegangen werden, da dies nicht zur gestellten Aufgabe gehört und eine ausführlichere Abhandlung erfordern würde. Die paar Hinweise hatten keine andere Aufgabe, als die zentrale Stellung des Begriffes "actual entity" in Whiteheads Philosophie aufzuzeigen, woraus klar genug hervorgehen dürfte, dass die Analyse dieses Begriffes am unmittelbarsten in Whiteheads Wirklichkeitsverständnis einzuführen vermag und am besten die dahinter stehende Seinsvorstellung vermitteln kann.

Die folgenden Ausführungen werden daher ganz der Untersuchung dieses Begriffes gewidmet sein. Der expliziten Darstellung der aktualen Entität wird die Analyse des ontologischen Prinzips vorangestellt, das zusammen mit einigen andern Prinzipien deren Grundlage bildet und den Zugang zu ihr vom Prinzipiellen her eröffnet. Das ontologische Prinzip und die aktuale Entität sind nicht zwei getrennte oder voneinander trennbare Problemkreise, vielmehr hängen sie sehr eng zusammen und bedingen sich gegenseitig, sodass das Verständnis des einen jenes des andern sowohl voraussetzt wie auch erleichtert. Bei diesem engen Zusammenhang werden sich gewisse Ueberschneidungen und Wiederholungen nicht vermeiden lassen, was jedoch bei der Schwierigkeit und Komplexität des Themas eher von Vorteil als von Nachteil sein dürfte.

1. Kapitel

DAS ONTOLOGISCHE PRINZIP

Das Bestreben, so gut als möglich die Wirklichkeit, wie sie tatsächlich ist, zur Sprache kommen zu lassen, würde es an sich nahelegen, mit einer Art Phänomenologie dieser Wirklichkeit zu beginnen und zuerst die aktuale Entität zu behandeln, um nachher die dahinter stehenden Prinzipien herauszuarbeiten; dadurch wäre am besten gewährleistet, dass wirklich die konkrete Erfahrung die Grundlage des weiteren Philosophierens bildet.

Dass im Folgenden trotzdem umgekehrt vorgegangen und mit der Analyse der Prinzipien begonnen wird, hat vor allem praktische Gründe (68): es ist nicht nur leichter, zumindest was die Darstellung betrifft, ein System von Prinzipien zusammenzustellen und es nachher an der Wirklichkeit nachzuprüfen, als mühsam aus einer Betrachtung und Beschreibung der Wirklichkeit die Prinzipien erst allmählich herauszuarbeiten, sondern die aktuale Entität wird auch besser zu verstehen sein, wenn einige prinzipielle Ausführungen vorausgeschickt werden. Selbstverständlich muss die konkrete Wirklichkeitserfahrung trotzdem als bestimmender Hintergrund stets präsent sein und mitgesehen werden.

In Bezug auf das vorliegende Kapitel kann man sich fragen, warum die verschiedenen Prinzipien unter das ontologische Prinzip subsumiert werden. Der Grund liegt darin, dass dem ontologischen Prinzip ohne Zweifel eine zentrale Stellung zukommt, und dass es den für unseren Zusammenhang wichtigsten Sachverhalt erfasst und zugänglich macht; die übrigen Prinzipien können als dessen Spezifizierungen und konkreten Ausdeutungen verstanden werden, sodass sie von ihm her gesehen werden müssen und auch umgekehrt immer wieder auf dieses hinführen.

I. Allgemeine Charakterisierung des ontologischen Prinzips

1. Verschiedene Formulierungen des Prinzips

Das ontologische Prinzip findet sich bei Whitehead je nach Zusammenhang in sehr verschiedenen Formulierungen; zum Teil nennt er es ausdrücklich, in den meisten Fällen jedoch ist die Sache nur implizit vorhanden und daher weniger leicht zu fassen. Es würde zu weit führen, alle einschlägigen Stellen zusammenzutragen; statt dessen seien nur einige der wichtigsten Formulierungen kurz angeführt.

In der allgemeinsten Form heisst das Prinzip: "everything must be somewhere; and here 'somewhere' means 'some actual entity'" (PR 73). Dieses "be somewhere", das den Kern des ontologischen Prinzips bildet, lässt zunächst verschiedene Interpretationen zu, die nicht unbedingt in der Linie der Prozessphilosophie liegen müssen; indem aber das "somewhere" als "some actual entity" verstanden wird, ist bereits eine entscheidende Einschränkung gegeben: das "irgendwo" meint nicht eine blosse Faktizität bzw. die Notwendigkeit, ein konkretes Seiendes zu lokalisieren, sondern das noch näher zu bestimmende Vorhandensein in einer andern aktualen Entität. Das ontologische Prinzip sagt somit, dass ein Seiendes wesentlich und notwendig auf ein Anderes verwiesen ist, also nie aus sich allein verstanden werden kann, womit bereits der Ansatz für die Ablehnung des kartesianischen Substanzbegriffs, wie ihn Whitehead versteht, gegeben ist.

Konkreter formuliert heisst dies: "nothing is to be received into the philosophical scheme which is not discoverable as an element in subjective experience" (PR 253); hier bekommt das "somewhere" eine genauere Ausdeutung: "irgendwo sein" heisst "Element eines subjektiven Erfahrung sein", wobei "subjektive Erfahrung" ganz allgemein zu verstehen ist, d.h. als Vollzug der Beziehung eines jeden beliebigen aktualen Seienden zu einem andern, durch den es konstituiert wird. Als Element einer solchen Erfahrung ist somit jedes Seiende immer irgendwie Element in der Konstitution einer aktualen Entität und muss als solches aufgewiesen werden; diese Tatsache ein anderes Seiendes mitzukonstituieren, ist für jedes Seiende wesentlich (69).

Damit impliziert das ontologische Prinzip die weitere Tatsache, dass eine aktuale Entität nur aus andern aktualen Entitäten erklärt werden kann, was sich in seiner folgenden Formulierung zeigt: "actual entities are the only _reasons_; so that to search for a _reason_ ist to search for one or more actual entities" (PR 37); eine aktuale Entität begründet andere und ist selber durch andere aktuale Entitäten begründet, sodass man sagen muss: "in separation from actual entities there is nothing, merely nonentity - 'The rest is silence'" (PR 68), oder noch kürzer: "no actual entity, then no reason" (PR 28), beides ausdrückliche Umschreibungen des ontologischen Prinzips. Daraus zeigt sich bereits in den Grundzügen dessen Inhalt: Jedes Seiende (einschliesslich der aktualen Entität selber!) ist nur zu erklären und zu verstehen in seinem Bezogensein zu andern aktualen Entitäten.

2. Einige wichtige Aspekte

Aus diesen vorläufigen und später zu ergänzenden Hinweisen lassen sich bereits einige wichtige Aspekte des ontologischen Prinzips erkennen und hervorheben.

a. Das ontologische Prinzip besagt, dass ohne Ausnahme jedes Seiende wesentlich auf andere Seiende bezogen ist; entscheidend ist dabei, dass dieses Bezogensein ihm nicht von aussen her zukommt, gleichsam als nachträgliche Beifügung, die an seinem Wesen nichts ändern würde, sondern dass es konstitutiv ist, denn es gibt kein solches Bezogensein, das nicht irgendwie eine aktuale Entität (mit-)konstituiert: "all real togetherness is togetherness in the formal constitution of an actuality" (PR 48).

b. Da das ontologische Prinzip ganz allgemein für jede aktuale Entität gilt, müssen alle Elemente des Universums irgendwie zusammenhängen. Beachtet man die Abstufung der jeweiligen Relevanz, die gegebenenfalls so klein sein kann, dass sie nicht mehr ins Gewicht fällt, aber doch vorhanden ist, kann man sagen, dass jede aktuale

Entität in jeder andern präsent sei: "every actual entity is present in every other actual entity" (PR 79); jede aktuale Entität hat darum eine ganz bestimmte Beziehung zu jeder Gegebenheit des Universums: "an actual entity has a perfectly definite bond with each item in the universe" (PR 66) (70).

Infolge dieser Verbundenheit kann man auch sagen: "each atom is a system of all things" (PR 53), wie auch umgekehrt: "in a sense, every entity pervades the whole world" (PR 42); jede aktuale Entität bildet auf ihre Weise ein Zentrum, um welches sich das ganze Universum als ihre Umwelt gruppiert; darum hat jede Entität wegen ihrer einmaligen Stellung und Perspektive ihre eigene Umwelt, sodass der Begriff "common world" als reine Abstraktion angesehen werden muss, dem in Wirklichkeit nur eine in jedem Fall verschiedene Welt entsprechen kann: "the notion of a 'common world' must find its exemplification in the constitution of each actual entity" (PR 224) (71).

. Daraus ergibt sich eine wichtige Konsequenz. Wenn die einzelnen "Teile" der Wirklichkeit tatsächlich so fundamental zusammenhängen, dann ist es unmöglich, eine konkrete aktuale Entität als einen solchen Teil ganz für sich zu erfassen, wenn es darum geht, sie metaphysisch zu erklären; auf grund dieses Bezogenseins gehört die gesamte Wirklichkeit durch die Rolle, die sie spielt, zum "Wesen" dieser Entität, weshalb dieser Zusammenhang und das Verwiesensein in die Wesensbestimmung aufgenommen werden muss. Damit wird es unmöglich, ein Seiendes als eine in sich abgeschlossene, "fertige" Grösse zu bestimmen, die sich als Träger bei allen Veränderungen konstant durchhält: "the notion of an actual entity as the unchanging subject of change is completely abandoned" (PR 43).

Eine aktuale Entität erfassen, verstehen und erklären bedeutet und verlangt demnach nichts weniger, als die Totalität der Wirklichkeit im Hinblick auf diese Entität zu umreifen; es muss der ganze Zusammenhang mitgesehen werden, denn in gewissem Sinne ist die aktuale Entität dieser Zusammenhang; eine Aussage über sie auf der metaphysischen Ebene ist zugleich eine Aussage über die ganze Wirklichkeit und umgekehrt.

Die Bedeutung des ontologischen Prinzips

Es erübrigt sich fast, auf die fundamentale Bedeutung des ontologischen Prinzips im Aufbau der Organismusphilosophie noch eigens hinzuweisen, da sie offensichtlich ist. Dieses Prinzip konstituiert "the first step in the description of the universe as a solidarity of many actual entities" (PR 65), es ist "the first stage in constituting a theory embracing the notions of 'actual entity', 'givenness', and 'process'" (PR 68), also im wahrsten Sinne ein Grund-legendes Prinzip. Mit ihm ist die Perspektive gegeben, in welcher die genannten Begriffe und die damit gemeinten Sachverhalte erst richtig verstanden werden können: "givenness" ist nicht absolut gemeint, sondern immer im Hinblick auf ein Geschehen, "process" ist die Konstituierung der aktualen Entität, die selber die letzte Wirklichkeit darstellt, hinter die nicht mehr zurückgegangen werden kann (PR 27), die aber als Prozess und nicht als abgeschlossenes Ganzes verstanden werden muss.

So gelingt mit Hilfe dieses Prinzips ein Doppeltes: einerseits kann mit ihm die fundamentale Einheit und Verflochtenheit der ganzen Wirklichkeit philosophisch erfasst und auf der metaphysischen Ebene erklärt werden, denn diese Einheit wird auf diese Weise nicht als etwas Aeusserliches gesehen, sondern im Seienden selber verankert die "Dinge", die aktualen Entitäten, fallen in ihrer Vielheit deshalb nicht auseinande weil sie von ihrer metaphysischen Konstitution her bereits miteinander verbunden sind.

Anderseits ermöglicht es das ontologische Prinzip, auch den dynamischen Aspekt de Wirklichkeit fundamental zu erfassen, denn dadurch, dass es verbietet, eine aktuale Entität rein in sich zu erklären und auf den Zusammenhang mit dem Universum verweist, wird eine Komponente sichtbar, die nur dynamisch verstanden werden kann, ist doch das "be somewhere", das Zusammenspiel der aktualen Entitäten nicht ein Zustand, sondern ein ständiges Geschehen, ein Prozess, ein Werden, ganz abgeseh davon, dass dieses Universum selber, das es einzubeziehen gilt, als "creative advance into novelty" (PR 340) zu verstehen ist. Wenn die aktuale Entität als "arrange ment of the whole universe" (RM 101) oder als "system of all things" (PR 53) bezeic net wird, dann könnte sie zwar als feste, gegebene Grösse angesehen werden, ist es aber in der metaphysischen Perspektive nicht, denn sie ist nie abgeschlossen, sondern entwickelt sich stets weiter: "It is nonsense to conceive of nature as a static fact, even for an instant devoid of duration" (MT 152).

Somit bietet das ontologische Prinzip die Grundlage und den Ausgangspunkt für eine kohärente Erklärung der Wirklichkeit, welche die Grundaspekte des Seins und des Werdens in gleicher Weise berücksichtigt; es lässt die einzelnen aktualen Entitäten einerseits in ihrem Gegebensein erfassen, insofern sie ein "Etwas" darstellen, das mit andern Entitäten in Beziehung steht, anderseits aber auch in ihrem dynamische Charakter, insofern sie gerade durch diese Beziehung erst konstituiert und zu dem werden, was sie "eigentlich" und in ihrem letzten "Wesen" sind.

II. Der Zusammenhang des ontologischen Prinzips

1. Der Ausgangspunkt

Das ontologische Prinzip steht nicht allein, sondern in einem grösseren Zusammen hang, der für dessen Verständnis sehr aufschlussreich ist, und auf den Whitehead selber hinweist: "The first, the fourth, the eighteenth, and twenty-seventh categori state different aspects of one and the same general metaphysical truth" (PR 42) (72 Mit dieser "metaphysischen Wahrheit", die in den vier Kategorien unter verschiede nen Aspekten zum Ausdruck kommt, ist praktisch genau der Inhalt des ontologische Prinzips gemeint, der in der 18. Kategorie ausdrücklich und in einer gegenüber de bisher erfassten Formulierungen neuen und sie erweiternden Weise umschrieben is mit dem Vergleich und der Gegenüberstellung dieser Kategorien ist daher ein Schlü sel gegeben, der das Verständnis des ontologischen Prinzips wieder um ein Stück ausweitet, denn der innere Zusammenhang lässt von den andern Kategorien auf das ontologische Prinzip zurückschliessen und an ihm neue Dimensionen erkennen.

In Anbetracht der Wichtigkeit dieser Kategorien seien sie hier im vollen Wortlaut aufgeführt, um dadurch die nachfolgende Diskussion nach Möglichkeit zu erleichtern:

"(I) That the actual world is a process, and that the process is the becoming of actual entities. Thus actual entities are creatures." (PR 33).

"(IV) That the potentiality for being an element in a real concrescence of many entities into one actuality, is the one general metaphysical character attaching to all entities, actual and non-actual; and that every item in its universe is involved in each concrescence. In other words, it belongs to the nature of a 'being' that it is a potential for every 'becoming'. This is the 'principle of relativity'" (PR 33).

"(XVIII) That every condition to which the process of becoming conforms in any particular instance, has its reason either in the character of some actual entity in the actual world of that concrescence, or in the character of the subject which is in process of concrescence. This category of explanation is termed the 'ontological principle'. It could also be termed the 'principle of efficient, and final, causation'. This ontological principle means that actual entities are the only reasons; so that to search for a reason is to search for one or more actual entities" (PR 36-37).

"(XXVII) In a process of concrescence, there is a succession of phases in which new prehensions arise by integration of prehensions in antecedent phases... The process continues till all prehensions are components in the one determinate integral satisfaction" (PR 39).

Neue Aspekte des ontologischen Prinzips

Ohne die reichhaltigen Anregungen dieser vier angeführten Kategorien auch nur annähernd ausschöpfen zu wollen, sind aus ihrer Zusammenschau einige für das ontologische Prinzip wichtige Aspekte besonders hervorzuheben; zum Teil werden sie anschliessend bei der Einzelbehandlung von weiteren Prinzipien noch ausführlicher zur Sprache kommen.

a. Zunächst der Aspekt des Werdens, der den Inhalt des "principle of process" bildet, aber auch das ontologische Prinzip wesentlich bestimmt. Die erste Kategorie besagt, dass die ganze aktuale Welt ein Prozess ist, der selber als das Werden von aktualen Entitäten zu verstehen ist, die daher ihrerseits "creatures" sind. Damit ist eine fundamentale Prozesshaftigkeit jedes aktual Seienden ausgedrückt; wenn diese Prozesshaftigkeit aber nur einen andern Aspekt dessen darstellt, was das ontologische Prinzip meint, dann ist dieses aus dieser dynamischen Perspektive zu sehen. Weil die aktualen Entitäten die "only reasons" (PR 37) sind, und weil sie als Prozesse zu verstehen sind, ist damit die ganze Wirklichkeit auf einer fundamentalen Prozesshaftigkeit begründet; der Prozess ist die letzte Dimension der Wirklichkeit, zu verstehen als das Werden von aktualen Entitäten.

b. Das "be somewhere" des ontologischen Prinzips bekommt eine weitere Ausdeutung in der vierten Kategorie. Diese besagt, dass eine aktuale Entität nicht nur Endglied und Ergebnis einer mehr oder weniger langen Kette von konstituierenden Prozessen ist, sondern selber auch als Element in der Begründung von andern aktualen Entitäten fungiert, die als Prozesse in ihrer Zukunft liegen. Diese Potentialität ist ein allgemeiner metaphysischer Charakter jeder aktualen Entität, und zwar ist auch diese Potentialität wiederum nicht statisch, sondern im Zusammenhang des Werdens von aktualen Entitäten zu sehen: es gehört zur Natur eines "Seienden", dass es "a potential" für jedes Werden darstellt, womit sehr deutlich dessen Relativität ausgedrückt ist: "We have in this category the utmost generalization of the notion of 'relativity'" (PR 43).

Durch diese Ausweitung des ontologischen Prinzips wird die aktuale Entität in das Ganze eines grossen Zusammenhanges hineingestellt, der letztlich das ganze Universum umfasst. Begründet durch die ihr vorausgehenden aktualen Entitäten ist sie Ergebnis ihrer Vergangenheit und dadurch in gewissem Sinne deren Zusammenfassung, zugleich ist sie aber immer auch möglicher Ausgangspunkt bzw. Element unter anderen für jedes weitere Werden, das sie durch ihre spezifische Rolle (mit-)bedingen wird. Die aktuale Entität liegt immer zwischen Vergangenheit und Zukunft, sie ist in ihrem Wesen eine Art Uebergangsmoment im grossen Fluss des Universums, sie ist immer auf dem Weg zu ihrer Verwirklichung, ein stets fortschreitender Prozess, zugleich ein Gewordenes und ein noch Werdendes, ein Entstehendes und Vergehendes, Subjekt und Superjekt, oder wie immer man es in der whiteheadschen Terminologie ausdrücken will (73).

c. Einen weiteren, sehr wichtigen Aspekt macht die 18. Kategorie sichtbar. Auch hier ist zwar vom Werdeprozess die Rede, doch geht es näherhin um dessen Bedingtsein: er findet seine Erklärung (reason) entweder in andern aktualen Entitäten oder im Subjekt selber, das im Entstehen ist (PR 36). Eine aktuale Entität erklärt sich nicht nur durch die andern aktualen Entitäten, aus denen sie durch den Prozess hervorgeht und durch deren "Einwirkungen" sie bedingt ist, wovon schon genügend die Rede war, sondern auch, und darauf kommt es hier an, aus dem, was sie selber (als "Subjekt" und als Träger und "Ausgangspunkt" des eigenen Entstehungsprozesses bereits ist. Sie bedingt sich selber durch das, was sie in früheren Prozessen bereits geworden ist, denn was sie in einem bestimmten Moment (als Ergebnis des Prozesses ist, bedingt wesentlich, was sie später sein wird. Neben dem Bedingtsein von aussen steht somit gleichwertig dieses "interne", dem Subjekt immanente Bedingtsein, und beide fallen unter den Begriff des ontologischen Prinzips.

Dies wird noch deutlicher, wenn Whitehead in diesem Zusammenhang vom "principle of efficient, and final, causation" (PR 36-37) als einer andern Bezeichnung des ontologischen Prinzips spricht. Dieses Prinzip der Wirk- und Finalursache entspricht der genannten doppelten Dimension des ontologischen Prinzips: "efficient causation expresses the transition from actual entity to actual entity; and final causation expresses the internal process whereby the actual entity becomes itself" (PR 228). Die Wirkursache betrifft die äusseren Bedingungen und erklärt die aktuale Entität als Ergebnis der äusseren Umstände, die durch die Präsenz und Einwirkung von andern aktualen Entitäten gegeben sind, während mit der Finalursache ein ähnlicher, analoger Sachverhalt im "Innern" der aktualen Entität gemeint ist, nämlich deren interne Konstitution als solche, wobei es die aktuale Entität selber ist, die als "Subjekt" den Prozess und damit ihr Werden sowie ihr "Wesen" bestimmt. Daraus ergibt sich, worauf Whitehead im gleichen Zusammenhang hinweist: "an actual entity is at once the product of the efficient past, and is also, in Spinoza's phrase, causa sui" (PR 228), womit auf den doppelten Aspekt des Verflochtenseins mit dem ganzen Universum einerseits und der Selbstbestimmung jedes Seienden anderseits angespielt ist.

d. Diese eben genannte Spezifizierung des ontologischen Prinzips ist deshalb von sehr grosser Bedeutung, weil sie es ermöglicht, dieses nicht nur auf ein äusserliches Verhältnis zwischen den aktualen Entitäten, sondern auf jede einzelne von ihnen und auf deren interne Konstitution anzuwenden, wodurch eigentlich erst der Prozess wirklich in der Tiefe des Seienden verankert wird. Auch die einzelne aktuale Entität weist, wie später zu zeigen sein wird, verschiedene Momente auf, die in ihrem Zueinander mit Hilfe des ontologischen Prinzips zu erklären sind; damit wird auch die Struktur dessen, was sich nach aussen als relativ geschlossene Ganzheit (Seiendes) zeigt, als Prozess gesehen, d.h. es spielt sich im Innern der aktualen Entität ein ähnliches Wechselspiel ab wie nach aussen.

Dieser "innere" Prozess geschieht, wie es in der 27. Kategorie festgehalten ist, in einer Aufeinanderfolge verschiedener Phasen. Jede Phase wird in die folgende aufgenommen und integriert, sodass neue, konstituierende Prehensionen (74) immer bedingt sind durch die Prehensionen früherer Phasen. Dadurch schliesst die aktuale Entität ihre eigene, "innere" Vergangenheit in jedem Moment in sich, womit sie im Mikrokosmos das wiederholt, was der Makrokosmos ist (PR 327). Der Prozess geht dabei weiter, bis das Ziel, die sogenannte "satisfaction" erreicht ist, "till all prehensions are components in the one determinate integral satisfaction" (PR 39).

e. Auf eine weitere Perspektive kann in diesem Zusammenhang noch hingewiesen werden. Da sich die aktualen Entitäten gegenseitig bedingen, und da sie selber durch ihre eigene Vergangenheit (Konstituierung) bedingt sind, lassen auch umgekehrt diese Zusammenhänge auf das "Wesen" der dabei beteiligten aktualen Entitäten schliessen, d.h. die Analyse einer bestimmten Entität verweist zumindest indirekt auf die "real internal constitutions" (PR 37) der zu ihrer Erklärung gefundenen aktualen Entitäten, denn die Bedingungen, die sie in ihrem Entstehungsprozess erfüllt, sind entweder Fakten der "real internal constitutions" anderer aktualen Entitäten, oder aber, weil jede aktuale Entität auch sich selber bedingt, in ihr selber liegende Gegebenheiten, die auf ihre eigene Vergangenheit bzw. auf die dem ganzen Prozess zugrunde liegende und die aktuale Entität bestimmende "subjective aim" (PR 37) verweisen.

Hinter dieser Umkehrung wird erneut die einheitliche, allumfassende Struktur der Wirklichkeit sichtbar, die es erlaubt, vom Makroskopischen auf das Mikroskopische überzugehen und umgekehrt, und die dazu führt, dass man im einzelnen Seienden immer irgendwie die Gesamtwirklichkeit miterfasst.

3. Das ontolgische Prinzip und die "categories of existence"

Da das ontologische Prinzip eine Beziehung zwischen Entitäten erfasst und zum Ausdruck bringt, ist zu erwarten, dass der ontologische Status dieser Entitäten, auf den bisher keine Rücksicht genommen wurde, ebenfalls eine gewisse Bedeutung für dessen Verständnis und Interpretation hat. Es ist daher der weiteren Frage nachzugehen wie weit dieses Prinzip in den einzelnen Existenzkategorien verwirklicht ist, um dadurch weiteren Aufschluss für dessen Verständnis zu erhalten; dabei wird es genügen, die wichtigsten dieser Kategorien herauszugreifen und sich auf diese zu beschränken (75).

a. Ueber die erste Existenzkategorie, die Kategorie der aktualen Entitäten, braucht hier nichts gesagt zu werden, denn faktisch wurde sie den bisherigen Ausführungen stillschweigend zugrunde gelegt, sodass das ontologische Prinzip, wie es aus ihr abgeleitet wurde, für sie uneingeschränkt gelten muss; zudem wird das, was hier beizufügen wäre, im folgenden Kapitel in extenso zur Sprache kommen, wo es um die konkrete Verwirklichung des im ontologischen Prinzip Gemeinten gehen wird.

b. Aehnlich wie bei den aktualen Entitäten ist das ontologische Prinzip in den "eternal objects" verwirklicht, denn auch diese müssen "irgendwo" sein, d.h. in einer oder mehreren aktualen Entitäten lokalisiert und aufgewiesen werden können; ebenso gilt von ihnen, dass sie in jedem Konstitutionsprozess eine fundamentale Rolle spielen, denn jedes Werden ist die Verwirklichung gewisser Formen unter Ausschluss von andern und ist ohne diese Formen undenkbar; in diesem Sinne lässt sich das ontologische Prinzip von den "eternal objects" uneingeschränkt aussagen.

"Eternal objects" sind aber keine aktuale Entitäten, sondern "potential entities" (PR 72) bzw. "pure potentials for the Specific Determination of Fact, or Forms of Definiteness" (PR 32) (76); sie sind selber keine Prozesse und werden nicht erst durch Beziehungen zu andern Entitäten konstituiert; in diesem Sinne gilt daher für sie das ontologische Prinzip nicht.

Diese Einschränkung impliziert eine Aussage über den spezifischen Status und die Funktion der "eternal objects" im Gesamt der Wirklichkeit: sie stehen nicht auf der gleichen Ebene wie die aktualen Entitäten, sondern sind diesen untergeordnet, denn ihr Verhältnis zur "Umwelt" und zu den aktualen Entitäten ist nur einseitig, insofern sie zwar aktuale Entitäten mitkonstituieren, selber aber durch diese nicht konstituiert werden; sie haben ontologisch gesehen im Gegensatz zu den aktualen Entitäten keine Eigenständigkeit, denn für sie kann dieses "somewhere", das nach dem ontologischen Prinzip eine aktuale Entität sein muss, nur ausserhalb ihrer selbst liegen, da sie nur Element in einem fremden, nicht aber im eigenen Entstehungsprozess sein können. "Eternal objects" gehören nicht zu den "final real things of which the world is made up" (PR 27), womit die aktualen Entitäten gemeint sind, sondern sie spielen eine untergeordnete Rolle.

Folgendes Problem ist dabei noch nicht gelöst. Wenn man die Wirklichkeit und vor allem das Universum in seiner Ganzheit als Werden eines Neuen versteht und zugleich daran festhält, dass alle "pure potentials" "irgendwo" sein müssen, dann stellt sich die Frage, wo diese allgemeine Potentialität des Universums zu "lokalisieren" ist. Sie kann letztlich nicht innerhalb des Universums liegen, denn in diesem Falle wäre sie bereits verwirklicht, sodass etwas wirklich Neues nicht mehr möglich wäre; die Potentialität, die das Universum in seiner Zukunft verwirklichen wird, muss daher ausserhalb seiner selbst gesucht werden.

Whitehead löst dieses Problem, indem er dieses "irgendwo" in einer "non-temporal actual entity" (PR 73) ansetzt, welche nichts anderes ist als "the primordial nature of God". In dieser speziellen aktualen Entität, die übrigens nicht etwa als Ausnahme, sondern als "the chief exemplification" aller metaphysischen Prinzipien anzusehen ist (PR 521), sind alle Potentialitäten realisiert: "Viewed as primordial, he is the unlimited conceptual realization of the absolute wealth of potentiality" (PR 521); in Gottes "primordialen" Natur sind somit alle "eternal objects" realisiert, freilich in einer Art und Weise, die näher zu untersuchen wäre (77).

Gott steht denn auch im Hintergrund der ganzen Wirklichkeit: "apart from the intervention of God, there could be nothing new in the world, and no order in the world" (PR 377); ebenso geht letztlich jede aktuale Entität auf Gott zurück, denn "the initial stage of its aim is an endowment which the subject inherits from the inevitable ordering of things, conceptually realized in the nature of God... the initial stage of the aim is rooted in the nature of God" (PR 373); Gott ist deshalb das "principle of concretion" (PR 374).

So führt die Betrachtung des ontologischen Prinzips im Hinblick auf die "eternal objects" dazu, eine neue, transzendente Dimension der Wirklichkeit (Gott) zu postulieren, für deren Verständnis zugleich ein neuer Weg eröffnet wird, denn mit Hilfe dieses Prinzips erscheint diese transzendente Wirklichkeit, die philosophisch gesehen immer eine Hypothese bleibt, auf die aber jede ernsthafte Philosophie auf irgend eine Weise angewiesen ist, in einem neuen Licht.

c. Von den "intermediären" Existenzkategorien, die zwischen den "eternal objects" und den aktualen Entitäten liegen, ist auf die an vierter Stelle genannte noch speziell hinzuweisen; sie beinhaltet die "Subjective Forms, or Private Matters of Fact" (PR 32), wozu in erster Linie auch "the subjective aim" gehört, die allen weiteren subjektiven Formen irgendwie zugrunde liegt und sie trägt; gemeint ist mit "subjective aim" eine innere Tendenz, ein dynamisch-teleologischer Faktor, der den Konstitutionsprozess der aktualen Entität begründet, in Gang hält und auf ein bestimmtes Ziel hinlenkt, somit also den ganzen Prozess, d.h. die in diesem bestehende aktuale Entität, bis in die Einzelheiten hinein bestimmt und bedingt (78). Dieser "subjective aim" ist hier deshalb besonders nachzugehen, weil sie nach Whitehead beides ist, "an example and a limitation of the ontological principle" (PR 373). "The subjective aim" ist darin ein Beispiel des ontologischen Prinzips, als dieses in ihr verwirklicht ist in Bezug auf "the immediacy of concrescent fact" (PR 373), d.h. es wird angewandt auf die konkrete, neu entstehende aktuale Entität, und zwar nicht im Hinblick auf ihre Beziehungen nach aussen, sondern direkt auf die innern, konstitutiven Relationen. "The subjective aim" als jene innere Tendenz, die das Seiende in seiner Entwicklung auf ein bestimmtes Ziel hindrängt, bewirkt einen stets fortschreitenden Prozess, der sich nur als ständige Auseinandersetzung mit den vorausgegangenen Entstehungsphasen vollziehen kann: "The subject completes itself during the process of concrescence by a selfcriticism of its own incomplete phases" (PR 373). Diese Auseinandersetzung innerhalb der aktualen Entität ist nichts anderes als eine konkrete Form und Realisierung des ontologischen Prinzips, denn es ist die Art und Weise, wie die aktuale Entität mit sich selber in Beziehung steht, oder genauer ausgedrückt: wie die <u>entstehende</u> aktuale Entität sich zu sich selber als <u>vergehende</u> verhält.

Neben dieser Bestätigung findet jedoch das ontologische Prinzip gerade in der "subjective aim" auch sein Begrenzung. Jede "subjective aim" ist absolut einmalig, sie ist die innere Tendenz gerade dieser und keiner andern Entität; jede andere aktuale Entität hat eine andere "subjective aim", was die Verschiedenheit aller aktualen Entitäten begründet. In dieser Perspektive gilt das ontologische Prinzip nicht mehr: "actuality is incurably atomic" (PR 95); damit ist die Individualität der einzelnen aktualen Entität gerettet, die durch das ontologische Prinzip in Frage gestellt schien (79).

Wenn man mit einiger Vorsicht die Vorstellung der Vertikalen und der Horizontalen benützt, könnte man sagen: das ontologische Prinzip ist insofern begrenzt, als es nur in der Vertikalen gilt, d.h. in der Richtung des ganzen Werdeprozesses, nicht aber in der Horizontalen der Gleichzeitigkeit. Zwei völlig gleichzeitige Entstehungsprozesse verlaufen als solche unabhängig voneinander, denn damit der eine im andern eine Rolle spielen kann, muss er für ihn objektiviert sein, was aber nur möglich ist, wenn er bereits abgeschlossen ist. Nur was in der Vergangenheit oder in der Zukunft liegt, kann in den Konstitutionsprozess der aktualen Entität eingehen, während zu dem, was gleichzeitig ist, keine Beziehung besteht.

III. Spezifizierung des ontologischen Prinzips durch andere Prinzipien

Die Bemühungen, das grundlegende ontologische Prinzip möglichst umfassend zu verstehen und dadurch Fehlinterpretationen zu vermeiden, müssen noch weitergeführt werden, indem zusätzlich einige andere Prinzipien als Ergänzung hinzugenommen werden; es sind dies "the principle of process", "the principle of relativity", "the (reformed) subjectivist principle" und "the principle of intensive relevance". Sie nehmen je auf ihre Art Gesichtspunkte wieder auf, die bereits berührt wurden, die aber durch diese Wiederholung noch besser geklärt, konkretisiert und in gewissen Punkten erweitert werden können.

1. The principle of process

Dieses für die Organismusphilosophie zentrale und sehr wichtige Prinzip ist in der 9. "category of explanation" mit aller wünschbaren Deutlichkeit formuliert: "<u>how</u> an actual entity <u>becomes</u> constitutes <u>what</u> that actual entity <u>is</u>; so that the two descriptions of an actual entity are not independent. Its 'being' is constituted by its 'becoming'" (PR 34-35). Hier ist klar ausgesagt, dass eine aktuale Entität nur von ihrem Werden her verstanden werden kann: "Sein" ist konstituiert durch ihr Werden, und man kann ihr "Wesen", das, was sie ist, nicht erklären ohne Berücksichtigung des ganzen Werdeprozesses; eine aktuale Entität ist wesentlich, was sie wird.

Damit sind zwei Betrachtungsmöglichkeiten der Wirklichkeit gegeben, die man auch als "genetic division" und als "coordinate division" (PR 433) bezeichnen kann: im einen Fall wird die aktuale Entität in ihrem Werden als Prozess gesehen, im andern als das, als was sie sich in einem konkreten Moment nach aussen präsentiert und in die "objektive" Gesamtwirklichkeit einordnen lässt. Beide Sichtweisen sind eng miteinander verbunden und setzen sich gegenseitig voraus, denn wenn man sagen will, was eine solche Entität ist, muss man ihr Werden und Gewordensein erfassen, aber dieses Werden ist selber nur zugänglich über seine objektivierten Aspekte; hinter dem vordergründigen Aspekt (Objektivation) muss das eigentliche "Wesen" der aktualen Entität in ihrem Werden gesehen werden, das aber nur indirekt, also mit Hilfe der Objektivationen erschlossen werden kann (80). Man wird darum, wo es um die ontologische Dimension des Seienden geht, nicht einfach vom "Wesen" sprechen dürfen, ohne die objektive Betrachtungsweise auf die "immediacy" der aktualen Entität, d.h. auf ihren konstitutiven Werdeprozess hin zu transzendieren; in dieser Forderung liegt wohl die letzte und wichtigste Konsequenz aus dem "principle of process".

Ergänzt durch dieses Prinzip vermag somit das ontologische Prinzip das Werden als fundamentale Dimension noch besser in die Wirklichkeitserklärung einzubeziehen und in die Seinsvorstellung aufzunehmen. Nicht nur die Wirklichkeit als Ganze ist ein Prozess, "a creative advance into novelty" (PR 42), sondern jedes einzelne Seiende, sodass es in der Welt nichts Statisches gibt (PR 365); damit ist das Werden im einzelnen Seienden als solchem verankert und so radikal, d.h. von der Wurzel her ontologisch fundiert: die Wirklichkeit als ganze ist ein Prozess, weil die aktuale Entität ein Prozess ist. Im Gegensatz zum ontologischen Prinzip gilt das "principle of process" nur für die aktualen Entitäten, nicht aber für die "eternal objects", da diese als solche nicht werden und entstehen; sie fallen jedoch indirekt unter dieses Prinzip, insofern sie Momente an den aktualen Entitäten darstellen und bei deren Werden eine entscheidende Rolle spielen.

Ein spezielles Problem stellt sich im Hinblick auf jene aktuale Entität, die Whitehead "God" nennt, denn einerseits sagt er von ihr: "God's conceptual nature is unchanged" (PR 523), andererseits muss sie als aktuale Entität ebenfalls unter das "principle of process" fallen. Es kann hier unmöglich auf die damit gegebene, äusserst komplexe Problematik eingegangen werden, aber ein paar Hinweise mögen wenigstens die Richtung aufzeigen, in welcher eine Lösung zu suchen wäre (81).

Es ist vor allem darauf hinzuweisen, dass die "primordial nature" nur die eine "Seite" an Gott darstellt, die als ihr Korrelat die "consequent nature" hat; die Natur Gottes ist analog zu den gewöhnlichen aktualen Entitäten zweipolig: "analogously to all actual entities, the nature of God is dipolar. He has a primordial nature and a consequent nature" (PR 524), wobei allerdings diese beiden "Naturen" nicht einfach den beiden Polen der aktualen Entität ("physical pole" und "mental pole") parallel gesetzt werden dürfen. Die beiden Aspekte (Naturen) gehören auch hier untrennbar zusammen, sodass man sie nicht auseinanderreissen und rein für sich betrachten darf; wenn man von der "primordial nature" spricht, muss man darum immer auch die "consequent nature" mitberücksichtigen. Darauf hinzuweisen ist deshalb von grosser Wichtigkeit, weil durch diese "consequent nature" auch Gott unter dem "principle of process" steht, da diese ähnlich wie die aktualen Entitäten wird und entsteht, und zwar dadurch, dass die Welt und alles, was in ihr geschieht, durch Gott "prehendiert" wird, wobei die "consequent nature" Gottes durch diese "Prehensionen" erst konstituiert wird. Gott wird und entsteht mit der Entwicklung der Welt, die Welt und das Geschehen der ganzen Wirklichkeit haben einen Einfluss auf ihn: "there is a reaction of the world on God. The completion of God's nature into a fulness of physical feeling is derived from the objectification of the world in God. He shares with every new creation its actual world; and the concrescent creature is objectified in God as a novel element in God's objectification of that actual world" (PR 523).

Damit zeigt sich wenigstens andeutungsweise, dass auch Gott vom "principle of process" keine Ausnahme macht; auch für ihn gilt wie für jede andere aktuale Entität: "its 'being' is constituted by its 'becoming'" (PR 34-35). Wie dies im Einzelnen zu verstehen ist, und vor allem, wie man sich das Verhältnis zwischen diesen beiden "Naturen" zu denken hat, ist damit allerdings noch keineswegs gesagt (82).

2. The principle of relativity

"This principle of relativity is the axiom by which the ontological principle is rescued from issuing in an extreme monism" (PR 224). Mit diesem kurzen Zitat sind zugleich Bedeutung und Wichtigkeit dieses Prinzips ausgedrückt. Das ontologische Prinzip rein für sich genommen legt die Gefahr nahe, die Wirklichkeit monistisch misszuverstehen; diese würde sich in diesem Fall als eine Menge voneinander getrennter und isolierter Entitäten zeigen, von denen jede für sich die Spitze ihrer aktualen Welt und den Endpunkt ihres spezifischen Entstehungsprozesses darstellen würde, wobei solche Entitäten nur dadurch zusammenhangen würden, dass sie in ihrer Entstehungsgeschichte gemeinsame Momente aufweisen, im übrigen aber, als Konstituierte und im Blick auf die Zukunft, beziehungslos nebeneinander stehen würden. Die Kette der Verflechtungen, durch die eine aktuale Entität konstituiert ist, würde mit der tatsächlichen Verwirklichung der Entität abbrechen, der Prozess würde in jeder aktualen Entität wie in einer Sackgasse stecken bleiben, sodass der Monismus perfekt wäre.

Dieser Gefahr kommt das Relativitätsprinzip zuvor, indem es einen Aspekt hervorhebt, der zwar im ontologischen Prinzip eingeschlossen ist, aber leicht übersehen werden kann. Es besagt, dass jede Entität die Möglichkeit in sich schliesst, und zwar von ihrer Natur her, Element im Werdeprozess einer aktualen Entität zu sein: "it belongs to the nature of a 'being' that it is a potential for every 'becoming'" (PR 33). Das faktische Konstituiertsein einer aktualen Entität ist immer nur ein relativer Schlusspunkt, und der Prozess geht über diesen hinaus weiter; was einerseits als Ergebnis eines Prozesses zu verstehen ist, spielt anderseits die Rolle als Ausgangspunkt bzw. Moment in einem weiteren Werdeprozess, wobei es sich um die Fortsetzung des eigenen Prozesses oder um das Entstehen einer andern, neuen aktualen Entität handeln kann.

Damit steht die in einem bestimmten Moment erfasste aktuale Entität nicht nur mitten in ihrer eigenen Geschichte, die erst als Ganzheit ihr volles "Wesen" ausmacht, sondern auch in einem grösseren Zusammenhang, der über ihre eigene Konstituierung hinausgeht und sie ins Ganze des Universums hineinstellt, und zwar nicht nur in die Welt "vor" ihr, aus der sie als Ergebnis hervorgeht, sondern auch in die Welt "nach" ihr, die sie mitbedingen wird. Die aktualen Entitäten stehen, auch im Blick auf die Zukunft, nicht monistisch nebeneinander, sondern sind wesentlich aufeinander bezogen.

Es dürfte klar sein, dass dieses Prinzip uneingeschränkt für alle Existenzkategorien gilt; es ist auch entsprechend formuliert, insofern ganz allgemein von "being" die Rede ist. Für die aktuale Entität drängt es sich als Abwehr gegen das monistische Missverständnis auf, während die in den übrigen Kategorien erfassten Entitäten als tatsächliche oder mögliche Momente in aktualen Entitäten sowieso darunter fallen, sodass nicht näher darauf eingegangen werden muss. Hingegen ist auf zwei Konsequenzen hinzuweisen, die sich aus dessen Anwendung ergeben; die eine bezieht sich auf den Substanzbegriff, die andere auf die Frage der Universalien.

a. Konsequenzen für den Substanzbegriff

Es ist vor allem dieser Zusammenhang, in welchem Whitehead mit seiner Kritik am Substanzbegriff (83) einsetzt: "The principle of universal relativity directly traverses Aristotle's dictum, '(A substance) is not present in a subject'. On the contrary, according to this principle an actual entity is present in other actual entities. In fact if we allow for degrees of relevance, and for negligible relevance, we must say that every actual entity is present in every other actual entity" (PR 79). Das Relativitätsprinzip verbietet, "Substanzen" als in sich geschlossene, völlig selbständige Einheiten anzunehmen, die erst nachträglich mit andern solchen "Substanzen" in Verbindung treten oder sogenannte Akzidentien annehmen; ontologisch gesehen ist jede "Substanz" in jeder andern irgendwie gegenwärtig, wobei dieses Gegenwärtigsein konstitutiv ist. Es gehört zum Wesen einer solchen "Substanz", dass sie nicht einfach Träger von Akzidentien ist, die sie unberührt lassen, sondern dass sie selber einerseits erst diese "Substanz" ist durch ihre Akzidentien und durch die Gegenwart anderer "Substanzen", und dass sie anderseits als solche eine Rolle spielt in der Konstitution anderer Substanzen, was ihr eigenes "Wesen" ebenfalls mitbedingt.

Hier wird nochmals deutlich, dass es sich um bereits vom Ansatzpunkt her sehr verschiedene Perspektiven handelt, die sich nicht aufeinander zurückführen lassen. Während die "klassische" Sicht vom Einzelding in seiner Eigenständigkeit ausgeht, es gleichsam vertikal untersucht und nach seinem Wesen "in sich" befragt, wobei der Substanzbegriff dazu dient, das gleichbleibende, allem Wandel enthobene Wesen dieses Seienden auszudrücken, geht die Organismusphilosophie vom grossen, horizontalen Zusammenhang aus, der ein dynamischer, d.h. ein stets fortschreitender Werdeprozess ist, aus dem heraus die aktuale Entität als eine Art Teilstück oder Ausschnitt hervorragt und deshalb die gleichen Strukturen, einschliesslich des fundamentalen Bezogenseins, aufweist wie die Gesamtwirklichkeit. Weil und insofern in einer ontologischen Aussage über das Seiende der Zusammenhang und das Zueinander mit andern Dingen miterfasst werden muss, ist ein Substanzbegriff, der sich auf das Ding "in sich" beschränkt, unbrauchbar und muss durch einen andern Begriff ersetzt werden. Metaphysisch gesehen gibt es auf Grund des Relativitätsprinzips ein Seiendes rein in sich gar nicht, weil für jedes Seiende das Bezogensein konstitutiv ist; diese Tatsache muss in jenem Begriff zum Ausdruck kommen, der das Sein des Seienden erfassen soll, was beim Substanzbegriff nicht der Fall zu sein scheint (84).

So verweist das Relativitätsprinzip, konsequent zu Ende gedacht, auf einen Grundunterschied zwischen der klassischen Philosophie und der Organismusphilosophie, der die beiden als wirkliche Alternativen erscheinen lässt, die aber deshalb nicht gegeneinander ausgespielt werden dürfen, weil sie von zwei verschiedenen Perspektiven ausgehen, die sich beide irgendwie rechtfertigen lassen; die Frage wird nur sein, welche von beiden der metaphysischen Wirklichkeit wie auch der konkreten Wirklichkeitserfahrung adäquater ist (85).

b. Die Frage der Universalien

Derselbe Problemkreis, der eben im Zusammenhang mit dem Substanzbegriff kurz betrachtet wurde, begegnet nochmals in ähnlicher Weise bei der Frage nach den Universalien und deren Interpretation in der Organismusphilosophie. In der klassischen Philosophie werden mit den Universalien (ideale) Inhalte erfasst und zum Ausdruck gebracht, die in konkreten Einzeldingen verwirklicht sind. Die Universalien lassen sich deshalb von den entsprechenden Einzeldingen aussagen, wohingegen es undenkbar ist, dass auch Einzeldinge (Partikularien) von einem Einzelding ausgesagt würden. Umgekehrt ausgedrückt: ein Einzelding ist durch Universalien bestimmt, nicht aber durch andere Einzeldinge. "Universale" und "particulare" als Ausdrücke für zwei verschiedene Seinsweisen (allgemeiner Inhalt - Einzelding) sind daher im angegebenen Sinne zwei sich gegenseitig ausschliessende Begriffe.

Demgegenüber stellt sich die Sache in der Organismusphilosophie auf Grund des Relativitätsprinzips etwas anders dar. Es wurde gezeigt, dass nicht nur "eternal objects", sondern auch und vor allem "actual entities" eine aktuale Entität konstituieren und in diese eingehen; das bedeutet aber, dass auf ontologischer Ebene, auf die hier der Akzent ganz deutlich verschoben ist (86), sowohl die "eternal objects" wie auch die "actual entities" in gleicher Weise die Rolle von "Universalien" spielen, da beide die aktuale Entität mitbestimmen. Ein "universale" zu sein ist nach Whitehead eine Frage der ontologischen Funktion, die ein Seiendes einem andern gegenüber ausübt, und insofern jedes Seiende gemäss dem Relativitätsprinzip aktuale Entitäten mitbestimmt, also solche Funktionen ausübt, ist jedes auch ein "universale"; für sich genommen ist hingegen jedes "universale" auch ein "particulare", weil es dieses und kein anderes Seiendes ist; in der Sprache Whiteheads ausgedrückt: "every so-called 'universal' is particular in the sense of being just what it is, diverse from everything else; and every so-called 'particular' is universal in the sense of entering into the constitutions of other actual entities" (PR 76).

Der Unterschied, der mit dem Begriffspaar "universale-particulare" erfasst und ausgedrückt wird, findet sich somit auch in der Organismusphilosophie, ist aber gegenüber dem gewohnten Gebrauch, der von der Logik bestimmt ist, auf die ontologische

Ebene verschoben; er besteht nicht zwischen aktualen Entitäten einerseits und den "eternal objects" anderseits, die mehr oder weniger den beiden Begriffen "universale" und "particulare" entsprechen ("nearly, though not quite" PR 76), sondern er geht quer durch die beiden Existenzkategorien hindurch, weil beide, aktuale Entität und "eternal object" sowohl die Funktion eines "universale" erfüllen als auch die Stellung eines "particulare" einnehmen können.

3. The (reformed) subjectivist principle

Ein weiteres Prinzip, das in diesem Zusammenhang zu beachten ist, wird als "(reformed) subjectivist principle" (87) bezeichnet. Auch dieses Prinzip ist im Grunde nichts anderes als eine neue Version der bereits behandelten, besonders des Relativitätsprinzips (88) und vor allem des ontologischen Prinzips, das dadurch wieder von einer andern Seite her beleuchtet wird. Statt allgemein "everything must be somewhere; and here 'somewhere' means 'some actual entity'" (PR 73) heisst es nun konkreter: "apart from the experiences of subjects there is nothing, nothing, nothing, bare nothingness" (PR 254); alles, was ist, existiert in "experiences of subjects".

Dieser Ausdruck "experiences of subjects" ist der Schlüssel für das richtige Verständnis des "subjectivist principle". Wie aus dem Vergleich der beiden angeführten Zitate zu schliessen ist, steht er für "actual entity", das heisst aber, dass die aktualen Entitäten als "experiences of subjects" zu verstehen sind, womit ein entscheidender Akzent gesetzt ist.

"Experience" ist die "Erfahrung" eines Subjektes, aber nicht im gebräuchlichen Sinne, sondern ganz allgemein als Geschehen, durch welches eine aktuale Entität bzw. ein Subjekt mit seiner Umwelt in Beziehung steht, diese in sich aufnimmt und integriert und dadurch konstituiert wird; es ist jener Prozess, durch den eine aktuale Entität als solche entsteht, wobei der Prozess selber als "becoming of experience" zu verstehen ist (PR 252).

Das subjektivistische Prinzip besagt nun, dass es nichts gibt, was sich nicht in solchen "experiences of subjects" aufweisen liesse: "The subjectivist principle is that the whole universe consists of elements disclosed in the analysis of the experiences of subjects" (PR 252); darum gilt: "nothing is to be received into the philosophical scheme which is not discoverable as an element in subjective experience. This is the ontological principle" (PR 253), womit zugleich der Zusammenhang mit dem ontologischen Prinzip sehr klar ausgesagt ist.

Auf dieses Prinzip ist hier deshalb noch speziell einzugehen, weil Whitehead selber dessen Herkunft ziemlich ausführlich dargelegt hat, womit dessen Verständnis erleichtert wird, und weil in dessen "Entstehungsgeschichte" eine, wenn nicht sogar die Grundthese der Organismusphilosophie sehr deutlich fassbar wird (89).

Grundlage dieses Prinzips bildet die Wende vom Objekt zum Subjekt, auf die schon mehrmals hingewiesen wurde. Die Folge dieser Wende besteht darin, dass nicht mehr das Objekt, sondern das ein Objekt erfahrende Subjekt die letzte Gegebenheit darstellt, von der die philosophische Reflexion auszugehen hat. Nun ist es allerdings nicht selbstverständlich, dass diese neue Situation richtig erfasst und ausgewertet wird. Das Phänomen "Erfahrung" kann nämlich sehr leicht auf das blosse Faktum des Erfahrens als Vollzug oder auf den Erfahrungsinhalt verkürzt werden; im ersten Fall wird nur der Vorgang des Erfahrens im Subjekt beachtet, die dabei gegebenen Formen oder gar die Objekte bleiben unberücksichtigt; daraus ergibt sich eine Theorie der blossen "sensations", wie sie im "sensationalist principle" zum Ausdruck kommt: "The sensationalist principle is, that the primary activity in the act of experience is the bare subjective entertainment of the datum, devoid of any subjective form of reception. This is the doctrine of mere sensation" (PR 239); dieses Prinzip ist vor allem bei den englischen Empiristen zu finden. Im zweiten Fall wird nur der Erfahrungsinhalt bzw. das "datum" der Erfahrung gesehen, wobei der Fehler darin liegt, dass dieser Inhalt nur mit Hilfe von Universalien analysiert und umschrieben wird; diesem Vorgehen liegt das "subjectivist principle" zugrunde: "The subjectivist principle is, that the datum in the act of experience can be adequately analysed purely in terms of universals" (PR 239).

Beide genannten Prinzipien, die übrigens auch miteinander verbunden sein können, vermögen der Erfahrung nicht in allen ihren Dimensionen gerecht zu werden, sondern reduzieren sie auf einen am Rande liegenden Aspekt; Whitehead lehnt sie deshalb in der vorliegenden Form ab, übernimmt aber die in ihnen liegenden positiven Ansätze und begründet gerade durch die geübte Kritik sein "<u>reformed</u> subjectivist principle".

Es geht zunächst um das "datum" in der Erfahrung. Dieses wird normalerweise mit Hilfe von Allgemeinbegriffen umschrieben, z.B. als "grünes Blatt" oder "runder Ball". Solche Ausdrücke stehen nach Whitehead an der Basis der traditionellen Metaphysik (PR 253) und führen in ihr konsequenterweise zu den Kategorien Substanz-Qualität, Substanz-Akzidens, Materie-Form usw., mit denen sich solche "data" analysieren lassen. In einer solchen Sicht bleibt aber die Tatsache völlig unberücksichtigt, dass es "data" einer <u>Erfahrung</u> sind. Wird diese Erfahrung als Grundgegebenheit ernst genommen, dann verändert sich die Grundlage der Metaphysik und damit diese selbst, sofern sie an der Wirklichkeit nicht vorbeigehen will, d.h. in diesem Fall darf sie nicht mehr auf blossen "data" und den nur diesen entsprechenden Begriffen, aber auch nicht nur auf dem Subjekt oder nur auf dem Erfahren als Vollzug (etwa im Sinne der "sensations") aufbauen, sondern sie hat von der diese drei Momente integrierenden Ganzheit auszugehen und von dieser her eine entsprechende Ausdrucksweise abzuleiten; nur so wird es möglich, die Erfahrung in ihrem vollen Umfang als letzte metaphysische Realität zu erfassen und sie nicht auf ein Teilmoment zu reduzieren.

Was Whitehead als Basis der "klassischen" Metaphysik ablehnt, ist noch klarer zu erfassen, wenn man gewisse Prämissen, auf denen das "subjectivist principle" beruht, und gewisse Begriffe, die aus ihm abgeleitet werden, etwas näher betrachtet, denn weil diese alle mit dem neuen Ansatzpunkt ihre Gültigkeit und Brauchbarkeit verloren haben, wird aus ihnen indirekt sichtbar, was Whitehead in seiner Metaphysik eigentlich erreichen will.

Die Organismusphilosophie lehnt folgende drei Prämissen ab: "(i) The acceptance of the 'substance-quality' concept as expressing the ultimate ontological principle. (ii)

The acceptance of Aristotle's definition of a primary substance, as always a subject and never a predicate. (iii) The assumption that the experient subject is a primary substance" (PR 239). Man muss sich die Negation dieser Prämissen konkret und ausdrücklich vor Augen halten, um die Tragweite ihrer Ablehnung erfassen zu können: das Begriffspaar Substanz-Qualität drückt keine letzte ontologische Gegebenheit aus, sondern stellt eine Abstraktion dar und gehört deshalb einer sekundären Ebene an; was Aristoteles "primary substance" nennt, ist nicht nur Subjekt, sondern auch Prädikat, weil es nichts gibt, das nicht auch in einem andern Seienden gegenwärtig ist (Relativitätsprinzip); das erfahrende Subjekt ist keine "primary substance" im aristotelischen Sinne, weil das Subjekt als solches nur existiert, insofern es durch seine Erfahrungen konstituiert wird.

Entsprechend sind auch zwei Begriffe überholt, die Whitehead als "misconceptions" bezeichnet: "one is the concept of vacuous actuality, void of subjective experience; and the other is the concept of quality inherent in substance" (PR 253); beide Begriffe haben zwar als Abstraktionen einen sehr grossen pragmatischen Wert, aber für die Metaphysik sind sie, als Ausdruck für letzte ontologische Dimensionen, irreführend und unbrauchbar, weil sie das Phänomen der "experiences of subjects" nicht berücksichtigen.

Um nun die Metaphysik der neuen Situation anzupassen und eine ihr entsprechende Ausdrucksweise und Vorstellung zu gewinnen, geht Whitehead nicht von der objektivierenden Aussage "dieser Stein ist grau" (Ausgangspunkt für die "klassische" Sicht) aus, sondern nimmt den Sachverhalt "meine Wahrnehmung des grauen Steines" als Grundlage der philosophischen Reflexion, vermeidet aber dabei den Fehler des "sensationalist principle", indem er nicht bei den "sensations" stehen bleibt, sondern sowohl die subjektive Wahrnehmung wie auch den objektiven Sachverhalt als "Objekt" der Wahrnehmung in gleicher Weise voll ernst nimmt und in einer ursprünglichen Einheit sieht; erst beide zusammen in ihrer dynamischen Verbindung (dynamisch, weil die Wahrnehmung immer ein Prozess ist) bilden für den Aufbau einer Metaphysik die unüberschreitbare Basis, sodass weder "Subjekt" noch "Objekt" isoliert für sich erklärt werden kann; eine Analyse, die über diese als Phänomen der Erfahrung gegebene Einheit hinausgeht, ist zwar logisch möglich, entfernt sich aber als Abstraktion von der konkreten Wirklichkeit.

Es wird sich erst später zeigen, wie diese ursprüngliche Einheit im Begriff "actual entity" ihren Niederschlag gefunden hat, und wie dieser Begriff fundamental von ihr her zu verstehen ist; der dahinter liegende Uebergang von der menschlichen Ebene zum allgemeinen Begriff ist deshalb möglich, weil in der menschlichen Erfahrung eine Struktur zum Ausdruck kommt, die jede aktuale Entität bestimmt, denn jede aktuale Entität ist ein "Subjekt", das seine Umwelt durch irgend eine Art Erfahrung in sich aufnimmt und dadurch konstituiert wird; Bewusstsein und "Sinnenhaftigkeit" sind lediglich mögliche "subjective forms" des viel allgemeineren Phänomens der subjektiven Erfahrung. So ergibt sich schliesslich aus dem Ernstnehmen der Erfahrung als Ausgangspunkt das "reformed subjectivist principle", wie es Whitehead versteht: "that apart from the experiences of subjects there is nothing, nothing, nothing, bare nothingness" (PR 254). Alles was ist, muss irgendwie in der Perspektive dieser "subjektiven Erfahrung" im allgemeinsten Sinne gesehen und so verstanden werden, dass es alle drei Momente der Erfahrung, Subjekt, Objekt und Relation in sich vereinigt. Aus dieser umfassenden Sicht wird sich die den Seinsbegriff begründende und bestimmende Seinsvorstellung ergeben müssen.

4. The principle of intensive relevance

An letzter Stelle ist noch ein weiteres Prinzip zu nennen, das zwar nicht ganz in der Linie der bereits behandelten liegt, das aber doch sehr eng mit ihnen zusammenhängt, sie ergänzt und für das whiteheadsche Wirklichkeitsverständnis von einiger Bedeutung ist, weil es einen bisher zu wenig beachteten Aspekt zur Sprache bringt. Beschränkt man sich auf die genannten Prinzipien, so ist zwar vorausgesetzt, jedoch nicht klar ersichtlich, dass und warum die einzelnen aktualen Entitäten nicht undifferenzierte Wiederholungen derselben Wirklichkeit darstellen und nicht bloss rein numerisch voneinander unterschieden sind (Monismus). Dass die aktualen Entitäten nicht als Monaden unverbunden nebeneinander stehen, ist zwar bereits im Relativitätsprinzip festgehalten, aber ihre Einmaligkeit und ihr Unterschiedensein voneinander ist damit noch nicht erklärt; dies geschieht im "principle of intensive relevance". Ein erster Ansatzpunkt liegt bereits in der aktualen Entität selbst, näherhin in ihrer "subjective aim", die je einmalig ist (90) und schon deshalb eine gewisse differenzierte Vielheit garantiert. Jede aktuale Entität leitet zwar ihre "initial aim" von Gott ab (PR 373) und wird durch ihre Beziehungen zur Umwelt konstituiert, sodass sie durch ihre Abhängigkeit von Gott und von der Welt vielfältig bedingt ist; sie bleibt jedoch trotzdem selbständig in Bezug auf ihre eigene innere Konstitution und ist nie vollständig determiniert: "God and the actual world jointly constitute the character of the creativity for the initial phase of the novel concrescence. The subject, thus constituted, is the autonomous master of its own concrescence into subject-superject" (PR 374). Diese "Freiheit" und relative Unabhängigkeit der vorgegebenen Wirklichkeit gegenüber führt von selbst zu einer Verschiedenheit in der Ausprägung der aktualen Entitäten.

Im "principle of intensive relevance" geht es jedoch noch um eine andere Ursache dieser Verschiedenheit, die nicht in der aktualen Entität selber, sondern in den sie konstituierenden Momenten liegt; es besagt, "that any item of the universe, however preposterous as an abstract thought, or however remote as an actual entity, has its own gradation of relevance, as prehended, in the constitution of any one actual entity' (PR 224). Damit ist die doppelte Ausage gemacht, einerseits dass jede Gegebenheit für eine aktuale Entität eine bestimmte Bedeutung hat, wobei auch die Bedeutungslosigkeit noch von Bedeutung ist, weil auch sie ihre Folgen hat, und anderseits dass es Grade und Abstufungen in dieser Relevanz gibt, die nicht zum vorneherein festgelegt sind: jede Gegebenheit könnte auch eine andere Bedeutung haben, "but in fact it has just _that_ relevance whereby it finds its status in the constitution of _that_ actual entity" (PR 224), wobei es sich auch hier um ein _gegenseitiges_ Sichbedingen handelt: die aktuale Entität "wählt aus" entsprechend ihrem bereits realisierten Status, der gewisse Möglichkeiten ausschliesst und andere bevorzugen lässt, anderseits werden die berücksichtigten Momente das weitere Werden und damit die späteren "Entscheidungen" der aktualen Entität mitbestimmen. Diese unterschiedliche Bedeutsamkeit ermöglicht Vergleiche, die wir mit Begriffspaaren wie "mehr oder weniger", "wichtig oder unwichtig" usw. ausdrücken.

Der Sachverhalt, der mit diesem Prinzip erfasst wird, ist in Wirklichkeit sehr komplex, denn die faktische Relevanz einer Gegebenheit ist im Einzelfall durch verschiedenste Faktoren bedingt, sodass sie meistens nur sehr schwer oder gar nicht erfasst und bestimmt werden kann. Die Ursache dieser Schwierigkeit liegt nicht zuletzt darin, dass sich die meisten Gegebenheiten nicht nur direkt, sondern auch indirekt, d.h. vermittelt durch andere Gegebenheiten, in denen sie objektiviert sind, auswirken; formalisiert ausgedrückt heisst das: A und B wirken als Gegebenheiten nicht nur je direkt auf C, sondern A wirkt auch durch seine Objektivation in B und B durch seine Objektivation in A auf C, ferner wirken sich frühere Momente, die in A oder B objektiviert sind, indirekt auf C aus. Diese indirekte Relevanz ist die Art und Weise, wie der grösste Teil der Gesamtwirklichkeit, vor allem aber auch die ganze, nicht unmittelbare Vergangenheit in einer aktualen Entität gegenwärtig ist und sie bestimmt.

Während der Nachweis direkter Einflüsse in vielen Fällen relativ leicht durchführbar sein mag, nimmt die indirekte Relevanz sehr bald derart komplizierte Formen an, dass sie sich nur ein sehr kleines Stück weit verfolgen lässt und sich bald im Dunkeln verliert, was jedoch nicht gegen deren Vorhandensein noch gegen deren Wichtigkeit spricht.

Damit ist, freilich nur skizzenhaft, auf die Wichtigkeit und Weitläufigkeit dieses Prinzips hingewiesen. Auf seine verschiedenen Implikationen kann und soll hier nicht weiter eingegangen werden, da es nicht um die Einzelheiten, sondern um die allgemeine Tatsache geht, die in ihm festgehalten ist, dass jede Gegebenheit ihre genau bestimmte Relevanz für die Konstitution einer aktualen Entität hat und so auf ihre Art und Weise zur Selbständigkeit und Individualität eines konkreten Seienden beiträgt, das dadurch gegen jedes monistische Missverständnis in seiner Einmaligkeit und Unwiederholbarkeit festgehalten und begründet ist. Zugleich wird nochmals der tiefe Zusammenhang des ganzen Universums und dessen fundamentale Bedeutung für jede aktuale Entität sichtbar, woraus erneut hervorgeht, dass das Sein eines Seienden nicht von diesem allein, sondern nur von der Totalität der Wirklichkeit her richtig verstanden werden kann.

5. Zusammenfassung

Am Schluss dieser Ausführungen über die Prinzipien, die keinen Anspruch auf Vollständigkeit erheben, weil sie nur einige Grundlinien aufzuzeigen hatten, dürfte es im Hinblick auf das folgende Kapitel von Vorteil sein, die Ergebnisse ganz kurz zusammenzufassen, um dadurch die Hauptsache noch etwas klarer hervorzuheben.

Das Hauptergebnis besteht wohl darin, dass die aktuale Entität ganz eindeutig im Mittelpunkt des Wirklichkeitsverständnisses steht: "no actual entity, then no reason" (PR 28). Jedes Seiende ist daher, wenn nicht selber als aktuale Entität, so doch auf jeden Fall im Zusammenhang mit aktualen Entitäten zu verstehen (ontologisches Prinzip); die aktualen Entitäten bilden die letzten "Bestandteile" der konkreten, realen

Wirklichkeit, hinter die nicht mehr zurückgegangen werden kann (PR 27), sodass von ihnen her eine Seinsvorstellung gewonnen werden muss.

Der genannte Zusammenhang ist ein Geschehen, das für die dabei beteiligten aktualen Entitäten nicht äusserlich ist, sondern diese konstituiert, d.h. sie existieren als solche nicht, bevor sie mit andern aktualen Entitäten in Beziehung treten, sondern sie werden und sind erst durch diese Beziehungen; das bedeutet, dass aktuale Entitäten ihrerseits als Prozesse zu verstehen sind, ihr "Sein" liegt in ihrem Werden (principle of process).

Im gegenseitigen Bezogensein der verschiedenen Seienden ist eine aktuale Entität nicht nur selber als Prozess zu verstehen, insofern sie ihrer Umwelt gegenübersteht, sie in sich aufnimmt und durch dieses Geschehen konstituiert wird, sondern sie spielt auch immer eine bestimmte Rolle im Konstitutionsprozess jeder andern aktualen Entität (Relativitätsprinzip). Durch diese doppelte Stellung ist sie nach "vorne" wie auch nach "rückwärts" eingebettet in ein grosses Geschehen, das letztlich die Gesamtwirklichkeit umfasst, denn "every actual entity is present in every other actual entity" (PR 79). So stellt die Gesamtwirklichkeit selber einen Prozess dar, der die einzelne aktuale Entität transzendiert, die aber ihrerseits gerade dadurch i_s_t, dass sie einen Teilausschnitt dieses Prozesses darstellt und realisiert.

Weil eine aktuale Entität durch den Bezug auf ihre Umwelt konstituiert wird, und weil die Wirklichkeit eine fundamentale Einheit darstellt, schliesst jede aktuale Entität irgendwie das ganze Universum in sich: "each atom is a system of all things" (PR 53). Ihre Eigenständigkeit und Einmaligkeit ist dabei dadurch gewährleistet, dass jede ihre eigene "subjective aim" und damit ihren eigenen Standpunkt hat, und dass jede Gegebenheit ihre spezifische Relevanz hat (principle of intensive relevance).

Schliesslich bietet das "reformed subjectivist principle", das verlangt, das Phänomen "Erfahrung" in seiner unverkürzten Ganzheit zum Ausgangspunkt zu nehmen, eine Grundlage, die es ermöglicht, eine Seinsvorstellung zu gewinnen, die die verschiedenen Momente, vor allem jene des Statischen und des Dynamischen, in einer ursprünglichen Einheit umgreift. Dieser Seinsvorstellung wird nun im Folgenden weiter nachzugehen sein durch eine Analyse des Begriffs "actual entity", in welchem sie einen konkreten begrifflichen Ausdruck gefunden hat. Das Verständnis dieses Begriffs, das zugleich näher an den gesuchten Seinsbegriff heranführen wird, dürfte durch die bisherigen Ausführungen genügend vorbereitet sein.

2. Kapitel

DIE AKTUALE ENTITAET

Nachdem die Betrachtung verschiedener Prinzipien einen allgemeinen Eindruck von der Perspektive vermittelt hat, in welcher Whitehead die Wirklichkeit sieht und versteht, muss nun die Frage nach der konkreten Ausformung dieses Wirklichkeitsverständnisses und insbesondere nach der ihm entsprechenden Seinsvorstellung ausdrücklich gestellt werden, womit wir auf das eingangs gestellte Problem des Seinsbegriffs zurückkommen und uns zugleich dem eigentlichen Ziel der ganzen Arbeit nähern. Dabei werden sich der dynamische Charakter der Organismusphilosophie und die zentrale Stellung des Werdens erneut als die entscheidenden Schwerpunkte erweisen, ohne dass dabei der statische Aspekt vergessen werden darf, denn "we have certainly to make room in our philosophy for the two contrasted notions, one that every actual entity endures, and the other that every morning is a new fact with its measure of change" (PR 207).

Im Mittelpunkt der Diskussion steht der Begriff "actual entity", mit welchem sich Whitehead einen neuen Ausdruck für sein Wirklichkeitsverständnis geschaffen hat. Die Analyse dieses Begriffs wird die gegenüber der klassischen Philosophie neue Akzentsetzung in Bezug auf Sein und Werden sehr deutlich hervortreten lassen; während wir uns gewohnt sind, uns unter einem Seienden mehr ein Etwas, eine Sache vorzustellen, die zwar in einem dynamischen Zusammenhang stehen kann, als solche aber doch im Grunde etwas für sich und in sich Bestehendes darstellt und selber nicht dynamisch verstanden werden muss, ist für Whitehead die aktuale Entität etwas wesentlich Dynamisches, ein Prozess, in welchem das Werden ein Wesensmoment dessen bildet, was nach aussen als ein "Seiendes" erscheint.

Die Schwierigkeit wird hauptsächlich darin bestehen, uns von der gewohnten Vorstellung loszulösen und diesen dynamischen Aspekt unverkürzt in den Seinsbegriff einzubeziehen; dies sollte ermöglicht werden durch die sukzessive Erarbeitung der verschiedenen Aspekte des Begriffs "actual entity", wodurch man sich zugleich die angestrebte Seinsvorstellung allmählich aneignen und einüben kann (91).

I. The category of the Ultimate

Bevor man die Analyse der aktualen Entität direkt beginnen kann, ist zu untersuchen, was Whitehead mit dem Begriff "category of the Ultimate" versteht, denn es handelt sich dabei um eine Grundkategorie, die in allen andern Kategorien und überhaupt in jeder weiteren philosophischen Diskussion vorausgesetzt ist, also auch für das Verständnis der aktualen Entität von grundlegender Bedeutung sein wird (92): "The category of the Ultimate expresses the general principle presupposed in the three more special categories" (PR 31) (93); vom richtigen Verständnis dieser Kategorie wird daher der Erfolg der weiteren Untersuchungen entscheidend abhängen.

Die "category of the Ultimate" impliziert drei Begriffe, die eine untrennbare Einheit bilden: "one", "many" und "creativity"; alle drei Begriffe liegen zusammen den hier als synonym zu verstehenden Ausdrücken "Ding", "Seiendes" und "Entität" zugrunde und lassen sich nicht allein für sich, sondern nur in der gegenseitigen Beziehung aufeinander erklären, und zwar als Momente an einer konkreten Entität, die sich gegenseitig implizieren und voraussetzen, also für sich allein gar nicht denkbar sind.

"One" steht nicht für die Zahl "Eins", sondern meint eine Sache in ihrem Aspekt als Einheit: "It stands for the singularity of an entity" (PR 31); das in Frage stehende Ding wird durch diesen Ausdruck "für sich", als Einheit und Individuum gesehen, getrennt und unterschieden von allen andern Seienden.

Der Ausdruck "many" hingegen drückt eine Vielheit oder eine disjunktive Verschiedenheit aus; er besagt, dass es mehrere Einzeldinge gibt, die zwar voneinander verschieden sind, aber doch zusammen als ein Ganzes gesehen und in diesem Sinn als Einheit verstanden werden können. Damit ist bereits in zweifacher Hinsicht der erstgenannte Begriff "one" vorausgesetzt: einerseits bilden die Vielen (many) eine neue Einheit, von der man trotz der Vielheit "one" sagen kann, und anderseits setzt diese Zusammenfassung bestehende Einheiten voraus, die je für sich als "one" zu verstehen sind.

Umgekehrt setzt auch der Begriff "one" den Begriff "many" voraus, und zwar wiederum in einem doppelten Sinn: einerseits, insofern eine einzelne Entität immer ein Seiendes unter andern Seienden ist, und anderseits, insofern eine konkrete (aktuale) Entität, wie später bei der Untersuchung der aktualen Entität zu zeigen sein wird, immer als Einheit von Vielen zu verstehen ist. "One" und "many" sind somit zwei Begriffe, die sich letztlich nicht voneinander trennen lassen. Die zwischen ihnen liegende Spannung wird durch die sogenannte "creativity" getragen, die den Uebergang von den "Vielen" zum "Einen" ermöglicht. Auf der ontologischen Ebene bedeutet dieser Uebergang die Konstitution der aktualen Entität, die durch die Integration einer Vielheit in eine neue Einheit entsteht. Die "creativity" bewirkt als dynamischer Faktor diese Konstitution und hält sie in Gang, sie ist darum "the universal of universal characterizing ultimate matter of fact" (PR 31). Als "another rendering of the Aristotelian 'matter', and of the modern 'neutral stuff'" (PR 46) weist sie ähnliche "Eigenschaften" auf wie die aristotelische Hyle: sie ist absolut undeterminiert, kann nicht weiter charakterisiert werden, "because all characters are more special than itself" (PR 47), sie ist reine Potentialität und darum nur aktualisiert als tatsächlicher Träger von "Akzidentien", wobei Gott ihr erstes, nicht-zeitliches Akzidens ist (PR 11).

Dabei ist jedoch zugleich auf einen grundlegenden Unterschied zu Aristoteles hinzuweisen. Die "creativity" ist nicht passive Rezeptivität, sondern höchste Aktivität, "the pure notion of the activity" (PR 46), wird also statt als "reine Potentialität" besser als "noch nicht determinierte Aktivität" bezeichnet, die durch die bereits bestehende, für diese Kreativität objektivierte aktuale Welt und durch die "subjective aim" der betreffenden aktualen Entität determiniert und in diesem Sinne aktualisiert und konkretisiert wird.

Man könnte fast sagen, der Hylemorphismus werde hier dynamisch umgestaltet; statt dass die Materie durch eine Form bestimmt wird, erhält hier eine reine Aktivität eine bestimmte Form und Richtung. Der dynamische Aspekt wird somit nicht durch das Zusammenspiel von Materie und Form, aus dem er sich nicht unbedingt ergibt, sondern bereits durch das erklärt, was jeder Wirklichkeit letztlich zugrunde liegt: durch die Aktivität, die aus dem Vielen eine neue Einheit bewirkt und entstehen lässt. Es liegt in der Natur der Dinge, "that the many enter into complex unity" (PR 31); die Dinge sind nur zu verstehen als Zusammenfassung und Integration einer vorgefundenen Vielheit in eine neue, je einmalige Einheit, die das betreffende Ding ausmacht: "the many, which are the universe disjunctively, become the one actual occasion, which is the universe conjunctively" (PR 31), und dies geschieht auf Grund der "creativity".

Durch diesen Uebergang vom Vielen zum Einen entsteht etwas Neues, eine neue aktuale Entität, die verschieden ist von den Vielen, aus denen sie hervorgeht und die sie zur Einheit zusammenfügt; deshalb ist die Kreativität das Prinzip der Neuheit, sie fügt der Menge der Vielen durch deren Zusammenfassung ein neues Glied zu, sodass zugleich ein Doppeltes geschieht: "The many become one, and are increased by one" (PR 32).

Als Prinzip der Neuheit bewirkt die Kreativität eine "creative advance", eine Art schöpferischen Vorwärtsgehens und -drängens von Moment zu Moment, von Situation zu Situation; die neu entstandene Einheit ist jeweils wieder ein Element für ein weiteres Werden, sodass eine stets fortschreitende Kette der Integration der Vielen in neue Einheiten entsteht, die auf Grund der fundamentalen Verflochtenheit aller "Dinge" das ganze Universum durchzieht und bestimmt, das daher als Ganzes nichts anderes darstellt als "a creative advance into novelty" (PR 340). Für ein Einzelding, das durch sukzessive Phasen konstituiert wird, heisst das: "the creativity _for_ a creature becomes the creativity _with_ the creature, and thereby passes into another phase of itself. It is now the creativity for a new creature" (RM 92). Es ist dieselbe Kreativität, die den ganzen Entstehungsprozess begleitet und ihm daher auch eine gewisse Einheit verleiht, denn "there is a transition of the creative action" (RM 92); in dieser Kontinuität der "creativity" und des Prozesses ist, nebenbei gesagt, das "Bleibende" eines Seienden zu sehen.

In diesem ganzen Sachverhalt der "category of the Ultimate" kommt ein metaphysisches Prinzip zum Ausdruck, das man folgendermassen umschreiben kann: "The ultimate metaphysical principle is the advance from disjunction to conjunction, creating a novel entity other than the entities given in disjunction" (PR 32). Dieses Prinzip durchzieht die ganze Wirklichkeit und gilt für jede aktuale Entität; diese Feststellung erlaubt daher schon jetzt einen ersten Einblick in die später zu behandelnde Definition der aktualen Entität: "In their natures, entities are disjunctively 'many' in process of passage into conjunctive unity" (PR 32). Die aktuale Entität ist ein Prozess, der sich zwischen der Vielheit und einer neuen Einheit abspielt, ein Uebergang, der verschiedene Momente aufweist, die erst zusammen das Ganze ausmachen und die aktuale Entität konstituieren; weil aber sowohl die vorgegebene Vielheit wie auch die angestrebte Einheit und das die beiden verbindende Geschehen des Werdeprozesses für die in Frage stehende aktuale Entität in gleicher Weise bestimmend sind, müssen alle diese Momente zusammen in ursprünglicher Einheit erfasst werden, wenn die aktuale Entität in ihrem "Sein" bestimmt werden soll, eine Aufgabe, deren

Schwierigkeit schon hier ersichtlich ist, sich aber im Folgenden immer wieder neu bemerkbar machen wird.

Dieser komplexe Sachverhalt ist es, den die "category of Ultimate" zum Ausdruck bringt. Im Hinblick auf seine dynamische Komponente kann er auch als "production of novel togetherness" (PR 32) aufgefasst und umschrieben werden, wobei das "together" die Begriffe "creativity", "many" (bzw. "diversity") und "one" (bzw. "identity") voraussetzt (PR 32). Sowohl "production of novelty" wie auch "concrete togetherness", die jeder "concrescence" (Entstehung einer aktualen Entität) zugrunde liegen, erfassen letzte Sachverhalte, die nicht weiter zerlegt werden dürfen, da die Analyse ihrer Komponenten notwendigerweise vom Ganzen abstrahieren muss und damit den wesentlichen Aspekt der Ganzheit nicht berücksichtigt. Das bedeutet aber, dass weder "one" noch "many" noch "creativity" für sich genommen werden dürfen, wenn es darum geht, die konkrete Wirklichkeit als solche zu erklären; man verfehlt ein konkretes Seiendes, wenn man es nur als Individuum (one) oder nur als zusammengesetzte Vielheit (many) oder nur als ein Werden (creativity) auffasst; erst alle drei Aspekte zusammen vermögen als "category of the Ultimate" sein "Wesen" auszudrücken. Ein weiteres Zurückgehen ist nicht mehr möglich, "the sole appeal is to intuition" (PR 32)!

Die "category of the Ultimate" besagt somit, dass die letzten Gegebenheiten der konkreten Wirklichkeit, die einzelnen Seienden, in ihrem ontologischen Status nur in einem komplexen und vielschichtigen, zugleich aber irreduktiblen Begriff erfassbar sind, wobei keines der einzelnen Momente weder verabsolutiert noch verkürzt werden darf, weil dadurch falsche Akzente gesetzt würden; die Gefahr dazu ist deshalb besonders gross, weil ein solcher Begriff doch wieder mit verschiedenen Ausdrücken umschrieben werden muss, die immer nur begrenzte Aspekte beinhalten.

Entscheidend und von grundlegender Bedeutung in diesem komplexen Begriff, der anschliessend als "actual entity" zu entfalten sein wird, ist die Dimension der "creativity", weil mit Hilfe dieses Begriffs das Werden berücksichtigt und integriert werden kann, das auf der ontologischen Ebene sehr leicht übersehen wird; von der Darstellung her wird daher die "creativity" eine gewisse Vorrangstellung einnehmen, obwohl sie an sich dieselbe Bedeutung hat wie die Begriffe "one" und "many".

Indem die Wirklichkeit in dieser Perspektive nicht einfach als zusammengesetzte, sondern als sich stets neu Zusammensetzende und Entstehende gesehen wird, rückt das Werden in den Mittelpunkt, sodass das "Wesen" der Seienden in ihrem Werden gesehen werden kann; nicht was _ist_, stellt den letzten Sachverhalt dar, sondern was _wird_. Weil aber jedes Werden als solches immer in Bewegung ist, kann es streng genommen nie _festgelegt_ und erfasst werden, d.h. es ist als solches nur zugänglich über einzelne Momente, die integriert und auf das "hinter" ihnen liegende "Eigentliche" des Prozesses hin transzendiert werden müssen. Diesen Uebersteig der einzelnen Momente soll die "category of the Ultimate" ermöglichen, und zwar auch auf der ontologisch-metaphysischen Ebene: "This Category of the Ultimate replaces Aristotle's category of 'primary substance'" (PR 32).

Diese Perspektive wird im Folgenden wegleitend sein, denn der Begriff "actual entity" ist nichts anderes als die konkrete Ausdeutung und Entfaltung dieser Grundkategorie und das Ergebnis des Versuches, einen ihr entsprechenden Ausdruck für das konkrete Seiende zu schaffen.

II. Analyse der Begriffe "actual" und "entity"

Einen ersten Zugang zum Begriff "actual entity" kann die getrennte Analyse der beiden in diesem Ausdruck vereinten Begriffe eröffnen, denn wenn auch die beiden zusammen einen Grundausdruck bilden, der nicht mehr weiter zerlegt werden kann, ohne dass die gemeinte Sache verfehlt wird, und der mehr ist als das blosse Ergebnis aus der Zusammensetzung der beiden Teilbegriffe, sagen sie doch für sich genommen etwas aus, das auf das Verständnis der "actual entity" hinführen kann. Dabei ist vorauszuschicken, dass bei Whitehead die Begriffe zum Teil eine schillernde Bedeutung aufweisen und oft recht verschieden gebraucht werden; der Grund dafür liegt nicht nur in einer sprachlichen Ungenauigkeit und in einer gewissen Nachlässigkeit in der Darstellung der philosophischen Ideen durch Whitehead selber (94), sondern auch in der Sache, da es darum geht, eine dynamische Wirklichkeit als solche sprachlich festzuhalten, was nie direkt möglich ist. Je nach dem Standpunkt, von dem aus der Prozess betrachtet und festgehalten wird, erhält auch der gebrauchte Ausdruck verschiedene Nuancen, die unter Umständen widersprüchlich erscheinen können. Es ist darum gerade für den Gebrauch des Begriffs "actual entity", der einen Prozess erfassen soll, wieder neu daran zu erinnern, dass der Blick auf das Ganze und die bewusste Beibehaltung der gewählten Sichtweise unentbehrlich sind, um Missverständnisse zu vermeiden.

1. "entity"

"Entity" ist zunächst ein ganz allgemeiner Begriff; er bezeichnet alles, was Element in einem Werdeprozess ist bzw. sein kann (PR 43), also alles, was irgendwie zur Konstitution eines konkreten "Seienden" beiträgt, einschliesslich der neu entstehenden Entität selber, in deren Natur es ja ebenfalls liegt, Element für ein weiteres Werden zu sein (PR 33). Entität ist "potentiality for process" (PR 68) und ist als solche Potentialität im Hinblick auf den Prozess noch undeterminiert, insofern sie erst innerhalb dieses Prozesses ihren bestimmten Platz erhält und ihre bestimmte Funktion ausüben kann. Für sich selber betrachtet hingegen ist die Entität immer bestimmt, insofern sie genau diese und keine andere ist, und auf Grund dieser Bestimmtheit lässt sich jede einer der 8 Existenzkategorien zuordnen (PR 32-33); so sind "actual entities", "prehensions", "nexus", "subjective forms", "eternal objects", "propositions", "multiplicities" und "contrasts" alles bestimmte Existenzweisen und Formen von Entitäten, die je nach ihrem konkreten Bestimmtsein eine entsprechende Bedeutung haben; die "actual entities" und die "eternal objects" treten dabei hervor "with a certain extreme finality" (PR 33), während die andern Existenztypen einen gewissen intermediären Charakter aufweisen bzw. Mischtypen aus den beiden Grundtypen darstellen (95). Anders zusammengefasst kann man im Universum vier Haupttypen von Entitäten unterscheiden, von denen Whitehead zwei als primäre und zwei als sogenannte "hybride" Typen bezeichnet: "The primary types are actual entities and pure potentials (eternal objects); the hybrid types are feelings and propositions (theories)" (PR 287).

Es kommt hier nicht auf die Unterschiede zwischen den einzelnen Typen an, sondern einzig auf die Tatsache, dass es keine "reine" Entität als solche gibt, sondern immer nur bestimmte Ausformungen, sodass jede Entität näher bestimmt ist und daher genauer umschrieben werden muss. Aus diesem Grund kommt dem Begriff "actual" eine entscheidende Bedeutung zu, denn erst er wird zeigen, wie jene Entität zu verstehen ist, die den letzten Baustein der Wirklichkeit bildet (96).

2. "actual"

Mit dem Wort "actual" wird der vorerst unbestimmte Ausdruck "entity" näher bestimmt, so wie es bei andern Entitäten geschieht, wenn sie z.B. als "eternal objects", "propositions" usw. bezeichnet werden. Es geht dabei um eine Festlegung, und zwar nicht nur in sprachlicher Hinsicht, insofern die Entität durch ihre Bezeichnung als aktuale einer bestimmten Existenzkategorie zugeordnet wird; "actual" bedeutet vielmehr auch auf der ontologischen Ebene eine "decision", eine Festlegung. Während die Entität als solche, wie vorhin gezeigt wurde, zunächst nur "potentiality for process" ist, sagt das Wort "actual" von ihr aus, dass sie bestimmt und festgelegt ist, dass über die reine Potentialität eine "Entscheidung" gefallen ist: " 'Actuality' is the decision amid 'potentiality'" (PR 68); Aktualität ist festgelegte, "entschiedene" Potentialität; darum ist "decision" die eigentliche Grundbedeutung von Aktualität: "It (decision) constitutes the very meaning of actuality" (PR 68).

Diese mit der Aktualität gegebene "Entscheidung" und Festlegung hat verschiedene Aspekte; sie kann verstanden werden im Hinblick auf den allen Entitäten zugrunde liegenden und ihre fundamentale Einheit garantierenden Hintergrund, den Whitehead "extensive continuum" nennt. Dieses Kontinuum ist "one relational complex in which all potential objectifications find their niche. It underlies the whole world, past, present, and future" (PR 103); es stellt die reine Potentialität für eine Aufteilung dar, die durch die Entität, weil und insoweit sie eine aktuale ist, vollzogen wird, indem sie dieses Kontinuum unterbricht und auf einen bestimmten Punkt festlegt: "Actual entities atomize the extensive continuum. This continuum is in itself merely the potentiality for division; an actual entity effects this division" (PR 104); dieses Festlegen macht die aktuale Entität als aktuale aus.

Betrachtet man die aktuale Entität im Rahmen des Werdeprozesses, dann zeigt sich als weiterer Aspekt die Relativität der genannten "decision", denn diese ist immer ein Moment im Ganzen des Prozesses. Eine aktuale Entität ist einerseits selber das Ergebnis von vorausgehenden aktualen Entitäten, die sie in ihrem Werden bedingen, indem sie "decisions for it" sind, und anderseits ist sie selber im Hinblick auf eine neu entstehende aktuale Entität eine "decision" und damit eine Bedingung für jene: "An actual entity arises from decisions <u>for</u> it, and by its very existence provides de cisions <u>for</u> other actual entities which supersede it" (PR 68). Das heisst aber, dass "decision" nie etwas in sich Geschlossenes ist, sondern als relative Festlegung immer über sich selbst hinausweist; "decision" geschieht immer <u>für</u> und im Hinblick auf etwas anderes, d.h. auf eine entstehende aktuale Entität, zu der die "decision" etwas beiträgt.

Das, wofür die "decision" geschieht, muss nicht unbedingt eine andere aktuale Entität sein; eine aktuale Entität ist auch für sich selbst eine solche "decision", worin sich ein dritter Aspekt der Aktualität als "decision" zeigt. Durch ihre Aktualität ist eine Entität festgelegt und bestimmt; dadurch erhält sie konkrete Eigenständigkeit, Individualität und eigene Bedeutsamkeit: "An entity is actual, when it has significance for itself" (PR 38). Diese eigene Bedeutsamkeit hat sie nicht nur gegenüber den andern aktualen Entitäten, von denen sie sich als einmaliges Individuum unterscheidet, sondern auch in Bezug auf ihre eigene Konstitution; als aktuale trägt eine Entität immer auch selber etwas bei zu ihrem eigenen Werden; "an actual entity functions in respect to its own determination" (PR 38), sie ist Träger ihrer selbst (Subjekt), sodass man auch sagen kann: "to be an actual entity is to have a self-interest" (RM 100).

Noch ein weiterer Aspekt der Aktualität ist hier zu nennen: " 'Actuality' is the fundamental exemplification of composition; all other meanings of 'composition' are referent to this root-meaning" (PR 223). Aktualität als Festlegung und Bestimmtsein ist nur denkbar als Zusammensetzung. Damit verweist der Begriff "actual" wieder auf die "category of the Ultimate", insofern Aktualität nur als zusammengesetzte Vielheit, als Zusammenfassung von Vielen in eine neue Einheit verstanden werden kann; zugleich liegt darin auch der Ansatzpunkt für die Erklärung des dynamischen Aspektes der Wirklichkeit.

In diesem Zusammenhang ist zwei Missverständnissen vorzubeugen.

1° Der Begriff "decision" lässt sich nicht nur passivisch als Festlegung, sondern auch in einem aktivischen Sinne als Entscheidung verstehen; er ist bei Whitehead auch tatsächlich weitgehend in diesem zweitgenannten Sinne gebraucht, da jedem Subjekt in gewissem Grade eine selbständige Entscheidung und eine Selbstbestimmung zukommt, denn jedes Subjekt bzw. jede aktuale Entität ist "causa sui" (PR 228), aber diese Selbstentscheidung impliziert nicht notwendig ein bewusstes Urteil; Bewusstsein kann wohl als subjektive Form mitgegeben sein, muss aber nicht (PR 68), es tritt erst in höheren Phasen der "concrescence" (PR 246) und in komplexen aktualen Entitäten auf; daher ist es, im Blick auf die gesamte Wirklichkeit, eher selten anzutreffen (z.B. im Menschen).

2° Die Aktualität als Bestimmtheit und Festlegung von Potentialität darf nicht im Sinne einer statischen, starren Fixierung missverstanden werden. Jede solche Fixierung stellt zwar ein bestimmtes, nicht mehr rückgängig zu machendes und insofern endgültiges Faktum dar, aber sie ist doch nur ein Moment im Ganzen des Prozesses und wird durch diesen immer wieder transzendiert; keine "decision" stellt einen absoluten Endpunkt dar, der Prozess geht immer weiter.

Es ergibt sich somit, dass die aktuale Entität immer zwei Aspekte aufweist: sie ist einerseits, als Entität, Potentialität für jeden Prozess, und anderseits ist sie, als aktuale, immer auch festgelegte Potentialität. Diese Spannung zwischen Potentialität und Festlegung ist durchzuhalten und konsequent in die Seinsvorstellung aufzunehmen.

III. Nähere Bestimmung der aktualen Entität

1. Uebersicht über verschiedene Definitionen

Um allen Einzelheiten voraus eine Vorstellung zu vermitteln von der Breite, in welcher in der Organismusphilosophie die aktuale Entität zu sehen ist, seien in repräsentativer Auswahl, die keineswegs Vollständigkeit beansprucht, ein paar Definitionen zusammengestellt, die Whitehead selber von der aktualen Entität bei verschiedensten Gelegenheiten gegeben hat:

(1) " 'Actual entities' - also termed 'actual occasions' - are the <u>final real things</u> of which the world is made up" (PR 27).
(2) "An 'actual entity' is a <u>res vera</u> in the Cartesian sense of that term; it is a Cartesian 'substance', and not an Aristotelian 'primary substance'" (PR VIII-IX) (97).
(3) "An actual entity is a <u>process</u>, and is not describable in terms of the morphology of a 'stuff'" (PR 65).
(4) "In their natures, entities are disjunctively 'many' <u>in process of passage</u> into conjunctive unity" (PR 32).
(5) "the actualities are <u>moments of passage</u> into a novel stage of publicity" (PR 444).
(6) "An <u>instance of concrescence</u> is termed an 'actual entity' - or, equivalently, an 'actual occasion'" (PR 321).
(7) "Each actual entity is a <u>throb of experience</u> including the actual world within its scope" (PR 290).
(8) "An actual entity is <u>at once the subject</u> of self-realization, <u>and the superject</u> which is self-realized" (PR 340).
(9) "At any stage it (actual entity) is <u>subject-superject</u>" (PR 374).

Wenn man versucht, die angeführten Umschreibungen zu überblicken und sich dabei vor Augen hält, dass in jedem Fall die "actual entity" gemeint ist, bekommt man schon hier einen Eindruck von der Komplexität und Neuheit der whiteheadschen Konzeption vom konkreten Seienden (98). Es zeichnet sich vorerst eine doppelte Perspektive ab, unter der die aktuale Entität betrachtet werden kann und der die Einzelaspekte untergeordnet werden können; man kann die aktuale Entität entweder in ihrer Funktion im Ganzen der Wirklichkeit bzw. im "objektiven" Zusammenhang mit den übrigen aktualen Entitäten sehen oder sie für sich in ihrer eigenen Konstitution ins Auge fassen; im ersten Fall handelt es sich um den "objektiven", im zweiten um den "subjektiven" oder "formalen" Aspekt.

a. Der objektive Aspekt

In den Definitionen (1) und (2) wird die aktuale Entität 'objectivè' (PR 336), d.h. als ein objektives, vorfindliches und gegebenes Faktum erfasst, das zunächst einfach da ist und mit andern Entitäten in Beziehung steht. In diesem Sinne bilden die aktualen Entitäten die letzten Bausteine, aus denen das ganze Universum aufgebaut ist; es sind "Dinge" und Objekte, die zur Verfügung stehen für einen neuen, sie transzendierenden Prozess, in dem sie als bestimmte Gegebenheiten ihre spezifische Rolle spielen. So verstanden ist die aktuale Entität "a definite, determinate, settled fact, stubborn and with unavoidable consequences" (PR 336), sie kann in der gewohnten Weise als vorgegebenes Objekt beschrieben werden.

Die Wirklichkeit als ganze wird in dieser Perspektive morphologisch erfasst, d.h. sie wird in ihren Formen und Strukturen des (äusserlichen) Zusammenhangs der einzelnen "Dinge" gesehen, wobei nur die konkrete Vorfindlichkeit dieser "Dinge" eine Rolle spielt, nicht aber deren (metaphysische) Wesenskonstitution. Im Zusammenhang mit dieser morphologischen Analyse und Beschreibung spricht Whitehead von der "coordinate division" im Unterschied zur "genetic division" (99): "Genetic division is concerned with an actual occasion in its character of a concrescent immediacy. Coordinate division is concerned with an actual occasion in its character of a concrete object. Thus for genetic division the primary fact about an occasion is its initial 'dative' phase; for coordinate division the primary fact is the final 'satisfaction' ... Thus in coordinate division we are analysing the complexity of the occasion in its function of an efficient cause" (PR 448).

Dieser "objektiven" Betrachtung der Wirklichkeit, die auch eine ganze Menge von Problemen aufwirft, die in der Organismusphilosophie ebenfalls auf eine eigene Weise gelöst werden, kann hier nicht weiter nachgegangen werden; sie wird indirekt wieder zur Sprache kommen, weil und insofern sie mit dem "subjektiven" Aspekt, d.h. mit der metaphysischen Konstitution der aktualen Entität, um die es hier primär geht, sehr eng zusammenhängt.

b. Der subjektive oder formale Aspekt

Die restlichen Definitionen (3) bis (9) erfassen im Unterschied zu den vorher genannten die aktuale Entität nicht in ihrem "objektiven" Aspekt als eine unter den andern aktualen Entitäten, sondern für sich, in ihrem eigenen "Sein", was in der Organismusphilosophie so viel bedeutet wie in ihrer eigenen Konstitution, in ihrem eigenen Entstehungsprozess (principle of process); diese zweite Beschreibungsmöglichkeit ist nicht 'objectivè', sondern 'formaliter' (PR 335) und erfasst die aktuale Entität als Prozess. Dieser Sicht entspricht die "genetic division": "Genetic division is division of the concrescence; coordinate division is division of the concrete" (PR 433), wobei hier das "Konkrete" in seinem objektiven Aspekt der Vorfindlichkeit gemeint ist.

Diese "formale" Analyse lässt an der aktualen Entität verschiedene Momente unterscheiden, wie sich beim Vergleich der angeführten Definitionen deutlich herausstellt, d.h. sie ist nur über diese Momente möglich. Die aktuale Entität kann ganz allgemein als Prozess gesehen werden (3); als solcher ist sie nicht mit morphologischen Ausdrücken beschreibbar, denn sie ist in ihrem Wesen ein Uebergang (4) und deshalb notwendig auf ein Vorher und ein Nachher verwiesen, die beide für ihre Beschreibung notwendig sind; zudem sind aktuale Entitäten <u>Momente</u> des Uebergangs (5), die irgendwo zwischen Ausgangs- und Endpunkt liegen und daher nicht genau festgelegt und "lokalisiert" werden können; wird ein solcher einzelner Moment des Ueberganges für sich betrachtet, kann er entweder allgemein als "instance of concrescence" (6) oder in einer konkreteren Vorstellung als "throb of experience" (7) verstanden und interpretiert werden. Als stets fortschreitender Prozess ist die aktuale Entität schliesslich in jedem ihrer Momente immer <u>zugleich</u> Endpunkt (superject) des ihr vorausgehenden und Anfangspunkt (subject) des ihr folgenden Prozesses (8), sie ist in jedem Moment "subject-superject" (9). Alle diese einzelnen Momente können zwar logisch auseinandergehalten werden und drücken je einen bestimmten Aspekt der aktualen Entität aus, bilden aber erst zusammen den "formalen" Aspekt dieser Entität, denn der Prozess, den die aktuale Entität 'formaliter' betrachtet darstellt, umfasst alle Momente einschliesslich Ursprung und Vollendung, wobei die Vollendung immer nur relativ ist, denn mit ihr würde sonst der Prozess (und damit auch die aktuale Entität) aufhören.

c. Der Zusammenhang der beiden Aspekte

Die beiden genannten Hauptaspekte der aktualen Entität, der objektive (a) und der subjektive (b) stehen in einem mehrfachen inneren Zusammenhang und können nie völlig voneinander getrennt werden; sie bedingen sich gegenseitig und setzen sich gegenseitig voraus.

Dies gilt zunächst für den Zugang zur aktualen Entität; damit diese erfasst werden kann, muss sie für das erkennende Subjekt objektiviert sein, sich also in ihrem objektiven Aspekt zeigen, denn erfassbar ist nur ein Objekt. Soll sie aber in ihrem "Wesen" erfasst werden, dann muss der objektive Aspekt auf den dahinter liegenden und in ihm zum Ausdruck kommenden Prozess, auf die innere Konstitution hin transzendiert werden; "genetic division" ist letztlich nur vermittelt durch die "coordinate division" zugänglich, während auch umgekehrt das in der "coordinate division" Erfasste nur richtig verstanden werden kann, wenn "hinter" ihr die "genetic division" gesehen wird.

Diese beiden Aspekte sind jedoch nicht auf dieses Verhältnis zwischen Konstitution und Beziehung nach "aussen" beschränkt, als ob beiden Seiten je ein Aspekt entsprechen würde, sondern sie sind auch innerhalb der Konstitution der aktualen Entität selber aufweisbar. Als Prozess ist die aktuale Entität immer unterwegs zwischen ihrem Ausgangspunkt und ihrem Ziel, auf das sie zustrebt; diese beiden Momente können, wenn sie nicht absolut genommen werden, beliebig angesetzt werden, denn die aktuale Entität ist immer Ergebnis (superject) ihres vorausgegangenen und Ausgangspunkt (subject) ihres weiteren Werdens, sie ist immer "subject-superject". In jedem dieser Momente erscheint sie aber als objektivierte, d.h. als solche, die im Hinblick auf sich selber und die eigene Konstitution objektiviert ist. Sie weist somit auch in sich selber immer beide Aspekte auf, den subjektiven, insofern sie als ganze ein Prozess ist, und den objektiven, insofern sie im Verlauf dieses Prozesses sich selber gegenüber durch das Aufeinanderfolgen der verschiedenen Phasen objektiviert ist, denn jede Phase wirkt in der andern nur durch ihre Objektivation.

Es spielt daher prinzipiell keine Rolle, unter welchem Aspekt man die aktuale Entität betrachtet, da man so oder so auch den andern mitberücksichtigen muss. Geht man von der aktualen Entität als Prozess aus, vollzieht man also ihre Analyse als "genetic division", dann stösst man einerseits auf die eben genannten Momente der aktualen Entität selber, anderseits auf andere aktuale Entitäten, die den Werdeprozess der betrachteten Entität mitbedingen; da diese in jedem Prozess als vorgegebene Objekte "funktionieren", zeigen sie sich in ihrem objektiven Aspekt und sind daher morphologisch zu erfassen. Die genetische Erklärung der aktualen Entität ist somit nicht möglich ohne den Rückgriff auf den objektiven Aspekt.

Wählt man umgekehrt die objektive Beschreibung als Grundlage und Ausgangspunkt, ist man insofern auf den dynamischen Aspekt verwiesen, als jeder objektive Aspekt als Ergebnis eines Entstehungsprozesses zu sehen ist und nur von diesem her richtig verstanden werden kann; die Frage nach dem "Wesen" der Dinge führt immer wieder zurück zu deren Werden, denn das Wesen eines Dinges ergibt sich entsprechend dem "principle of process" aus dessen Werden. Da dies für jede aktuale Entität gilt, kommt darum bei der Analyse und Beschreibung der konkreten Wirklichkeit dem subjektiven (dynamischen) Aspekt doch eine gewisse Priorität zu: "In the world there is nothing static" (PR 365); am Grunde der Realität steht nicht ein Faktum, sondern ein Prozess, obwohl sich dieser nach "aussen" als Faktum zeigt.

Es wäre allerdings falsch, diese beiden Sichtweisen gegeneinander auszuspielen, denn beide haben ihre Berechtigung, da beide entscheidende Aspekte der Wirklichkeit erfassen und zum Ausdruck bringen; die Frage ist nur, welchen Platz man ihnen im Ganzen eines philosophischen Systems zuweist. Nach der Organismusphilosophie ist die morphologische, objektive Betrachtungsweise der Wirklichkeit, die "coordinate division", pragmatisch: "the objective consideration is pragmatic. It is the consideration of the actual entity in respect to its consequences" (PR 336); sie erweist sich für das praktische Leben als äusserst nützlich und brauchbar, entspricht auch weitgehend der Alltagserfahrung (MT 128f), aber "the only question is as to how fundamental these truths may be. In other words, we have to ask what large features of the universe cannot be expressed in these terms" (MT 130).

Was mit der objektiven Betrachtungsweise nicht erfasst und ausgedrückt werden kann, ist die fundamentale Prozesshaftigkeit der aktualen Entität, das Faktum, dass jede aktuale Entität ein Prozess ist; wo es um diese metaphysische Dimension geht, ist daher der subjektiven, formalen Sichtweise der Vorzug zu geben, weil erst mit ihr die "Dinge" in ihrem eigentlichen Wesen zugänglich werden: "morphological description ist replaced by description of dynamic process" (PR 10).

2. Die aktuale Entität als Prozess

Im nächsten Schritt, der unmittelbar ins Zentrum der gesuchten Seinsvorstellung hineinführen wird, ist die aktuale Entität als Prozess, d.h. in ihrer metaphysischen Konstitution zu untersuchen. Es stellt sich die Frage, wie man sich eine Entität im Einzelnen vorzustellen hat, die wesentlich als Prozess zu verstehen ist. Dabei ist gerade hier wieder daran zu erinnern, dass auseinandergenommen wird, was an sich eine ursprüngliche und untrennbare Einheit bildet, und dass hintergründig bei aller Analyse und Behandlung einzelner Momente immer die integrierende Einheit gesehen werden muss.

Um die weiteren Ausführungen auf der richtigen Ebene zu sehen, ist Folgendes zu beachten: der Werdeprozess einer aktualen Entität, der ihr "Wesen" ausmacht, und der sich als ständiges Fortschreiten von Phase zu Phase zeigen wird, vollzieht sich nicht in der physikalischen Zeit und setzt diese nicht voraus, sondern ist ein metaphysisches Geschehen. Das Verhältnis zwischen Konstituierung einer aktualen Entität und physikalischer Zeit ist genau umgekehrt, d.h. die physikalische Zeit setzt die aktuale Entität als Prozess voraus und drückt gewisse Aspekte ihres "Wachstums" aus, nicht aber das Entstehen dieser Aspekte selbst: "physical time expresses some features of the growth, but _not_ the growth of the features" (PR 434); die physikalische Zeit ist von Bedeutung in der "coordinate division", nicht aber in der "genetic division" als solcher. Die aktuale Entität ist zwar "the enjoyment of a certain quantum of physical time" (PR 434), aber der genetische Prozess ist nicht die zeitliche Aufeinanderfolge (100).

a. Die einzelnen Momente der aktualen Entität als Prozess

Als Prozess ist die aktuale Entität nur beschreibbar, indem man sie in einzelnen Momenten und Phasen zu erfassen sucht. Theoretisch ist jedes Geschehen, also auch die aktuale Entität, ähnlich wie eine mathematische Linie unbegrenzt aufteilbar, doch gibt es gewisse Momente, die von besonderer Bedeutung sind wie z.B. Anfang und Ende (sofern vorhanden) oder gewisse Abschnitte, die für das Ganze bestimmend sind.

Für die aktuale Entität nennt Whitehead vier konstitutive Stadien: "datum, process, satisfaction, decision" (PR 227); sie sind deshalb nicht leicht zu erfassen, weil sie vielfach ineinander übergehen und sich gegenseitig bedingen. "Datum" und "decision" bilden die beiden "terminal stages" (PR 227), die es mit den "Enden" der aktualen Entität zu tun haben, "Ende" hier im Sinne des Uebergangs zwischen aktualer Entität und objektiv vorfindlicher Welt verstanden; sie betreffen die aktuale Entität darin und dort, wo sie in die objektive Welt eingegliedert wird, im einen Fall, insofern sie aus ihr hervorgeht, und im andern Fall, insofern sie als konstituierte in sie eingefügt wird. Die Schwierigkeit, diese beiden "stages" richtig zu erfassen, liegt darin, dass es sich, wie zu zeigen sein wird, bei beiden um Momente sowohl der objektiven Welt als auch der entstehenden aktualen Entität handelt, woraus übrigens erneut sichtbar wird, wie es ontologisch gar nicht leicht ist, eine genaue Grenze der aktualen Entität anzugeben.

Unter "datum" ist zunächst einfach die objektiv gegebene Welt zu verstehen, insofern sie Gegenstand und Inhalt einer Erfahrung ist, Erfahrung hier allgemein als Vorgang gemeint, durch den die aktuale Entität entsteht; "datum" ist die aktuale Welt in ihrer Funktion in der Konstitution einer aktualen Entität: "The 'settlement' which an actual entity 'finds' is its datum" (PR 227). Durch diese Funktion als "datum" ist aber die aktuale Welt _zugleich_ Moment der entstehenden aktualen Entität, nämlich als "objective content of the experience" (PR 227); die "data" bestimmen daher wesentlich, wa eine aktuale Entität ist, sodass diese als die für sie und auf sie hin objektivierte, zum "datum" gemachte aktuale Welt verstanden werden kann: "Each atom is a system of all things" (PR 53).

Umgekehrt wird auch die entstehende aktuale Entität wieder zu einem "datum" für einen sie transzendierenden, weiteren Prozess, und zwar durch das als "decision" bezeichnete letzte Stadium, das sie mit der Wirklichkeit "beyond itself" (PR 227) verbindet. Wenn die aktuale Entität als Prozess ihr Ziel, ihre individuelle Satisfaktion erreicht hat, was relativ gesehen in jedem Moment der Fall ist, dann ist sie bestimmt, festgelegt, "decided" und fügt dadurch der bereits bestehenden aktualen Welt eine neue, bestimmte Gegebenheit hinzu (101), die nun jedes weitere, in ihrer Zukunft liegende Werden mitbedingt: "The final stage, the 'decision', is how the actual entity, having attained its individual 'satisfaction', thereby adds a determinate condition to the settlement for the future beyond itself" (PR 227); die "decision" macht die aktuale Entität zu einem "datum" für ein weiteres Werden. Das heisst natürlich zugleich, dass auch die vorgefundenen "data", die eine aktuale Entität konstituieren, bereits als Ergebnisse von "decisions" zu verstehen sind, sodass auch das Moment "datum", obwohl es am "Anfang" einer aktualen Entität steht, auf "decisions" zurückverweist.

Aus dem Gesagten wird deutlich, dass "datum" und "decision" zwei sehr eng aufeinander bezogene Stadien sind; vergleicht man sie miteinander, so ergibt sich: "the 'datum' is the 'decision received', and the 'decision' is the 'decision transmitted'" (PR 227); als "datum" ist die aktuale Entität das, was sie von ihrer Umwelt übernimmt, sie ist selber diese Umwelt unter dem für sie spezifischen Gesichtspunkt, sie ist in diesem Sinne "the whole universe in process of attainment of a particular satisfaction" (PR 305), als "decision" hingegen gibt sie sich selber weiter für ein anderes Werden, in welchem sie ihrerseits die Rolle eines "datum" spielt und dadurch zu einem Wesensmoment der neuen aktualen Entität wird.

In diesem Zusammenhang dürfte auch der von Whitehead genannte dreifache Charakter der aktualen Entität besser zu verstehen sein: "(i) it has the character 'given' for it by the past; (ii) it has the subjective character aimed at in its process of concrescence; (iii) it has the superjective character, which is the pragmatic value of its specific satisfaction qualifying the transcendent creativity" (PR 134). Dass die aktuale Entität den Charakter " 'given' for it" hat, besagt nichts anderes, als dass sie die aktuale Welt selber ist, insoweit diese für sie gegeben ist und als objektivierte konstitutiv in sie eingeht. Der subjektive Charakter bezieht sich auf die mittleren Phasen, auf die anschliessend einzugehen sein wird, während der "superjektive" Charakter der "decision" zukommt: es ist der pragmatische Wert der aktualen Entität, der darin besteht, dass sie durch ihre Satisfaktion die sie transzendierende Kreativität qualifiziert, insofern sie für das weitere Werden "decisions" vermittelt.

Es ist klar, dass durch die Stadien "datum" und "decision" die aktuale Entität im Zusammenhang mit ihrer Vergangenheit und mit ihrer Zukunft steht; damit ist der wirkursächliche Zusammenhang gegeben, während die Finalursache als "subjective aim at satisfaction" der aktualen Entität immanent ist: "The 'objectivications' of the actual entities in the actual world, relative to a definite actual entity, constitute the efficient causes out of which that actual entity arises; the 'subjective aim' at 'satisfaction' constitutes the final cause, or lure, whereby there is determinate concrescence" (PR 134).

Bisher wurden die beiden Stadien im Hinblick auf die der aktualen Entität gegenüberstehende aktuale Welt betrachtet; es muss jedoch darauf hingewiesen werden, dass die beiden Momente auch "innerhalb" der aktualen Entität selber aufweisbar sind, denn jede bereits erreichte und abgeschlossene Phase des Entstehungsprozesses ist ein vorgegebenes "datum" für das weitere Werden, die aktuale Entität ist für sich selber ein "datum" und wird durch ihre "decisions" immer wieder zu einem "datum" für die nächste Phase. Dieser Hinweis ist deshalb sehr wichtig, weil er es erlaubt, die aktuale Entität nicht nur in ihrer Ganzheit als Ergebnis des Zusammenspiels mit ihrer Umwelt zu sehen, sondern sie in allen ihren Momenten als Prozess aufzufassen, wodurch die Prozesshaftigkeit im eigentlichen Grund des Seienden verankert und damit eine fundamental dynamische Seinsvorstellung ermöglicht wird.

Zwischen den beiden bisher behandelten "stages" liegen die beiden andern, nämlich "process" und "satisfaction"; man könnte sie als die innern Stadien bezeichnen, da sie die aktuale Entität nicht so sehr in ihrer Beziehung nach aussen betreffen, obwohl auch von dieser nie ganz abstrahiert werden kann, sondern sie direkt in ihrer eigenen Konstitution anvisieren und als solche ("in se") erfassen; sie führen daher in den eigentlichen Kern der aktualen Entität.

Durch das blosse Vorhandensein dessen, was mit "datum" bezeichnet wurde, ist eine aktuale Entität noch nicht konstituiert; dazu muss mit ihm erst noch etwas geschehen, d.h. die sich realisierende aktuale Entität muss ihrerseits reagieren, indem sie das "datum" in sich aufnimmt (oder ausschliesst) und zu einer neuen Einheit, die sie selber sein wird, integriert, wobei sie durch die Art und Weise ihrer Reaktion die neue Einheit ebenfalls mitbestimmt; das "datum", bisher im Hinblick auf die entstehende aktuale Entität noch unbestimmt, erhält durch dieses Geschehen eine ganz konkrete Bestimmtheit. Dies alles geschieht im "process": "The 'process' is the addition of those elements of feeling whereby these indeterminations are dissolved into determinate linkages attaining the actual unity of an individual actual entity" (PR 227). Der Prozess ist "the growth and attainment of a final end" (PR 227) und ist praktisch identisch mit der Konstitution der aktualen Entität: "The process itself is the constitution of the actual entity" (PR 335).

Ganz allgemein gesagt geht es beim Prozess entweder um den Uebergang von objektiv gegebenen Entitäten in die neue aktuale Entität, die durch diesen Uebergang konstituiert wird (Dimension der Wirkursache), oder um die eigentliche innere Konstitution der aktualen Entität selber (Dimension der Finalität), wobei die beiden Vorgänge untrennbar miteinander verbunden und aufeinander hingeordnet sind (102).

Je nach dem gewählten Standpunkt lässt sich dieser Prozess sehr verschieden umschreiben; er ist ein "act of experience arising out of data" (PR 65), oder auch ein "process of 'feeling' the many data, so as to absorb them into the unity of one individual 'satisfaction'" (PR 65); nochmals anders ausgedrückt: es handelt sich um einen Prozess "in the course of which many operations with incomplete subjective unity terminate in a completed unity of operation, termed the 'satisfaction'" (PR 335). All diesen Beschreibungen gemeinsam ist, dass aus etwas Vorgegebenem etwas Neues wird, und zwar so, dass eine Vielheit in eine neue Einheit integriert wird, wobei über die Komplexität und die konkreten Einzelheiten noch nichts ausgesagt ist.

Da die neu entstehende Entität eine unter vielen andern ist, die als solche auch einen objektiven, "öffentlichen" Aspekt aufweist, kann der Prozess ferner als Uebergang "into a novel stage of publicity" (PR 444) aufgefasst werden. Schliesslich ist er auch "a passage from re-enaction to anticipation" (AI 192), also ein Uebergang von der Vergangenheit bzw. der Gegenwart in die Zukunft, von dem, was in der "re-enaction" geschieht auf das hin, was die aktuale Entität in ihrer "subjective aim" irgendwie antizipiert und anstrebt.

Auf jeden Fall ist die aktuale Entität als Prozess immer ein Uebergang und kann nur als solcher erfasst werden: "it can only be felt as a process, that is to say, as in passage" (PR 347).

Ziel und Endpunkt des Prozesses ist die Satisfaktion, durch welche er seine Vollendung findet. Die Satisfaktion ist "the contentment of the creative urge by the fulfilment of its categoreal demands" (PR 335), oder noch allgemeiner ausgedrückt "the terminal unity of operation" (PR 335), also die abschliessende Integration aller Einzelmomente des Prozesses, womit die aktuale Entität (zumindest relativ) vollendet wird. Im Moment, da die Satisfaktion erreicht wird, hört auch der Prozess auf und ist abgeschlossen; die aktuale Entität geht als solche zugrunde: "Its own process, which is its own internal existence, has evaporated, worn out and satisfied" (PR 336), sie geht über in "objective immortality"; darum kann sie ihre eigene Satisfaktion nie als "datum" haben. Die Satisfaktion ist das, was die aktuale Entität (als Prozess) "beyond itself" ist (PR 335).

Man stellt sich hier die berechtigte Frage nach dem Unterschied zwischen "satisfaction" und "decision", denn es scheint, dass diese beiden Momente weitgehend, wenn nicht sogar vollständig zusammenfallen; tatsächlich erfassen die beiden Begriffe denselben Sachverhalt, jedoch in einer je verschiedenen Perspektive. Beide beziehen sich auf die Vollendung der aktualen Entität und erfassen sie in ihrer abgeschlossenen Ganzheit, und zwar die "decision" im Hinblick auf ihre Funktion innerhalb der "objektiven" Wirklichkeit und in weiteren Werdeprozessen (objektiver Aspekt, "coordinate division"), die "satisfaction" hingegen im Hinblick auf ihre eigene Konstitution (subjektiver oder formaler Aspekt, "genetic division").

Obwohl die "satisfaction" als solche erst "am Ende" voll verwirklicht und erreicht ist, beeinflusst sie jede Phase der entstehenden aktualen Entität, indem sie als angestrebte Einheit den ganzen Verlauf des Prozesses begleitet; sie ist als das zu Erreichende stets gegenwärtig und wirkt daher als "lure", als eine Art Köder oder Anziehungsmittel, das den Prozess nicht nur in Gang hält, sondern dessen Richtung und konkreten Vollzug wesentlich mitbestimmt. Daraus wird verständlich, dass auch die "satisfaction" wie das Moment "process" ein "intermediäres", d.h. das eigentliche Geschehen der aktualen Entität betreffendes Stadium darstellt, und zwar ein Moment, das vom "Ende" der aktualen Entität her in jeder Phase für den Prozess und damit für die ganze aktuale Entität konstitutiv ist, obwohl sie in Bezug auf den Prozess immer noch "bevor"-steht (103).

Die Interpretation der Satisfaktion stellt daher auch einen möglichen Zugang zum Verständnis der aktualen Entität und damit zur Erklärung der konkreten Wirklichkeit dar; dabei darf aber nicht vergessen werden, dass sie nur einen Aspekt des sich vollziehenden Prozesses zum Ausdruck bringt und als dessen Endpunkt nicht einfach mit der ganzen aktualen Entität identifiziert werden darf, sondern bewusst vom Ganzen des Prozesses her gesehen werden muss, ferner dass sie bereits hinüberführt zur "coordinate division", denn "the satisfaction of each actual entity is an element in the givenness of the universe" (PR 336), d.h. durch ihre Satisfaktion wird die aktuale Entität zu einem Element der objektiven Wirklichkeit.

Zusammenfassend ist nochmals festzuhalten, dass jedes der vier genannten Stadien einen bestimmten Einzelaspekt zum Ausdruck bringt, in dem jedesmal die ganze aktuale Entität mitgesehen werden muss, denn nur alle vier zusammen erfassen den Prozess als solchen, der die ganze "Strecke" zwischen Anfangs- und Endpunkt einschliesslich der "terminal stages" umgreift. Die aktuale Entität ist das Ganze dieses Prozesses und "befindet" sich doch auch immer irgendwo im Fluss dieses Prozesses, d.h. sie integriert in jedem Moment alle vier Stadien, ist aber mehr als bloss dieser einzelne Moment; das bedeutet, dass sie, wenn sie in einem bestimmten Punkt erfasst wird (ein anderer Zugang ist nicht möglich, weil sich die aktuale Entität für die Erkenntnis objektivieren muss), nie mit diesem Punkt identifiziert werden darf, sondern immer wieder auf das Ganze des Prozesses hin transzendiert werden muss. Darum ist die aktuale Entität als eine prozesshafte Einheit nur fassbar als Uebergang: "Each actual entity is a cell with atomic unity. But in analysis it can only be understood as a process; it can only be felt as a process, that is to say, as in passage" (PR 347). In dieser Auffassung des Seienden als Uebergang liegt wohl der eigentliche Kern des whiteheadschen Wirklichkeitsverständnisses und damit auch der Seinsvorstellung, wie sie hier erarbeitet werden soll.

b. Der eigentliche Vollzug des Prozesses

Nach dem gegebenen Aufweis verschiedener Momente stellt sich nun die weitere, wichtige Frage, wie dieser konstitutive Prozess vor sich geht, d.h. wie es zu erklären ist, dass und wie diese andern, objektiv gegebenen Entitäten, jede mit ihrer eigenen formalen "Wesenheit", in die Konstitution der in Frage stehenden aktualen Entität eingehen können. Anders ausgedrückt, wie es zu verstehen ist, dass jede aktuale Entität "an arrangement of the whole universe" (RM 101) darstellt, ohne mit diesem Universum zusammenzufallen. Auch die Antwort auf diese Frage kann hier nur in den grossen Zügen und nur so weit, als es für das Hauptanliegen notwendig ist, gegeben werden, denn sie würde, um nur einigermassen erschöpfend sein zu können, eine ganze Reihe von Einzeluntersuchungen voraussetzen, die einstweilen noch nicht vorhanden sind (104).

Vorausgehend sei darauf hingewiesen, dass nach Whitehead die klassischen Theorien dieses Problem nicht befriedigend zu lösen vermögen, weil sie die entsprechenden Voraussetzungen nicht mitbringen (105); im Gegensatz zu ihnen versucht die Organismusphilosophie eine Lösung in der "doctrine of prehensions" (PR 89) zu geben, die nun kurz skizziert und analysiert werden soll.

Jede aktuale Entität, de facto ungeteilt, ist als Prozess zerlegbar in einzelne sogenannte Prehensionen (106), die als "the most concrete elements in the nature of actual entities" (PR 28) zu verstehen sind, denn "the facts into which the actualities are divisible are their prehensions" (PR 444). Diese Prehensionen sind die eigentlichen Konstituenten der aktualen Entität, denn sie entsteht und wächst durch eine stets komplexer werdende Integration der verschiedenen Prehensionen, die eine neue Einheit bilden.

In einem gewissen Sinne ist die aktuale Entität identisch mit ihren Prehensionen, denn jede Prehension ist die aktuale Entität in ihrem konkreten Vollzug, erfasst in einer ganz bestimmten Phase. Die Prehensionen teilen deshalb mit der aktualen Entität die allgemeinen Charakteristiken: "any characteristic of an actual entity is reproduced in a prehension" (PR 28f), was nichts anderes bedeutet, als dass die Analyse der Prehensionen nochmals einen neuen Zugang zum "Wesen" der aktualen Entität eröffnet, und zwar diesmal eindeutig von der dynamischen Seite her, da die Prehension immer ein Vorgang ist und nur als solcher gedacht werden kann; die Prehensionen verstehen heisst darum die aktuale Entität verstehen.

Whitehead gibt selber eine recht deutliche und klare Definition dessen, was er unter "prehension" versteht: "Each process of appropriation of a particular element is termed a prehension" (PR 335); Prehension ist ganz allgemein jener Vorgang, durch den sich die aktuale Entität ein Element des vorgegebenen Universums aneignet und in sich aufnimmt, wodurch sie konstituiert wird; es ist jenes Geschehen, das das Zueinander und Ineinander der einzelnen aktualen Entitäten erklärt: "Actual entities involve each other by reason of their prehensions of each other" (PR 29).

Nach der 11. "category of explanation" besteht jede Prehension aus drei Elementen: "(a) the 'subject' which is prehending, namely, the actual entity in which that prehension is a concrete element; (b) the 'datum' which is prehended; (c) the 'subjective form' which is how that subject prehends that datum" (PR 35). Diese drei Faktoren, Träger, Objekt und Form des Geschehens, bilden zusammen die Prehension und bestimmen sie auf ihre Weise deren Charakter; sie stellen, was ihr Zueinander betrifft, einen ähnlich komplexen Sachverhalt dar, wie er im Zusammenhang mit den vier konstitutiven Stadien der aktualen Entität aufgezeigt wurde (107). Um die Prehension und damit die aktuale Entität besser zu verstehen ist daher nach dem Beitrag dieser Faktoren zu fragen, den sie im Vollzug einer Prehension leisten.

aa. Bestimmung der Prehensionen durch die "subjective form". Von der "subjective form" her gesehen können Prehensionen zunächst ganz allgemeine positiv oder negativ sein; Positivität und Negativität sind zwar selber keine "subjective forms", sind aber mit diesen immer mitgegeben und bestimmen sie fundamental. Eine Prehension ist positiv, wenn sie das "datum" tatsächlich integriert und in die Konstitution der betreffenden aktualen Entität aufnimmt; diese positiven Prehensionen werden meistens "feelings" genannt (PR 35). Bei der negativen Prehension wird ein "datum" von der Integration ausgeschlossen: "A negative prehension holds its datum as inoperative in the progressive concrescence of prehensions constituting the unity of the subject" (PR 35). Diese Art von Prehensionen hat trotz des negativen Charakters eine entscheidende Bedeutung in der Konstitution der aktualen Entität, denn auch eine negative Prehension ist ein konstitutives Geschehen, das gerade durch den Ausschluss von Gegebenheiten und durch die subjektiven Formen, unter denen dieser geschieht, Charakter und Eigenart der entsprechenden aktualen Entität wesentlich bestimmt; nicht nur was im Verlauf der Konstitution tatsächlich geschieht, sondern auch was nicht geschieht bestimmt das Wesen einer aktualen Entität.

Im Einzelnen gibt es verschiedene Arten von subjektiven Formen, die besagen, wie Elemente der vorgegebenen Wirklichkeit durch die aktuale Entität angeeignet oder ausgeschlossen werden. Whitehead nennt z.B. "emotions, valuations, purposes, adversions, consciousness" (PR 35), die sich konkret als "enjoyment" oder im Gegenteil als "horror, disgust, or indignation" (PR 37) äussern können. Alle möglichen Formen aufzuzählen und durchzugehen würde ins Uferlose führen; sie haben in ihren Besonderheiten ihre grosse Bedeutung vor allem für die konkrete Bestimmung einzelner Seienden, während für den vorliegenden Zusammenhang der Hinweis genügen dürfte, dass sie vorhanden sind und die Prehensionen wesentlich bestimmen.

bb. Bestimmung der Prehensionen durch die "data" (und das Subjekt). Noch stärker als durch die "subjective forms" werden die Prehensionen durch die "data" bestimmt durch das also, was "prehendiert" wird. Sollen Funktion und Bedeutung dieser "data" im Hinblick auf die Prehensionen erfasst werden, stellt sich eine doppelte Schwierigkeit: einerseits sind solche "data" immer mit "subjective forms" verbunden, da sie nur so zu Gegebenheiten von Prehensionen werden können, sodass sie nie rein für sich und rein als solche zugänglich sind; andererseits besteht eine ausgeprägte Parallelität zwischen dem "Subjekt" und den "data", d.h. das Subjekt wird nicht nur bestimmt durch die "data", aus denen es in gewissem Sinne hervorgeht, sondern es ist umgekehrt auch massgeblich beteiligt bei der Auswahl unter den möglichen "data", sodass es selber bestimmt, was zu einem "datum" werden soll. Es besteht zwischen den beiden eine fundamentale Wechselwirkung, die eine gewisse Konformität und Angleichung verlangt und voraussetzt, ohne dass es eindeutig ersichtlich ist, welcher Seite die primäre Rolle zukommt; es müssen daher beide, "Subjekt" und "data" miteinander gesehen und erklärt werden.

Entsprechend der Verschiedenheit der Gegebenheiten sind "physical prehensions" und "conceptual prehensions" bzw. "feelings" zu unterscheiden. Allgemein gesprochen sind die "physical prehensions" jene Prehensionen, deren "data" aktuale Entitäten einschliessen, die also irgendwie aktuale Entitäten zum Objekt haben, während die "conceptual prehensions" nur "eternal objects" (einfache oder komplexe) zum Gegenstand haben: "Prehensions of actual entities... are termed 'physical prehensions'; and prehensions of eternal objects are termed 'conceptual prehensions'" (PR 35).

Diesen beiden Grundtypen der Prehensionen entsprechen die beiden Pole des Subjektes, der "physical pole" und der "mental pole", und zwar so, dass die beiden Pole sowohl Träger der entsprechenden Prehensionen sind als auch umgekehrt durch diese erst konstituiert werden. Jede aktuale Entität weist diese beiden Pole auf: "an actual entity is essentially dipolar, with its physical and mental poles" (PR 366) und ist deshalb in jedem Fall aus "physikalen" und "mentalen" Aktivitäten zusammengesetzt, wobei aber die Relevanz der beiden sehr unterschiedlich sein kann, was die Verschiedenheit der aktualen Entitäten mitbedingt.

Die beiden Pole sind bereits in ihrem Ursprung untrennbar verbunden und gegenseitig aufeinander hingeordnet. Der mentale Pol entsteht "as the conceptual counterpart of operations in the physical pole. The two poles are inseparable in their origination. The mental pole starts with the conceptual registration of the physical pole" (PR 379); der "mental pole" setzt also den "physical pole" voraus. Die genannte konzeptuale Registration ist aber zugleich eine konzeptuale Bewertung ("valuation" als subjektive Form der "conceptual feelings") und bringt als solche schöpferische Absicht und Wirkung ("creative purpose") mit sich (PR 380). Daher ermöglicht es der mentale Pol dem Subjekt, sein eigenes Werden zu bestimmen und verleiht ihm dadurch eine gewisse Autonomie: "The mental pole introduces the subject as a determinant of its own concrescence. The mental pole is the subject determining its own ideal of itself by reference to eternal principles of valuation autonomously modified in their application to its own physical objective datum" (PR 380). Das heisst nichts anderes, als dass der mentale Pol, zunächst aus dem physikalen Pol hervorgegangen und abgeleitet, selber bestimmenden Einfluss auf den physikalen Pol und damit auf die ganze aktuale Entität ausübt. Der physikale Pol ist somit auch wesentlich durch den mentalen Pol bestimmt, die beiden stehen in einem korrelativen Verhältnis, sodass keiner ohne den andern zu verstehen ist.

Die beiden Pole stellen je einen bestimmten Aspekt der einen aktualen Entität dar. Durch den physikalen Pol und die ihm entsprechenden "physical prehensions" wird der Zusammenhang mit der konkreten, bereits bestehenden Wirklichkeit hergestellt und damit die Kontinuität mit ihr gewahrt, da alle Objekte des physikalen Poles, d.h. alle aktualen Entitäten in der aktualen Welt eines Subjektes durch dieses auf irgend eine Weise "gefühlt" (felt) werden müssen, wenn auch im allgemeinen nur vage (PR 66), denn "an actual entity in the actual world of a subject must enter into the concrescence of that subject by some simple causal feeling, however vague, trivial, and submerged" (PR 366). Ueber den physikalen Pol steht die aktuale Entität in kausaler Abhängigkeit von der ihr vorgegebenen aktualen Welt; darum werden die "simple physical feelings" bisweilen auch " 'causal' feelings" genannt (PR 361).

Im Gegensatz zu dieser kausalen Abhängigkeit ist mit dem mentalen Pol und den "conceptual prehensions" die Möglichkeit der Auswahl unter den Objekten und der "Stellungnahme" gegeben. Während alle objektiv gegebenen aktualen Entitäten irgendwie in die Konstitution eines Subjektes eintreten, kann (und muss) unter den "eternal objects" eine Wahl getroffen werden: "all the actual entities are positively prehended, but only a selection of the eternal objects" (PR 335). Diese Auswahl ist notwendig, weil in der konkreten Verwirklichung gewisse "eternal objects" miteinander unvereinbar sind und sich gegenseitig ausschliessen; sie geschieht durch den mentalen Pol, der damit der aktualen Entität ihre Freiheit, Unabhängigkeit, Selbständigkeit und Individualität garantiert.

Die beiden Pole und die zu ihnen gehörenden Aktivitäten durchdringen sich gegenseitig in allen Phasen einer aktualen Entität, sodass diese immer beide Seiten aufweist. Auf diese Weise sind Materielles und Geistiges (im weitesten Sinne des Wortes) in einer ursprünglichen Einheit verbunden, oder vielmehr müsste man sagen, dass es in dieser Perspektive, konsequent zu Ende gedacht, weder reine Materie noch reinen Geist gibt: "Each actuality is essentially bipolar, physical and mental" (PR 165); dies gilt sogar für Gott, wie Whitehead ihn philosophisch versteht, denn "God is not to be treated as an exception to all metaphysical principles, invoked to save their collaps.

He is their chief exemplification" (PR 521) (108). Geist und Materie sind Ausformungen der einen Wirklichkeit und implizieren sich gegenseitig, was gerade in der Konzeption der aktualen Entität sehr deutlich zum Ausdruck gebracht werden kann.

Der engen Verbindung der beiden Pole in der aktualen Entität einerseits und der Komplexität der "data" anderseits entsprechen auch gewisse Mischformen der Prehensionen, wie z.B. die "hybrid physical feelings" und die "transmuted feelings"; ihre Bedeutung liegt darin, dass sie die "conceptual feelings" und die "physical feelings" fundamental miteinander verbinden und so "the disastrous separation of body and mind" (PR 376) zu vermeiden helfen. Es kann hier diesen Prehensionen, die durch die "subjective forms" nochmals differenziert werden (109), nicht weiter in die Einzelheiten hinein nachgegangen werden (110), zumal da es eine unbestimmbare Anzahl von "types of feeling" (PR 354) gibt, ganz abgesehen davon, dass das "Funktionieren" und das gegenseitige Zusammenspiel der einzelnen Prehensionen in concreto äusserst kompliziert und vielschichtig ist, weil jede aktuale Entität aus einer unzählbaren Menge von verschiedenen Prehensionen "zusammengesetzt" ist. Für den vorliegenden Zusammenhang muss der Hinweis genügen, dass die aktuale Entität als dieser komplexe Vollzug von Prehensionen und "feelings" zu sehen ist.

c. Rückschlüsse für das Verständnis der aktualen Entität

Der Aufweis der Komplexität, die mit dem Vollzug des Prozesses (und damit in jeder aktualen Entität) gegeben ist, ermöglicht verschiedene für das Verständnis der aktualen Entität wichtige Rückschlüsse; einige von ihnen seien hier kurz genannt.

aa. Es ist die logische Folge aus der Bipolarität, dass eine aktuale Entität nie aus einer einzigen Prehension bestehen kann. Es sind immer mehrere solche Prehensionen vorhanden, die mit dem Fortschreiten des Prozesses dank ihrer gegenseitigen Verquickung sehr bald zu einer unüberschaubaren Komplexität führen. Dabei ist vor allem auch das Verhältnis zwischen den genannten Grundformen von Prehensionen, zwischen den "physical feelings" und den "mental feelings" von entscheidender Bedeutung. Dieses Verhältnis ist der Hintergrund und die allgemeinste Erklärung für die in der vordergründigen Beobachtung erfassten Unterschiede zwischen einzelnen "Dingen", so z.B. für die Unterscheidung von belebter und unbelebter Wirklichkeit wie überhaupt für die gewohnte Abstufung innerhalb unserer Erfahrungswelt. In der sogenannten "reinen", "toten" Materie, wie sie in Chemie und Physik untersucht wird, ist die Aktivität des mentalen Poles gegenüber jener des physikalen Poles unvergleichlich klein; als Geistigkeit, wie sie sich etwa beim Menschen feststellen lässt, ist sie faktisch irrelevant und entzieht sich unserer Beobachtung, was jedoch nicht heisst, dass sie nicht vorhanden ist: "Mentality is merely latent in all these occasions as thus (i.e. by the physicists and chemists) studied. In the case of inorganic nature any sporadic flashes are inoperative so far as our powers of discernment are concerned" (MT 167-168); demgegenüber ist die höher organisierte Wirklichkeit gerade nach der Relevanz des mentalen Poles abgestuft: "The various examples of the higher forms of life exhibit the variety of grades of effectiveness of mentality" (MT 168).

Dabei ist nochmals zu betonen, dass in jeder aktualen Entität immer beide Pole vorhanden sind, sodass eine aktuale Entität nur dann richtig erfasst wird, wenn beide Pole in ihrer konstitutiven Funktion berücksichtigt werden. Es wäre daher falsch, das Geistige etwa als Epiphänomen des Materiellen oder das Materielle als blosse Erscheinung des Geistigen zu verstehen, da auf diese Weise die eine der beiden Seiten verkürzt würde: "neither physical nature nor life can be understood unless we fuse them together as essential factors in the composition of 'really real' things whose interconnections and individual characters constitute the universe" (MT 150).

bb. Daraus folgt, dass die Wirklichkeit unter diesem Gesichtspunkt durchwegs gleich strukturiert ist; dies gilt sowohl für den Vergleich zwischen dem Grossen und dem Kleinen, insofern die aktuale Entität im Mikrokosmischen wiederholt, was das Universum im Makrokosmischen ist (PR 327), wie auch für die einzelnen aktualen Entitäten, die sich nicht in der Grundstruktur, sondern nur in der Komplexität der Prehensionen und durch das, was damit zusammenhängt, unterscheiden; alle aktualen Entitäten, ob belebt oder unbelebt, ob geistbegabt oder nicht, weisen dieselbe Grundstruktur auf, wenn sie auch durch das Vorherrschen bestimmter Aspekte als sehr verschieden erscheinen. Das heisst aber umgekehrt, dass diese Grundstruktur nur aus der Gesamtschau dieser Aspekte richtig erfasst werden kann, sodass bei der Erklärung eines jeden Seienden auch jene Aspekte mitberücksichtigt werden müssen, die irrelevant und daher nicht unmittelbar sichtbar sind.

cc. Aus dieser Strukturgleichheit folgt, dass auf der metaphysischen Ebene die gesamte reale Wirklichkeit durchgehend mit derselben Sprache erfassbar und ausdrückbar sein muss, und dass ein Seinsbegriff möglich sein muss, der nicht rein formal ist, sondern diese allen aktual Seienden gemeinsame Struktur zum Ausdruck bringt. Ein solcher Seinsbegriff wird am besten von jenem Seinsbereich abgeleitet, in welchem diese Strukturen am vollständigsten verwirklicht und deshalb am leichtesten zugänglich sind, also von der konkreten, realen Wirklichkeit, näherhin vom menschlichen Sein, das uns am nächsten liegt; deshalb hat Whitehead den Begriff "actual entity", der zwar nicht einfach mit dem Seinsbegriff zu identifizieren ist, wohl aber als dessen beste konkrete Ausformung gelten dürfte, weil er grundlegend von den genannten Strukturen her konzipiert ist, zu einem schönen Teil aus der typisch menschlichen Erfahrung abgeleitet.

Beachtet man die Tatsache, dass es entsprechend ihrer Ausrichtung zwei Grundformen der Erfahrung gibt, nämlich die (auf das Objekt gerichtete) Fremderfahrung und die (subjektive) Selbsterfahrung, dann bieten sich, da jeder Sprachwerdung eine Erfahrung vorausgeht, grundsätzlich zwei Möglichkeiten des Vorgehens an: man kann von der objektiven Fremderfahrung ausgesehen und die ganze Wirklichkeit, einschliesslich der Eigenerfahrung, unter einem objektiven Aspekt betrachten und beschreiben, oder man kann von der subjektiven Eigenerfahrung ausgehen und sukzessive die objektive Wirklichkeit mit einbeziehen und aus dieser (subjektiven) Perspektive erklären; im ersten Fall wird eine vom Objekt her geprägte Sprache und Vorstellungsweise auf den subjektiven Bereich übertragen, der dabei Gefahr läuft, "verobjektiviert" und dadurch nicht in seinen spezifischen (subjektiven) Dimensionen gesehen zu werden, während im zweiten Fall eine aus der Eigenerfahrung stammende und von ihr geprägte Begrifflichkeit auf die objektive Wirklichkeit übertragen wird, ein Vorgehen, hinter dem man eine ungerechtfertigte Projektion sehen kann.

Von diesen beiden Möglichkeiten wählt Whitehead die zweite, weil sie zu einem adäquateren Seinsbegriff führt. Der Grund liegt darin, dass die Eigenerfahrung des Menschen in dem Sinne tiefer und umfassender ist, als sie nicht nur die Fremderfahrung in ihr eingeschlossen ist, sondern auch insofern, als es Phänomene gibt, die erst im Menschen, also in der spätesten uns fassbaren Phase der Entwicklung voll entfaltet sind und zum Vorschein kommen; diese Phänomene laufen Gefahr, gerade in dem, was sie der vorausgehenden Wirklichkeit gegenüber an Neuem sichtbar werden lassen übergangen zu werden, wenn man eine objektive Sprache verwendet, die nicht von ihnen her abgeleitet ist. Da aber in diesen Phänomenen etwas zum Ausdruck kommt, das nicht absolut neu ist, sondern bereits "vorher", in den früheren Stadien des ganzen Entwicklungsprozesses, latent vorhanden und grundgelegt ist, dort aber nicht klar genug erkannt werden kann (111), ist die Uebertragung dieser Begriffe vom Menschen auf die objektive Wirklichkeit nicht eine falsche Projizierung, sondern sie ermöglicht es, die objektive, vor allem die "vormenschliche" Wirklichkeit unter Einschluss ihrer verborgenen und erst in einem späteren Stadium zutage tretenden Dimensionen zu erfassen; im Menschen als der gegenwärtig höchsten uns bekannten Stufe der Entwicklung kann darum abgelesen werden, was die Wirklichkeit "eigentlich" und im Letzten ist, sodass deren Beschreibung von der menschlichen Erfahrung her die adäquateste sein dürfte; allerdings ist die Möglichkeit weiterer, noch verborgener Dimensionen nicht auszuschliessen, deren Entdeckung unter Umständen wieder eine neue Terminologie, auch für die bereits bekannte Wirklichkeit, fordern wird.

Aus dem Gesagten wird klar, warum Whitehead in der Organismusphilosophie eine ganze Reihe von Begriffen verwendet, die man normalerweise für rein menschliche Bereiche reserviert, wie z.B. "feeling", "prehension", "mentality" usw.; er braucht sie, um allgemeine Sachverhalte auszudrücken, die erst vom Menschen her zugänglich sind und deshalb mit den entsprechenden Ausdrücken bezeichnet werden, die aber nicht auf ihn beschränkt sind. Dadurch kommt die Struktureinheit der ganzen Wirklichkeit mit aller nur wünschbaren Deutlichkeit zum Ausdruck: was im Menschen vor sich geht, wenn er "fühlt", ist das Offenbarwerden eines Prozesses, der sich in der Tiefe einer jeden aktualen Entität, wenn auch in andern subjektiven Formen, abspielt, nämlich das Aufnehmen der vorgegebenen aktualen Welt in die sich konstituierende aktuale Entität, ein Vorgang, der daher sehr wohl mit dem Ausdruck "feeling" umschrieben werden kann; auch die "mentality", die wir nach dem gewohnten Sprachgebrauch nur "vernunftbegabten" Lebewesen zuerkennen, ist ein konstitutives Moment einer jeden aktualen Entität, wenn sie sich auch in verschiedenen Formen und Abstufungen zeigt. Es liesse sich für die meisten der verwendeten philosophischen Begriffe ein solcher Ursprung aus der spezifisch menschlichen Wirklichkeit nachweisen (112); dahinter steht im Grunde der Versuch, metaphysische Sachverhalte mit Hilfe einer leicht verständlichen und direkt zugänglichen Terminologie aus der Alltagssprache auszudrücken.

Durch diese Uebertragung der Begrifflichkeit geschieht ein Doppeltes: einerseits erscheint die Wirklichkeit dadurch in einer neuen Perspektive (als Organismus), was ein neues metaphysisches Wirklichkeitsverständnis eröffnet; umgekehrt erfahren dabei die Begriffe selber eine gewisse Umformung, was nicht nur erfordert, sie strikt aus dem jeweiligen philosophischen Zusammenhang heraus zu verstehen und zu interpretieren, sondern auch deren Verständnis bei aller ursprünglichen Anschaulichkeit doch wieder um Einiges erschwert (113).

dd. Es ist wohl nicht überflüssig, hier nochmals kurz auf das Bewusstsein zurückzukommen, denn das Missverständnis liegt sehr nahe, das Bewusstsein als mit der "mental activity" stets gegeben zu sehen; dies ist trotz der aufgezeigten Strukturgleichheit nicht der Fall, denn die "conceptual prehension" als das Gegenstück zur "physical prehension" hat zunächst mit Bewusstsein nichts zu tun, wie man aus dem Begriff "conceptual" fälschlicherweise schliessen könnte (114); Bewusstsein ist eine "subjective form", die erst in höheren, komplexeren Phasen der aktualen Entität möglich ist (PR 246), denn es ist selber bereits das Ergebnis einer Synthese verschiedener Vorgänge: "The consciousness is what arises in some process of synthesis of physical and mental operations" (PR 370) bzw. die Art und Weise, wie verschiedene "data" miteinander verglichen werden: "Consciousness is how we feel the affirmation-negation contrast" (PR 372); Bewusstsein kann erst gegeben sein, wenn verschiedene Voraussetzungen erfüllt sind (115).

Es wäre somit falsch, vom menschlichen Bewusstsein als solchem her direkt auf die Gesamtwirklichkeit zu schliessen, denn es gibt zunächst nur Aufschluss über die höheren Phasen, in welchen es auftritt: "Consciousness primarily illuminates the higher phase in which it arises, and only illuminates earlier phases derivately, as they remain components in the higher phase" (PR 246); vorausgehende Phasen haben kein Bewusstsein, wohl aber die ihm zugrunde liegenden Strukturen.

ee. Noch auf eine letzte Unterscheidung ist hier hinzuweisen. Mit der bisher besprochenen Komplexität der aktualen Entität sind nicht bereits die konkreten Dinge der Alltagserfahrung gemeint und erklärt; diese sind nämlich nicht einfach als aktuale Entitäten, sondern als "enduring objects" bzw. "nexus" oder "societies" zu verstehen und darum nicht mit den aktualen Entitäten zu identifizieren: "The real actual things that endure are all societies. They are not actual occasions" (AI 204). Den Unterschied zwischen den beiden macht gerade die Dauer aus: eine "actual occasion", hier gleichbedeutend mit "actual entity", dauert als solche nicht, sie ändert sich auch nicht, "it only becomes and perishes" (AI 204), denn ein Prozess kann nicht dauern im Sinne eines festen Gegenstandes, sondern er geschieht, indem er wird und vergeht; eine "society" hingegen dauert und stellt eine über eine längere Zeit gleich bleibende Gegebenheit dar, die als "enduring object" erscheint. Eine solche "society", die vom Ausdruck her an eine menschliche Wirklichkeit denken lässt, hier aber als philosophischer Begriff verstanden werden muss, stellt ein komplexes Gebilde dar (deshalb auch "nexus" genannt), das aus mehreren aktualen Entitäten und deren Zusammenspiel konstituiert ist; als solches weist sie ähnliche Eigenschaften auf wie die aktualen Entitäten, es kommen aber weitere Momente hinzu, die sich als Folge der Komplexität erklären lassen. Dies gilt auch für die Dauer als dem wichtigsten Moment, denn sie entsteht, etwas verkürzt und vereinfacht dargestellt, durch die ständige Wiederholung gewisser Aspekte, die dadurch während einer längeren Periode dominant sind, und die stets neu, aber in derselben Weise aktualisiert werden, sodass sich der Charakter der betreffenden "society" durchhält; so bleibt z.B. ein Stein über eine längere Zeit derselbe, weil sich, wiederum verkürzt ausgedrückt, sowohl in seinem "Innern" wie auch nach "aussen" immer wieder dieselben Beziehungen unter denselben "subjective forms" realisieren; die Dauer ist die Folge der steten Wiederholung derselben Prozesse. Für die Person heisst das: "The enduring personality is the historic route of living occasions which are severally dominant in the body at successive instants" (PR 182). Geschieht diese Wiederholung der für eine "society" charakteristischen Aspekte nicht mehr, wird also die "historic route" unterbrochen, weil irgendwelche Umstände dazwischen treten oder andere, entgegengesetzte Aspekte dominant werden, dann hört ein "enduring object" auf, ein solches zu sein, es zerfällt und löst sich auf oder wird zu einem neuen, andern "enduring object" (116).

d. Ursprung und Herkunft der aktualen Entität als Prozess

Bisher war die Rede von der aktualen Entität als Prozess, als Uebergang von der gegebenen zu einer neuen Wirklichkeit; die aktuale Entität selber wurde verstanden als dieses "Zwischen", das zwar immer als Ganzes zu sehen ist, aber nur in und durch die einzelnen Momente thematisch fassbar ist. Dabei wurde sie zunächst einfach als gegeben angenommen, ohne nach ihrer Herkunft und ihrem Ursprung zu fragen; diese Frage muss nun noch kurz gestreift werden, denn der blosse Hinweis auf die Prozesshaftigkeit kann nicht befriedigen, da ein Prozess auf seinen Anfang zurückweist und diesen impliziert, es sei denn man setze ihn absolut, was jedoch für eine endliche Wirklichkeit nicht zulässig ist.

Zum Teil wurde diese hier aufgeworfene Frage bereits beantwortet, insofern darauf hingewiesen wurde, dass jede aktuale Entität aus der ihr vorgegebenen aktualen Welt hervorgeht, die sie mit Hilfe der Prehensionen in sich aufnimmt. Die aktuale Entität steht in kausaler Abhängigkeit vom bestehenden Universum und ist bedingt durch alles, was "vorher", in ihrer Vergangenheit geschehen ist; das ist die Folge jener Tatsache, dass jede aktuale Entität irgendwie in die Konstitution einer neuen aktualer Entität eingehen muss (PR 366). So wird sie durch die "simple causal feelings" bestimmt, und in diesem Sinne ist ihr Ursprung kein Problem: sie ist das Ergebnis der ihr vorgegebenen Welt und der komplexen Verflechtung der ganzen Wirklichkeit. Nun aber ist die aktuale Entität mehr als nur das Ergebnis kausaler Abhängigkeiten, denn sie hat neben dem "physical pole" auch einen "mental pole". Durch die Aktivität des "mental pole" steht sie der Wirklichkeit in einer gewissen Unabhängigkeit gegenüber, da sie unter den hier gegebenen Objekten ("eternal objects", "propositions", "contrasts" usw.) auswählen kann, sodass sie sich selber bestimmen kann. Im "mental pole" liegt somit die Möglichkeit einer Selbstbestimmung begründet, er ist in diesem Sinne der Ursprung der aktualen Entität als selbständiger Grösse: "Each temporal entity, in one sense, originates from its mental pole, analogously to God himself" (PR 343).

Damit ist jedoch das Problem nicht gelöst, sondern nur verschoben, denn es stellt sich die weitere Frage nach dem Ursprung des "mental pole", der nicht bloss das Ergebnis vorgegebener Zusammenhänge sein kann, wenn er das Prinzip der Einmaligkeit der aktualen Entität sein soll. Natürlich ist auch er in seiner konkreten Ausformung weitgehend durch die früheren "Entscheidungen", die im Verlauf der "historic route" gefallen sind, bestimmt, aber es stellt sich doch die Frage, warum eine aktuale Entität einmal begonnen hat, so und nicht anders zu entscheiden: woher hat sie ihre "initial aim", ihre erste "subjective aim", die ihr "Wesen", die Art und Weise ihrer Entscheidungen und den ganzen folgenden Prozess bestimmt und ihr dadurch Individualität und Einmaligkeit verleiht? Anders ausgedrückt: woher stammt ihre Finalität, die sie als Prozess überhaupt erst in Gang brachte und sie weiterhin in Bewegung hält, und warum gibt es solche und gerade diese aktualen Entitäten, die als "Brennpunkte" des Universums die ganze Wirklichkeit in je einmaliger Weise um sich gruppieren und in sich fassen?

Whitehead gibt auf diese Fragen eine sehr einfach klingende Antwort, die allerdings eine ganze Reihe weiterer, ungelöster Probleme in sich schliesst: "It derives from God its basic conceptual aim, relevant to its actual world, yet with indeterminations awaiting its own decisions" (PR 343); jede (zeitliche) aktuale Entität leitet ihren Anfang von Gott ab (117). Damit wird Gott zum "principle of concretion", denn "he is that actual entity from which each temporal concrescence receives that initial aim from which its self-causation starts" (PR 374). Dieser von Gott abgeleitete Anfang ("initial aim") bestimmt "the initial gradations of relevance of eternal objects for conceptual feeling; and constitutes the autonomous subject in its primary phase of feelings with its initial conceptual valuations, and with its initial physical purposes" (PR 374). Diese am Anfang mitgegebene "subjective aim" wird in der Folge sukzessiv modifiziert, bleibt aber jener Faktor, der der aktualen Entität ihre Einheit verleiht und ihre Identität durch den ganzen Prozess hindurch garantiert, indem er die einzelnen Phasen des Zusammenspiels von "physical feelings" und "mental feelings" bzw. "conceptual feelings" leitet (PR 343).

Zusammenfassend kann man somit sagen: "God and the actual world jointly constitute the character of the creativity for the initial phase of the novel concrescence" (PR 374); Gott und die bereits bestehende, vorgegebene Welt bilden den Ausgangspunkt für eine neu entstehende aktuale Entität, sie bestimmen den Charakter der Kreativität, die als dynamischer Faktor jeder aktualen Entität zugrunde liegt. Ist eine aktuale Entität auf diese Weise einmal konstituiert, dann ist sie im Folgenden als Subjekt "the autonomous master of its own concrescence into subject-superject" (PR 374), also ein selbständiges, einmaliges Individuum. Trotz des Ursprungs aus Gott und der objektiven Wirklichkeit bleibt somit etwas übrig, das nur von der aktualen Entität selber getan werden kann, nämlich ihre eigene konkrete Aktualisierung (118). Das Verhältnis zwischen Selbstbestimmung und Abhängigkeit ist etwas leichter zu verstehen, wenn man mit Whitehead unterscheidet zwischen dem Bedingtsein und dem Bestimmtsein: "an originality in the temporal world is conditioned, though not determined, by an initial subjective aim supplied by the ground of all order and of all originality" (PR 164), wobei unter diesem "ground of all order" nichts anderes gemeint ist als die "primordial nature of God" (PR 164); Bedingtsein ist noch nicht Determiniertsein und lässt daher trotzdem eine gewisse "Freiheit" zu.

Es braucht hier dieser Frage nicht weiter nachgegangen zu werden, da es entsprechend dem Gesamtzusammenhang nicht primär um die Eigenständigkeit des einzelnen Seienden geht, die sich als Faktum sowieso immer wieder von selbst aufdrängt, sondern um die Einbeziehung der "horizontalen" Dimension in die "Wesensbestimmung" des Seienden, d.h. um die Berücksichtigung der konstitutiven Funktion der Gesamtwirklichkeit. Zu diesem Zweck dürfte der Aufweis genügen, dass nicht nur die vorhandene Welt, sondern auch eine sie transzendierende Wirklichkeit einbezogen werden muss: eine aktuale Entität ist, indem sie wird, und sie wird durch den Vollzug von vielfältigen Wechselbeziehungen zur ganzen Wirklichkeit.

3. Die aktuale Entität als "subject-superject"

Der Beschreibung der aktualen Entität als Prozess, wie sie bisher versucht wurde, kommt ohne Zweifel eine zentrale Bedeutung zu, denn sie erlaubt es, die dynamische Dimension als grundlegenden Faktor einzubeziehen. Es besteht dabei jedoch die Gefahr, dass man die aktuale Entität aufgehen lässt in einen nicht bestimmbaren und nicht abgrenzbaren Fluss des Werdens, sodass man sie gar nicht mehr als ein "Seiendes" im Sinne eines "Einzeldinges" zu fassen bekommt, womit ein wesentlicher Aspekt der Wirklichkeit unterschlagen wird. So sehr eine aktuale Entität immer sowohl ihre Vergangenheit wie auch ihre Zukunft in sich vereinigt und letztlich nur als das Ganze ihres Konstitutionsprozesses zu verstehen ist, so ist dieses Ganze doch immer zentriert auf einen bestimmten Punkt, in welchem es als dieses konkrete Seiende fassbar wird; in diesem Punkt fliesst alles zusammen, was diese je einmalige aktuale Entität ausmacht.

Um nun eine aktuale Entität, die in einem bestimmten Moment als bestehendes Seiendes erscheint, an dem die Prozesshaftigkeit nicht unmittelbar sichtbar ist, trotzdem als Prozess zu erfassen und nicht auf ein einzelnes Moment zu verkürzen, braucht Whitehead das Begriffspaar "subject-superject", das als Einheit aus den beiden "Endpunkten" den ganzen Prozess umgreift und so die aktuale Entität als Ganze, d.h. ihre einzelnen Momente integrierend zu erfassen vermag; das Hauptgewicht ist dabei auf das "zugleich" zu legen, damit keine Seite verkürzt wird, denn nur wenn die aktuale Entität immer zugleich als Ausgangspunkt (subject) und als Endpunkt (superject) des Prozesses verstanden wird, impliziert sie auch in jedem Moment ihre Prozesshaftigkeit (119).

Die beiden verwendeten Ausdrücke sind von der lateinischen Sprachwurzel her zu verstehen: Sub-jekt ist das, was der aktualen Entität als Werdeprozess zugrunde liegt, die aktuale Entität ist als Subjekt Träger ihrer eigenen Konstitution; Super-jekt hingegen ist das, was als Ergebnis über und jenseits des Prozesses liegt und worauf dieser hinzielt.

Die aktuale Entität ist immer beides:
- "at once the subject of self-realization, and the superject which is self-realized" (PR 340).
- "at once the subject experiencing and the superject of its experiences" (PR 43).
- "An actual entity is to be conceived both as a subject presiding over its own immediacy of becoming, and a superject which is the atomic creature exercising its function of objective immortality" (PR 71).

Einerseits ist die aktuale Entität immer ein Subjekt auf dem Weg seiner Selbstverwirklichung, aber Subjekt kann sie nur sein, weil sie bereits ein Superjekt ist, d.h. ein Ergebnis des vorausgehenden Prozesses, sie ist als Subjekt immer auch Superjekt. Anderseits strebt sie danach, sich zu verwirklichen, d.h. ein Superjekt zu werden; erreicht sie dieses Ziel, wird sie als Superjekt wieder zu einem Subjekt für die Fortsetzung des Prozesses; ist dies nicht der Fall, bleibt sie also blosses Superjekt, dann geht sie als solches in reine Objektivität über; sie hört auf, eine aktuale Entität zu sein, weil sie als Subjekt vergeht und die subjektive Unmittelbarkeit verliert: "actual entities 'perpetually perish' subjectively, but are immortal objectively. Actuality in perishing acquires objectivity, while it loses subjective immediacy" (PR 44). Nur wenn ein Seiendes als Superjekt auch Subjekt eines weiteren Prozesses ist, in welchem es als Subjekt "funktionieren" kann, bleibt es eine aktuale Entität, sonst geht es über in "objective immortality".

Als Subjekt ist die aktuale Entität mit der Selbstkonstitution (self-formation) beschäftigt, als Superjekt mit der "other-formation", insofern sie sich durch ihre Objektivation andern entstehenden aktualen Entitäten als Objekt darbietet, die von ihr sagen können: "It is mine" (PR 126); durch diese Objektivation wird die aktuale Entität Element im Werdeprozess einer andern aktualen Entität, sie verliert dabei zwar ihre subjektive Eigenständigkeit bzw. ihre "subjective immediacy", behält aber eine spezifische, einmalige Bedeutung durch ihre Funktion in der Konstitution der neuen aktualen Entität; als solche zwar "untergegangen" lebt sie weiter in der neuen aktualen Entität: "The creature perishes and is immortal" (PR 126).

Diese mit dem Begriff "subject-superject" erfasste doppelte Ausrichtung der aktualen Entität auf "self-formation" und "other-formation" kann in einer andern Terminologie auch als "öffentlich-privater" Aspekt bezeichnet werden: "An actual entity considered in reference to the publicity of things is a 'superject' ... An actual entity considered in reference to the privacy of things is a 'subject'" (PR 443).

Im Hinblick auf die "publicity of things", also als Faktum unter den übrigen "public facts" ist die aktuale Entität ein Superjekt, denn als solches Faktum geht sie aus der bereits bestehenden "Oeffentlichkeit" hervor und fügt sich selber ihr als neues Faktum hinzu: "It is a moment of passage from decided public facts to a novel public fact" (PR 443). Als objektiviertes Element lässt sie sich unter die andern Elemente des Universums einreihen und ist mit diesen zusammen in der "coordinate division" zu erfassen und zu beschreiben, denn "public facts are, in their nature, coordinate" (PR 443). "In reference to the privacy of things" hingegen ist die aktuale Entität ein Subjekt, der Träger ihrer eigenen Konstitution, "a moment of the genesis of self-enjoyment" (PR 443). Unter diesem Aspekt ist sie nur als Prozess zu verstehen und darzustellen, aber weil dieser Prozess aus der vorgegebenen, "objektiven" Welt hervorgeht und "öffentliche" Fakten zu einer neuen Einheit integriert, verweist auch der Prozess immer wieder auf die "publicity"; auch hier sind die beiden Aspekte der "öffentlichen" und der "privaten" Sphäre nicht voneinander zu trennen (120).

Es wäre ein falscher Schluss, der aus den vorausgehenden Hinweisen gezogen werden könnte, wenn man den Doppelaspekt "subject-superject" einfach auf die "Innen-" und die "Aussenseite" der aktualen Entität verteilen würde, als ob der Aspekt "subject" nur die innere Konstitution und der Aspekt "superject" nur die Beziehung nach aussen betreffen würde; damit würde das Spezifische, das Whitehead mit diesem Begriffspaar zum Ausdruck bringen will, verwischt und verfehlt. Es muss daher nochmals ausdrücklich darauf hingewiesen werden, dass gerade auch für die aktuale Entität als Prozess, also in sich betrachtet und nicht nur im Hinblick auf die objektive Wirklichkeit, gilt: "At any stage it is subject-superject" (PR 374). Auch innerhalb des Konstitutionsprozesses sind die beiden Momente immer gegeben, und zwar so, dass sie sich gegenseitig übergreifen, indem die aktuale Entität auch dann ein Superjekt ist, wenn sie sich als Subjekt erweist und umgekehrt.

Durch dieses Uebergreifen wird es der Organismusphilosophie möglich, die aktuale Entität und mit ihr die ganze Wirklichkeit fundamental als Prozess zu erfassen und darzustellen, denn durch dieses Ueberschneiden der beiden Momente wird gleichsam ein "Raum" eröffnet und abgesteckt, der nur durch einen Prozess erfüllt sein kann; es ist jenes dynamische "Zwischen", als welches die aktuale Entität verstanden und gedacht werden muss. Eine aktuale Entität strikte als "subject-superject" verstehen heisst, sie weder nach der einen noch nach der andern Seite verkürzen, sondern sie zugleich als Subjekt und als Objekt sehen, was nur denkbar ist, wenn man sie auf keines der beiden Momente festlegt, sondern sie als Prozess konzipiert, der beide je neu und in einem verwirklicht.

Es dürfte klar sein, dass bei einer solchen Interpretation der aktualen Entität, die hier als letzte reale Gegebenheit der Wirklichkeit verstanden wird (PR 27), eine nur vom Subjekt oder nur vom Objekt im gewohnten Sinne her bestimmte Vorstellung als letzter Ausdruck für ein Seiendes (Seinsbegriff) hinfällig und überholt ist; sie muss auf der metaphysischen Ebene ersetzt werden, und zwar durch jene Vorstellung, die durch den Begriff "actual entity" nahegelegt wird und sich am Seienden als Prozess orientiert.

Schlussbemerkungen

Es mag überraschen, dass die Ausführungen schon hier abgebrochen werden, da sie ohne Zweifel in allen Teilen einen sehr fragmentarischen Eindruck hinterlassen. An sich müsste an dieser Stelle ein weiterer Abschnitt folgen, in welchem der intendierte Seinsbegriff als solcher erarbeitet und explizit dargestellt würde, um so die vorausgegangenen Ueberlegungen zu Ende zu führen und die in ihnen liegenden Ansätze voll auszuwerten. Dieser letzte Schritt kann hier nicht mehr getan werden, sondern muss, weil er eine sehr umfangreiche und weitverzweigte Aufgabe darstellt, einer eigenen Untersuchung überlassen werden; ob er durch die gemachten Ausführungen genügend vorbereitet ist, und ob überhaupt die Zeit für die explizite, thematische Erarbeitung eines solchen Seinsbegriffs schon reif ist, ist eine andere Frage; es ist denkbar, dass dieser letzte Schritt noch gar nicht möglich ist (121).

Bei dieser Situation kommen den folgenden Schlussbemerkungen eine besondere Bedeutung zu. Es wird ihre schwierige Aufgabe sein, die Ausführungen abzurunden, sie zusammenzufassen und ihnen dadurch trotz allem eine gewisse Einheit und Abgeschlossenheit zu verleihen, um so wenn möglich nochmals etwas deutlicher hervorzuheben, was mit ihnen eigentlich erreicht werden sollte. Es stellt sich mit andern Worten die Frage nach dem Ergebnis.

Diese Frage zu beantworten wäre dann relativ leicht, wenn das Ergebnis in ein paar Sätzen oder in einer klaren und eindeutigen Formel zusammengefasst werden könnte; gerade das ist aber bei der Zielsetzung der vorliegenden Arbeit nicht möglich, da es nicht darum ging, einen Seinsbegriff zu erarbeiten, den man vielleicht (aber nur vielleicht!) am Schluss als Ergebnis in einer Art "Definition" hätte erfassen können, sondern darum, ein bestimmtes Wirklichkeitsverständnis ausdrücklich und geläufig zu machen und es im Hinblick auf einen zu entfaltenden Seinsbegriff durchzudenken; ein Wirklichkeitsverständnis kann aber nicht einfach in ein paar Sätzen festgehalten werden, es ist als Ganzes entweder vorhanden oder nicht vorhanden und kommt mehr oder weniger indirekt zum Ausdruck. Was angestrebt wurde, ist die Aneignung dieses Wirklichkeits- und Seinsverständnisses, damit daraus allmählich ein entsprechender Seinsbegriff herauswachsen kann. Es kann auch nicht nachgeprüft werden, ob die neu erarbeitete oder doch angestrebte metaphysische Perspektive als Basis den heutigen Anforderungen an die Philosophie gerecht zu werden vermag, denn dazu müssten nicht nur die Basis und die Anforderungen noch klarer erfasst, sondern auch die gemachten Ansätze auf den verschiedensten Gebieten durchgeführt werden; doch auch dies würde zu weit führen und muss daher unterbleiben; auch auf eine Auseinandersetzung mit andern möglichen Positionen muss hier verzichtet werden, obwohl eine solche sehr interessant und fruchtbar sein könnte.

Die Frage nach dem Ergebnis, das in der Arbeit als ganzer liegt, ist daher kaum anders zu beantworten als dadurch, dass der Grundgedanke und die ursprüngliche Intention nochmals aufgenommen und in Erinnerung gerufen wird, denn nur so kann abschliessend festgestellt werden, was die ganze Diskussion bezweckte und was sich für das Seinsverständnis und den Seinsbegriff daraus ergibt; zugleich wird auch die Richtung klarer, in welcher der Seinsbegriff zu suchen und zu denken ist.

Statt alle einschlägigen Themen und Probleme nochmals aufzugreifen, sollen die gemachten Schritte kurz rekapituliert werden. Die Grundzüge des Gedankenganges dürften klar sein: es geht um das Verhältnis zwischen objektiver und gedachter Wirklichkeit und speziell um die Frage, ob unsere Seinsvorstellung (und mit ihr der Seinsbegriff) der Realität entspricht. In der gewählten Perspektive bietet sich das Verhältnis folgendermassen dar: Ausgangspunkt und Grundlage ist die umfassend verstandene Wirklichkeit unter Einschluss aller Dimensionen; aus dem Umgang mit ihr bildet sich der Mensch ein bestimmtes Wirklichkeits- und Seinsverständnis, das sich im Seinsbegriff niederschlägt, der seinerseits die konkrete Wirklichkeitserfahrung wieder beeinflusst und mitbestimmt. Der Seinsbegriff ist daher so zu verstehen, dass er in erster Linie die konkrete, reale Wirklichkeit zum Ausdruck bringt und in seinem Inhalt von dieser geprägt ist.

Diese Grundentscheidung, die der Wirklichkeit vor dem Begriff die Priorität zuschreibt, hat zur Folge, dass nicht ein vorgegebener und als bekannt geglaubter Inhalt des Seinsbegriffs, sondern die Wirklichkeit bzw. das Wirklichkeitsverständnis die Hauptsache ist, sodass der Begriff nicht verabsolutiert werden darf, sondern sich stets neu an der Wirklichkeit zu orientieren hat, zumal diese nie restlos erkannt ist und selber stets sich weiter entwickelt und entfaltet, ein Faktum, das ebenfalls in den Seinsbegriff einzubeziehen ist.

So war zur Aufgabe gestellt, das heutige Wirklichkeitsverständnis zu analysieren und in seinen Hauptzügen, vor allem in dem, was es gegenüber einem früheren Weltbild an Neuem aufweist, darzustellen; dies geschah im ersten Teil mehr phänomenologisch an Hand der Geschichtlichkeit als einer Grunddimension unserer Wirklichkeit und des dialogisch-personalen Menschenverständnisses als einer ihrer konkreten Ausformungen, und im zweiten Teil mehr philosophisch, indem bei Whitehead ein möglicher Ausdruck dieses Wirklichkeitsverständnisses, grundgelegt im ontologischen Prinzip und ausgeformt im Begriff "actual entity" aufgezeigt wurde. Als wichtigstes Moment hat sich dabei der Aspekt des Dynamischen in der Form des als konstitutiver Vollzug verstandenen Bezogenseins immer wieder in den Vordergrund gestellt, was schliesslich für die ontologische Perspektive den Uebersteig des rein in sich verstandenen und als geschlossene Einheit interpretierten Seienden und den Einbezug der Relation als konstitutives Element erforderte: das Sein des Seienden ist nur zu verstehen unter Berücksichtigung seines Bezogenseins auf alle Gegebenheiten seiner Umwelt, es ist ein einmaliger Brennpunkt des ganzen Universums.

Den Zugang zu dieser "relational" verstandenen und bestimmten Seinsvorstellung vermittelte das Phänomen der menschlichen Erfahrung, die als Ganzheit zu sehen ist und gerade in ihrer Komplexität die Basis für das Verständnis dessen bildet, was mit "Sein" gemeint ist; am Beispiel verdeutlicht: nicht der Ausdruck "der graue Stein", der die Vorstellung eines bereits bestehenden und von einer Qualität (grau) bestimmten Seienden (Stein) nahelegt, sondern die Aussage "meine Erfahrung des grauen Steines" bringt die letzte Gegebenheit zum Ausdruck, von der das Seinsverständnis und die Seinsvorstellung abzuleiten sind. Dieser Uebergang vom Phänomen der menschlichen Erfahrung zu einer allgemeinen Seinsvorstellung ist deshalb möglich, weil in ihm als konkreter Ausformung eines viel allgemeineren Bezogenseins eine Grundstruktur der Wirklichkeit sichtbar wird, die jedes Seiende, wenn auch in sehr verschiedenen Formen bestimmt.

Wird der Seinsbegriff auf dem Hintergrund dieses fundamentalen Bezogenseins konzipiert, dann ist das Sein der Seienden auf der metaphysischen Ebene als deren Werden zu verstehen, denn das, was ein Seiendes als solches ausmacht, ist identisch mit seinem eigenen Konstitutionsprozess: "Its 'being' is constituted by its 'becoming'" (PR 34-35). Mit einem so verstandenen Seinsbegriff wird es möglich, Geschichtlichkeit und evolutive Prozesshaftigkeit der Wirklichkeit und überhaupt das Faktum des Werdens als primäre Dimensionen zu erklären und die fundamentale Stellung ernst zu nehmen, die diesen Aspekten zukommt.

Das Ziel der angestellten Ueberlegungen wäre dann als erreicht zu betrachten, wenn man bei der ontologischen Diskussion beim Ausdruck "Sein" nicht in erster Linie an etwas Bestehendes, "Fixes", sondern an etwas Werdendes, Dynamisches denkt, wenn man also unter "Sein" nicht die objektivierte, nach aussen sich zeigende Seite des Seienden, die zwar auch vorhanden, aber in gewissem Sinne sekundär ist, sondern dessen "Innenseite" als das "Wesen" versteht, das, wie bei der aktualen Entität gezeigt wurde, nur als Prozess erfasst werden kann. Die Onto-logie wird damit zu einer Prozesso-logie, weil sie die dynamische, prozesshafte Dimension als eigentlichen Grund und letzte Gegebenheit im Seienden erklärt und den "ontischen" Aspekt (im statischen Sinne) als die objektivierte und damit ontologisch sekundäre Seite am Seienden aufweist.

Damit drängt sich nochmals die Frage nach Sinn und Funktion des Seinsbegriffs und der Ontologie überhaupt auf, die nun wohl etwas klarer und deutlicher als zu Beginn der Arbeit beantwortet werden kann. Auch wenn die Ontologie als Prozesso-logie im dargelegten Sinn verstanden wird, bleibt es ihre Aufgabe, nach dem Sein der Seienden zu fragen, wie immer diese Frage näherhin thematisiert wird. Die Antwort wird in Form einer Interpretation des Seinsbegriffs und dessen Gebrauches zu geben sein, wobei je nach Akzentsetzung verschiedene Schattierungen möglich sind.

Das Verständnis des Seinsbegriffes wird aber, sofern es nicht rein formal bleibt, immer wesentlich bestimmt sein vom Ausgangspunkt der Ueberlegungen, d.h. vom Seinsbereich, von dem her er (bewusst oder unbewusst) gewonnen wird. Im Seinsbegriff kommt unweigerlich ein bestimmtes Seinsverständnis zum Ausdruck, wie auch umgekehrt die vor jeder Thematisierung liegende Seinserfahrung ihrerseits den Seinsbegriff mitbestimmt. Insofern impliziert die Ontologie immer auch Aussagen über die letzten Hintergründe der Wirklichkeit, womit sie sich der Metaphysik nähert, von der sie nie vollständig getrennt und unterschieden werden kann.

Das heisst aber, dass Gebrauch und Interpretation des Seinsbegriffs immer auch eine "Wesensaussage" darstellen, sodass der Seinsbegriff auch von dem her bestimmt werden kann, was unter dem "Wesen" der Dinge verstanden wird. Versteht man das "Wesen" als die bleibende, am Grunde eines Seienden sich bei allem Wandel durchhaltende Wirklichkeit, dann ist damit bereits ein vorwiegend statisches Seinsverständnis grundgelegt; das Seiende ist, insofern und insoweit es dieses "Wesen", das man in der "Idee" erfasst und ausgedrückt sehen kann, verwirklicht; jeder Wandel ist demgegenüber akzidentell bzw. - sofern es sich um einen das "Wesen" betreffenden Wandel handelt - ein Zeichen dafür, dass das Seiende noch nicht oder nicht mehr ist, was es seinem "Wesen" nach sein sollte; der Wandel eines Dinges ist daher von der eigentlichen Wesensbestimmung (und damit vom Seinsbegriff) auszuschliessen. Auf diese Weise bleibt aber ein wichtiger Aspekt unserer Wirklichkeit, ihr Werden und Vergehen und damit eigentlich die ganze dynamische Komponente als nicht zu ihrem "Wesen" gehörend ausgeschlossen; das Werden ist dem (vorwiegend statisch verstandenen) Sein gegenüber entwertet.

Geht man hingegen davon aus, dass das Werden ebenso wesentlich zur Wirklichkeit gehört wie der Aspekt des Bleibenden, dann muss das Werden als für das "Wesen" konstitutives Moment mitberücksichtigt werden, dies umso mehr, als sich das Statische ohnehin als Moment und objektivierte Erscheinung des Werdenden ergibt, also bei diesem Vorgehen sicher nicht verlorengeht. Der Seinsbegriff ist so zu konzipieren, dass er das Werden, die Prozesshaftigkeit als wesentlich in sich schliesst; der Begriff "actual entity" kann dafür als Modell gelten. Das "Wesen" des Seienden liegt dann gerade in der Prozesshaftigkeit und in der Vergangenheit und Zukunft umspannenden Aufeinanderfolge aller Etappen, die den Prozess und damit das konkrete Seiende ausmachen. Entscheidet man sich für diese zweite Möglichkeit, wie es aus verschiedenen Gründen in der vorliegenden Arbeit, die ganz von dieser Perspektive getragen ist, geschehen ist, dann könnte man, allerdings mit einiger Vorsicht sagen, auf der metaphysischen Ebene, wo es darum geht, das Sein des Seienden zu erklären und in den letzten Dimensionen zu erhellen, sei ein essentialistisches Denken, das das "Wesen" mehr oder weniger direkt in dem sieht, als was ein Seiendes dem erkennenden Subjekt unmittelbar begegnet, zu ersetzen durch ein "funktionales" Denken, das dieses "Wesen" vom "Funktionieren" des Konstitutionsprozesses des Seienden her verstehen lässt, womit sowohl der eigenen Prozesshaftigkeit des Seienden wie auch dessen Veflochtenheit mit der Gesamtwirklichkeit fundamental Rechnung getragen wäre.

Dass ein so verstandenes "Wesen" ähnlich wie der ihm zugrunde liegende Seinsbegriff nur schwer fassbar und im konkreten Einzelfall nur annäherungsweise bestimmbar ist, liegt auf der Hand, denn der Prozess ist als solcher streng genommen nicht direkt, sondern nur durch seine Objektivationen und durch das Transzendieren seiner Einzelmomente zugänglich, da er als das zu sehen ist, was "hinter" den einzelnen Momenten liegt und diese zu einem Ganzen integriert. Das "Wesen" _ist_ dieses Ganze es ist nicht nur das, was im konkreten Moment nach aussen zum Vorschein kommt, sondern es umfasst die ganze "Geschichte" des Seienden, weil es mit dieser "Geschichte" identisch ist. Daraus folgt als Weiteres, dass das "Wesen" eines Seienden, da es erst im konkreten Vollzug liegt, nie ein für allemal vorgegeben ist und darum auch aus diesem Grund nur schwer und nie restlos in einen Begriff eingeholt werden kann.

Aus dem Gesagten könnte man leicht auf einen Agnostizismus in Bezug auf jegliche Wesensbestimmung verfallen, was jedoch falsch wäre, denn obwohl sie in dieser Perspektive viel schwieriger ist und ein fundamentales Umdenken erfordert, ist sie doch nicht unmöglich; sie findet aber dort ihre Grenze, wo diese dem menschlichen Geiste tatsächlich gesetzt ist: nicht in der Unmöglichkeit, das in einer Definition im Sinne der Essenzphilosophie ausgedrückte "Wesen" eines Seienden restlos zu erfassen, sondern in der Tatsache, dass sich das "Wesen" des Seienden, insofern Vergangenheit und Zukunft konstitutive Elemente sind, sowohl über eine bald nicht mehr zugängliche und analysierbare Vergangenheit wie auch über eine noch ausstehende und noch nicht bestimmte Zukunft erstreckt. Diese beiden Momente des Seienden verlieren sich gleichsam ins Undurchdringbare und bilden so die Grenze für ein rationales Erfassen.

Hält man sich diese mit dem Seinsbegriff verknüpften Probleme und Schwierigkeiten, von denen übrigens nur wenige genannt werden konnten und die durch die Ontologie gelöst werden sollten, vor Augen, bedenkt man ferner die Tatsache, dass der Seinsbegriff und die mit ihm gegebene Seinsvorstellung beim menschlichen Denken immer mitgegeben sind und es wesentlich bestimmen, dann wird die grosse Bedeutung der Ontologie nochmals mit aller Deutlichkeit sichtbar. Hier werden die Weichen gestellt, die das ganze philosophische Wirklichkeitsverständnis wesentlich prägen - sofern sie nicht schon auf anderen Gebieten durch den Fortschritt des menschlichen Geistes unreflektiert gestellt wurden, in welchem Falle die Ontologie bloss noch aufzuarbeiten und ins Bewusstsein zu bringen hätte, was unser Denken bereits bestimmt; ihre Aufgabe ist aber so oder so fundamental.

Mit diesen paar fragmentarischen Hinweisen dürfte auch die Richtung klar geworden sein, in welcher die konkrete Ausdeutung und die weitere Anwendung des intendierten Seinsbegriffes zu suchen wäre. Sie lassen wenigstens erahnen, wie gross die Konsequenzen dieses Denkens sind, das jedes einzelne Seiende im Rahmen des Ganzen, d.h. im Rahmen und unter Einbezug des aus einer unzugänglichen Vergangenheit in eine noch offene Zukunft sich erstrechenden Prozesses versteht und interpretiert, denn viele Problemstellungen verändern sich bedeutend, wenn man das Seiende nicht primär als in sich geschlossenes Ganzes, sondern als Glied einer das ganze Universum umspannenden und verbindenden Kette sieht, das daher irgendwie die ganze Wirklichkeit in sich schliesst und widerspiegelt (122).

Es ist das Grosse und auch Faszinierende an Whiteheads Philosophie, dass er dieses Denken mit unglaublicher Gründlichkeit auf verschiedensten Gebieten bereits durchgeführt und fruchtbar gemacht hat. Er ist damit indirekt sehr weit auf das Gebiet der Metaphysik vorgedrungen und hat für sie eine ungeheure Vorarbeit geleistet. Die ganze Konzeption der "actual entity" und was alles mit ihr zusammenhängt ist im Grunde nichts anderes als ein Versuch, von einer essentialistischen, vertikalen Schau der Wirklichkeit loszukommen zugunsten einer mehr horizontalen Sicht, welche die wesentliche Verflochtenheit der Wirklichkeit in ihrem Zueinander und Nacheinander bis ins Letzte ernst nimmt und von Anfang an in die metaphysische Interpretation miteinbezieht. Das Werden ist nicht mehr als etwas gesehen, das mit und an den Dingen geschieht, sondern als etwas, das primär und fundamental deren "Wesen" bestimmt und ausmacht. Dass die vorhin als "essentialistische" bezeichnete Sicht auch in dieser Perspektive eine sehr grosse Bedeutung beibehält, sei hier nur am Rande nochmals vermerkt.

Ob diese neue Basis, die Whitehead für die Philosophie (123) geschaffen hat, auch wirklich tragfähig ist, wie es in der vorliegenden Arbeit angenommen wurde, wird erst die Zukunft erweisen können, deren Aufgabe es sein wird, diese Basis noch gründlicher auszuarbeiten, noch besser zu fundieren, vor allem aber auch kritisch zu überprüfen.

ANMERKUNGEN

1. Die vorliegende Arbeit stützt sich zwar auf einen bestimmten Philosophen und dessen Werk, nämlich auf die Prozess- oder Organismusphilosophie von A.N. Whitehead (1861-1947), jedoch nicht im Sinne einer philosophiegeschichtlichen Abhandlung, sondern um sich inspirieren zu lassen und eine mehr oder weniger selbständige These zu entwickeln. Whiteheads Werke werden dabei mit den allgemein gebräuchlichen Abkürzungen zitiert (vgl. das der Arbeit vorangestellte Abkürzungsverzeichnis).
2. Es wird zu Beginn des 1. Teiles aufzuzeigen sein, in welchem Sinn in der vorliegenden Arbeit von "Metaphysik" die Rede sein soll; vgl. unten S. 21ff.
3. Solche Schritte vom Gewohnten zum bisher für unmöglich Gehaltenen drängen sich besonders auf den verschiedenen Gebieten der Naturwissenschaft von Zeit zu Zeit immer wieder auf, bedingt durch eindeutige Ergebnisse der Forschung, die mit Hilfe der bisherigen Theorien nicht erklärt werden können; man denke z.B. an den Uebergang vom geozentrischen zum heliozentrischen Weltbild, an die Entdeckung nicht-euklidischer Geometrien, an die weitere Aufspaltbarkeit des Atoms, das, wie noch der Ausdruck "Atom" zeigt, als unteilbar galt usw. In der Philosophie sind solche Schritte seltener und auch weniger leicht zu vollziehen, weil hier die Ergebnisse der Forschung weniger "handgreiflich" sind und sich nicht mit derselben Unwiderlegbarkeit aufdrängen; umso bewusster müssen gewohnte Denkweisen immer wieder kritisch überprüft und an der konkreten Wirklichkeitserfahrung gemessen und ihr entsprechend korrigiert werden.
4. Ein Anzeichen dafür, dass Whiteheads Prozessphilosophie Zukunft haben könnte, ist die Tatsache, dass sie seit einiger Zeit in Amerika von den Theologen aufgegriffen und in einer sogenannten "Prozess-Theologie" ausgewertet wird; die neueste amerikanische, ganz dem Studium Whiteheads gewidmete Zeitschrift "Process Studies" stammt denn auch aus der "School of Theology at Claremont"; sie erscheint, allerdings mit einigen Anfangsschwierigkeiten, vierteljährlich seit 1971.
5. Es sei hier auf diese Situation nur hingewiesen, ohne zu ihr ausführlich Stellung zu nehmen. Die gemeinte Umstellung in der Haltung des Menschen der Wirklichkeit gegenüber kommt programmatisch bei Karl Marx in der berühmten 11. These über Feuerbach zum Ausdruck, wonach es darauf ankommt, die Welt nicht nur zu interpretieren, sondern sie zu verändern. Dieses aktivistische Verhältnis zur Wirklichkeit, von dem der heutige Mensch tiefgreifend geprägt ist, muss als Gegebenheit ernstgenommen und in seinen Konsequenzen bis in die Metaphysik hinein ausgewertet werden, wo es zu einer neuen Seinsvorstellung führen wird. Diese Seinsvorstellung ausdrücklich zu machen, ist das Ziel der vorliegenden Arbeit, auch wenn der Zugang nicht von Marx her gesucht wird.
6. "Uns ist aufgegeben, die Geschichte als die zu denken, in die die Welt selbst ebenso wie das Sein des Menschen in dieser hineingenommen ist. Und darum sind für uns nicht mehr wie für jenes (d.h. griechische und mittelalterliche) Denken die Welt und ihre schon immer vorgegebene Ordnung das unsere ganze

Wirklichkeit umfassende Problem, sondern die Geschichte, aus der wir nichts herauslassen können, was uns angeht, ist zu diesem Problem geworden" (F. Gogarten, Theologie und Geschichte. In: ZThK 50 (1953) 343).

7. Vgl. PR 238ff, wo Whitehead zeigt, dass man es unterlassen hat, zugleich mit der Wende zum Subjekt, die sich ungefähr seit Descartes vollzogen hat, auch neue Kategorien zu entwickeln, die der neuen Situation gerecht zu werden vermögen. Darauf wird im 2. Teil noch verschiedentlich zurückzukommen sein.

8. "The difficulties of all schools of modern philosophy lie in the fact that, having accepted the subjectivist principle, they continue to use philosophical categories derived from another point of view. These categories are not wrong, but they deal with abstractions unsuitable for metaphysical use" (PR 253).

9. "Man treibt entweder ontologische Spekulation oder antiphilosophische Theologie der Heilsgeschichte und verliert dabei in einer wahrhaft tragischen Weise die ursprüngliche Einheit des christlichen Denkens. An seinem Ausgangspunkt ist dieses Denken weder bloss 'heilsgeschichtlich' noch bloss 'metaphysisch' bestimmt, sondern durch die Einheit von Geschichte und Sein geprägt. Darin liegt ein grosser Auftrag gerade auch an die heutige theologische Arbeit, die erneut von diesem Dilemma zerrissen ist" (J. Ratzinger, Einführung in das Christentum. München 1968. 276). Man muss hier hinzufügen, dass der genannte Auftrag auch an die Adresse der Philosophie geht, die für die Theologie die philosophischen Grundlagen zu erarbeiten hat; sie muss versuchen, die Dimension des Geschichtlichen in die Seinsvorstellung zu integrieren.

10. Es kann hier nicht ausführlicher auf die Situation in der Theologie eingegangen werden. Noch mehr als in der heutigen Wirklichkeitserfahrung steht in der Theologie die Dimension des Geschehens und des Geschichtlichen, näherhin des Offenbarungsgeschehens und der Heilsgeschichte, die als Hin-und Her zwischen Gott und Mensch zu verstehen ist und beide Seiten umgreift, bestimmend im Vordergrund und verlangt nach einer gründlichen Aufarbeitung. Es muss eine Denkweise und die ihr entsprechende Ausdrucksweise entwickelt werden, die die Offenbarungswirklichkeit in ihrer Ganzheit zu erfassen vermag, indem sie dieses Gott und Mensch umfassende Geschehen unverkürzt als ursprüngliche Einheit ernst nimmt und von diesem ausgeht; auf jeden Fall darf ein solches der Offenbarung gerecht werdendes Denken nicht von der "Struktur welthafter Vorfindlichkeit" her abgeleitet werden (vgl. G. Ebeling, die Geschichtlichkeit der Kirche und ihrer Verkündigung als theologisches Problem. Tübingen 1954. 62). Es wird zu zeigen sein, dass ein Denken in solchen Strukturen blosser Vorfindlichkeit auch für eine heutige Metaphysik nicht genügt, weil die Wirklichkeit mehr ist als nur "Vorfindlichkeit".

11. Für einen Ueberblick über die heutigen Strömungen in der Philosophie vgl. unter anderen: H. Noack, Die Philosophie Westeuropas. Darmstadt ^{3}1967; F. Heinemann (Hrsg.), Die Philosophie im 20. Jahrhundert. Stuttgart ^{2}1963; I.M. Bochenski, Europäische Philosophie der Gegenwart. Bern ^{2}1951.

12. Bezeichnend dafür ist die Tatsache, dass lange Zeit von den philosophischen Hauptwerken nur SMW in einer deutschen Uebersetzung vorlag (Wissenschaft und moderne Welt. Zürich 1949); erst neuestens kam jene von AI hinzu (Abenteuer der Ideen. Frankfurt a.M. 1971), während das Hauptwerk PR bis jetzt noch nicht übersetzt wurde. Im französischen Sprachbereich ist die Situation

kaum viel besser, während es scheint, dass für italienische und spanische Uebersetzungen der Rückstand schneller aufgeholt wird. Zu den Uebersetzungen vgl. die Uebersicht bei A. Parmentier, La philosophie de Whitehead et le problème de Dieu. Paris 1968. 591-594. Abhandlungen über Whiteheads Philosophie in deutscher Sprache sind noch sehr spärlich, während in Amerika die Whiteheadliteratur bereits ein kaum mehr übersehbares Ausmass angenommen hat.

13. Hier ist die später zu besprechende whiteheadsche Theorie von der fundamentalen Einheit und Verflochtenheit der ganzen Wirklichkeit vorausgesetzt, nach welcher in jedem Seienden die ganze Wirklichkeit irgendwie gegenwärtig ist; sie kommt z.B. zum Ausdruck in der prägnanten Formulierung: "Each atom is a system of all things" (PR 53).

14. Da ein Seinsmodus in einem Seienden auch negativ verwirklicht, d.h. ausgeschlossen sein kann, wobei dieser Ausschluss das in Frage stehende Seiende wesentlich mitbestimmt, gilt die gemachte Aussage schlechthin für jedes Seiende; jedes Seiende umfasst in diesem Sinne alle Seinsmodi.

15. Die in dieser Arbeit getroffene Wahl wird im 1. Teil zu begründen sein; es wird sich zeigen, dass sie sich hauptsächlich nach praktischen Gesichtspunkten richtet, d.h. es wird jener Seinsbereich zum Ausgangspunkt gewählt, der am leichtesten und möglichst direkt zum Ziele führt.

16. Dies gilt auch für Whitehead, der acht Seinskategorien bzw. "Categories of Existence" nennt (PR 32-33), eine Aufzählung, die nicht als erschöpfend zu gelten hat. Wichtig ist dabei, wie die einzelnen Kategorien und vor allem ihr gegenseitiges Zueinander verstanden und erklärt wird.

17. Der "sensus communis" ist mehr an der sich nach aussen zeigenden Ganzheit und Geschlossenheit der "Dinge" interessiert, er erfasst sie so, wie sie im konkreten Einzelfall dem Betrachter unmittelbar begegnen, während die Naturwissenschaft mehr die (innern) Strukturen und die (kausalen) Zusammenhänge erfasst; die Metaphysik muss diese beiden Perspektiven, die sich nicht ausschliessen, in einer Gesamtsicht umgreifen.

18. Die beiden Problemkreise decken sich keineswegs, als ob die statische Sichtweise der Alltagserfahrung (sensus communis) und die dynamische der Naturwissenschaft zuzuordnen wäre; die Unterscheidung zwischen statischen und dynamischen Aspekten ist innerhalb beider Bereiche zu machen, denn sie geht mitten durch die beiden hindurch.

19. Whitehead versucht dieser Situation dadurch Rechnung zu tragen, dass er zwischen der "genetic division" und der "coordinate division" der Wirklichkeit als zwei möglichen Beschreibungsweisen unterscheidet, deren eine das Seiende in seiner innern Konstitution und die andere in seinem objekthaften Aspekt erfasst, wobei er aber zugleich deren gegenseitiges Bedingtsein betont (vgl. PR 433ff); darauf wird verschiedentlich zurückzukommen sein.

20. Als Einführung in Whiteheads Denken sind folgende Werke zu empfehlen: P.A. Schilpp (ed.), The Philosophy of Alfred North Whitehead. New York ²1951; A. Parmentier, La philosophie de Whitehead et le problème de Dieu. Paris 1968; A.H. Johnson, Whitehead's Theory of Reality. New York ²1962; W.A. Christian, An Interpretation of Whitehead's Metaphysics. New Haven ²1967.

21. Man beginnt die Lektüre wohl am besten mit den geistreichen, z.T. geradezu

amüsanten Essays, die in AE gesammelt sind, da in ihnen Whiteheads geistiger Horizont sehr anschaulich zum Ausdruck kommt; der Einstieg in seine eigentliche Philosophie gelingt am leichtesten über SMW.

22. John Dewey spricht von einer "excessive piety toward those historic philosophers from whom he has derived valuable suggestions" (J. Dewey, The philosophy of Whitehead. In: P.A. Schilpp, The Philosophy of Alfred North Whitehead, 659-660); man hat tatsächlich öfters den Eindruck, dass ihn diese "Pietät" auf halbem Weg stehen lässt und ihn daran hindert, die letzten Konsequenzen aus seinen Ansätzen und Ideen zu ziehen, sodass sich ein Weitergehen geradezu aufdrängt.

23. Bei den im Text angeführten Zitaten aus Whiteheads Schriften werden Werk und Seitenzahl unter Benützung der geläufigen Abkürzungen jeweils direkt in Klammer beigefügt, was bei der Häufigkeit dieser Zitate eine wesentliche Vereinfachung mit sich bringt; vgl. das Abkürzungsverzeichnis am Anfang der Arbeit.

24. "One practical aim of metaphysics is the accurate analysis of propositions; not merely of metaphysical propositions, but of quite ordinary propositions such as 'There is beef for dinner today', and 'Socrates is mortal'" (PR 17). Es ist überhaupt auffallend, wie stark im ganzen Werk Whiteheads die Sprachkritik immer wieder im Vordergrund steht.

25. Auf die weitere Unterscheidung zwischen dem im Begriff vorgegebenen, festgelegten Inhalt und den mit diesem nicht unbedingt identischen Vorstellungen wird später einzugehen sein; vgl. unten S. 36-37 (Alltagssprache) und 39-41 (Seinsbegriff).

26. Aus diesem teils bewussten, meistens aber unbewussten Vorgehen ergibt sich z.B. auf ontologischer Ebene ein einseitig materialistisches, spiritualistisches oder pantheistisches Wirklichkeitsverständnis.

27. Dieser Sicht und diesem Vorgehen liegt die Annahme der fundamentalen Einheit der ganzen Wirklichkeit zugrunde, eine Annahme, mit der die ganze Arbeit steht oder fällt.

28. Dieser Sachverhalt ist im "ontological principle" festgehalten, das die absolute Eigenständigkeit des abstrakten Seins deutlich ablehnt, so etwa in der Formulierung: "in separation from actual entities there is nothing, merely nonentity - "The rest is silence'" (PR 68); jedes abstrakte Sein ist nur erklärbar in Beziehung auf aktuale Entitäten.

29. Es ist darauf hinzuweisen, dass es hier um den ontologisch-metaphysischen Bereich und nicht um eine erkenntnistheoretische Frage geht, in welcher sich das Problem etwas anders stellt. Wenn auch für uns der Zugang zur Wirklichkeit nur mit Hilfe der Erkenntnis möglich ist, so ist damit noch nicht gesagt, dass die Erkenntnis bzw. ihr Inhalt auch ontologisch primär ist; es scheint vielmehr, dass die Erkenntnis ontologisch gesehen sekundär ist, da es wohl eine Wirklichkeit ohne Erkenntnis, nicht aber eine Erkenntnis ohne Wirklichkeit geben kann. Den Zugang zur eigentlichen Wirklichkeit eröffnet zwar die menschliche Erfahrung, Grundlage und Hintergrund für den Seinsbegriff hingegen muss die Gesamtwirklichkeit sein.

30. Diesem Ausdruck begegnet man bei Whitehead des öftern; er ist eine Art negatives Leitbild seiner ganzen Philosophie, deren Aufgabe es ist, diese "fallacy" zu überwinden.

31. Die Ausdrücke, mit denen Whitehead die Konstitution der Seienden erklärt, sind zu einem grossen Teil aus dem typisch menschlichen Bereich entlehnt; solche Ausdrücke sind z.B. "feeling", "sensation", "prehension" (als Abkürzung von "apprehension"), "proposition" usw.
32. Der Begriff "actual entity" wird von dieser Situation her zu verstehen sein.
33. Gemeint sind die unter den "klassischen" Stichworten Analogie, Akt und Potenz, Essenz und Existenz, Transzendentalien, Kategorien usw. bekannten Problemkreise, die mit der Aenderung des Ausgangspunktes und der Grundkonzeption in einer andern Perspektive erscheinen; für ihre ausführliche Behandlung, die über den Rahmen der vorliegenden Arbeit hinausgehen würde, kann und soll hier nur die allgemeine Richtung aufgezeigt werden.
34. Von der erkenntnistheoretischen Fragestellung ist die noch fundamentalere, metaphysische zu unterscheiden. Vom whiteheadschen Ansatzpunkt her gesehen sind die beiden Ebenen ursprünglich und nicht erst nachträglich miteinander verbunden, insofern im Geschehen des Erkennens ein Bezogensein zum Vorschein kommt, das zwischen allen Seienden vorhanden ist, auch wenn es nicht immer in der Form des Erkennens verwirklicht ist; "Sprache-gewordene" und "objektive" Wirklichkeit sind zwei Momente dieses einen Geschehens, sie konstituieren zusammen das "zwischen" ihnen liegende Seiende und bilden daher eine ursprüngliche Einheit.
35. Um sich eine konkretere Vorstellung von dem, was damit gemeint ist, machen zu können, braucht man nur die Welterfahrung der Antike, in welcher die Wirklichkeit vor allem als vorgegebene, bestehende Grösse gesehen wurde, unserem heutigen, mehr analysierenden und vom Gedanken der Evolution und der Geschichtlichkeit geprägten Weltverständnis gegenüberzustellen; der Seinsbegriff, der auf dem Hintergrund der antiken Erfahrung entstanden ist, erfasst vor allem die Dimension und den Aspekt des Bestehenden, wobei sich das Geschichtliche nur wenig auswirkt. Ein solcher Seinsbegriff ist in der Metaphysik unzulänglich, wenn das Geschichtliche nicht etwas zum Seienden bloss Hinzukommendes, sondern eine seiner Grunddimensionen ist, was die heutige Wirklichkeitserfahrung immer deutlicher erweist.
36. "Wesen" ist ähnlich wie "Begriff" ein nicht leicht zu bestimmender Ausdruck, weil er in seinem Gebrauch eine schillernde Bedeutung aufweist; hier und im weitern Verlauf der Arbeit wird unter "Wesen" das verstanden, was ein Seiendes in seinem Kern ist, was es zu diesem konkreten Seienden macht, also das, was im Seinsbegriff erfasst und ausgedrückt werden soll.
37. Wenn es gelingt, dieses Verwiesensein als konstitutives Moment in den Seinsbegriff einzubringen, ist mit einem solchen Seinsbegriff die Basis geschaffen für die Erklärung nicht nur der Evolution und der Geschichtlichkeit, sondern auch jener Dimension der Wirklichkeit, die man als ihre "Geschöpflichkeit" bezeichnen kann, insofern dadurch auch der Bezug zu Gott fundamental berücksichtigt werden kann.
38. Whitehead nennt diese Betrachtungsweise, die die objektiv gegebene Wirklichkeit als solche zum Gegenstand hat, die "coordinate division" und setzt sie der "genetic division" gegenüber, die die Wirklichkeit in ihrer inneren Konstitution (concrescence) zu erfassen hat: "Genetic division is division of the concrescence; coordinate division is division of the concrete" (PR 433).

39. Dieses Prinzip lautet in einer seiner Formulierungen: "how an actual entity becomes constitutes what that actual entity is... Its 'being' is constituted by its 'becoming' " (PR 34-35).
40. Hier liegt die Basis für die Grundentscheidung zugunsten eines dynamischen Wirklichkeitsverständnisses.
41. Zu diesen beiden Ausdrücken Subjekt und Superjekt vgl. die späteren Ausführungen S. 114-116.
42. G. Bauer nennt mehr als 30 (!) Bedeutungen, die in diesem Ausdruck zusammenfliessen, und die je nach dem jeweiligen Zusammenhang mit dem Begriff "Geschichtlichkeit" gemeint sein können; vgl. G. Bauer, "Geschichtlichkeit". Wege und Irrwege eines Begriffs. Berlin 1963. 183.
43. Einen sehr guten, geschichtlichen Ueberblick über das ganze Problem der Evolution, freilich fast ausschliesslich aus biologischer und kaum aus philosophischer Sicht bietet W. Zimmermann, Evolution. Die Geschichte ihrer Probleme und Erkenntnisse. Freiburg-München 1953. Man fragt sich beim Durchgehen dieses Buches, ob das weitgehende Fehlen philosophischer Hinweise nicht gerade darauf zurückzuführen ist, dass dieses Thema als solches in der Vergangenheit tatsächlich philosophisch kaum aufgearbeitet worden ist.
44. Dies gilt vor allem im Hinblick auf Whiteheads Terminologie, die, obwohl für die Erklärung der Gesamtwirklichkeit gebraucht, zu einem schönen Teil dem menschlichen Bereich entnommen ist.
45. Im Blick auf die Zukunft ist es durchaus denkbar, dass sich im Verlauf der weiteren Entwicklung neue Dimensionen eröffnen, die die heutige Wirklichkeit neu und tiefer erfassen lassen und auch in ihr Aspekte sichtbar machen, die uns heute noch verborgen und unzugänglich sind. Tritt dieser Fall ein, so werden von diesen neuen Dimensionen her wiederum neue Begriffe und Vorstellungen gewonnen werden müssen, die die alten ablösen und ersetzen.
46. Es wird Aufgabe des 2. Teiles sein, näher an einen solchen Seinsbegriff heranzuführen und zu zeigen, wie er im Einzelnen zu verstehen ist; dabei wird sich vor allem zeigen, dass der Begriff "actual entity" ganz im aufgezeigten Sinne konzipiert ist.
47. Einen sehr guten Ueberblick über den Problemkreis des Personalismus findet man bei B. Langemeyer, Der dialogische Personalismus in der evangelischen und katholischen Theologie der Gegenwart. Paderborn 1963. Zur Sprache kommen vor allem Ferdinand Ebner, Emil Brunner, Friedrich Gogarten, Theodor Steinbüchel und Romano Guardini; daselbst sind auch ausführliche bibliographische Hinweise zu finden.
48. Ein Durchgehen dieser Geschichte würde vor allem zeigen, wie lange es brauchte, bis man zur klaren Erkenntnis jener Dimensionen vorgestossen war, die man heute mit dem Begriff "dialogischer Personalismus" zum Ausdruck zu bringen sucht. Diesem Umstand ist es auch weitgehend zuzuschreiben, dass keine entsprechende Metaphysik entwickelt wurde, was auch umgekehrt wieder seine Rückwirkungen hatte.
49. Der gemeinte Sachverhalt kommt z.B. in folgendem Zitat von F. Ebner zum Ausdruck: "Man versteht das Wesen des Ich so lange nicht, solange man nicht erfasst, dass es nur in der Korrelation zum Du existiert. Dieses Angelegtsein auf eine Relation zum Du, im letzten Grunde zu Gott, macht eben sein Wesen

aus" (F. Ebner, Fragmente, Aufsätze, Aphorismen. Schriften I. München 1963. 32); das Zitat stammt aus dem Tagebuche 1916/17.
50. H. Zahrnt, Die Sache mit Gott. München 1966. 399. Auf dieses Buch, das einen Ueberblick über die protestantische Theologie im 20. Jahrhundert vermittelt, sei hier deshalb hingewiesen, weil in ihm von theologischer Seite her jenes Wirklichkeitsverständnis fassbar wird, das in der vorliegenden Arbeit philosophisch und auf den Seinsbegriff hin aufgearbeitet werden soll.
51. Den Hintergründen dieses Tatbestandes kann hier nicht weiter nachgegangen werden, da es sich um sehr komplexe Sachverhalte handelt; als kleiner Hinweis ist zu sagen, dass sich diese konstitutiven (dynamischen) Beziehungen über sehr lange Zeiträume hinweg immer unter den gleichen Formen vollziehen, was wenigstens zum Teil für die statische Erscheinungsweise des materiellen Seins verantwortlich ist.
52. "Im Widerstand der anderen Person wird die Person geboren. Deshalb gibt es keine Person ohne eine Begegnung mit anderen Personen. Personen können nur in der Gemeinschaft persönlichen Begegnens wachsen" (P. Tillich, Systematische Theologie I. Stuttgart ^{3}1956. 208). Zum gleichen Problem vgl. auch Chr. Schütz-R. Sarach, Der Mensch als Person. In: Mysterium Salutis II. Einsiedeln-Zürich-Köln 1967. 637-656 (bes. 645-646).
53. E. Brunner, Wahrheit als Begegnung. Zürich-Stuttgart ^{2}1963. 24.
54. B. Langemeyer, Der dialogische Personalismus. 269.
55. Vgl. oben S. 23-24, 36-37 und 39-41; die Schwierigkeiten sind hier in derselben Weise zu lösen, d.h. dadurch, dass man sich möglichst vom vorgegebenen Inhalt des Begriffs löst und sich konsequent an der konkreten Wirklichkeit (Mensch als Person) orientieren lässt.
56. A. Halder, Person. In: LThK VIII. Freiburg 1963. 289.
57. A. Halder-H. Vorgrimler, Ich-Du-Beziehung. In: LThK V. Freiburg 1960. 595.
58. B. Langemeyer, Der dialogische Personalismus. 246.
59. Schon ein Ueberblick nur über das Inhaltsverzeichnis von AE und AI zeigt, dass nicht nur mathematisch-naturwissenschaftliche und allgemein philosophische Probleme, sondern auch Themen aus dem Gebiet von Erziehung, Bildung, Kultur, Aesthetik usw. in seinem Interessenbereich liegen.
60. Wegen dieses Verzichtes mag die ganze Arbeit bisweilen den Eindruck einer gewissen Oberflächlichkeit erwecken; wo dies der Fall ist, muss man sich die Grundintention vor Augen halten, deren Ziel (Seinsvorstellung) nur in einer annähernden und in diesem Sinne immer oberflächlich bleibenden Umschreibung erreicht werden kann.
61. Damit sollen Wert und Bedeutung der übrigen Werke nicht in Abrede gestellt werden; sie sind sogar sehr wertvoll, weil sie, einfacher und anschaulicher geschrieben als PR, den Einstieg in die Prozessphilosophie wesentlich erleichtern. Whitehead weist selber auf die Zusammenhänge hin, wenn er sagt: "The three books - Science and The Modern World, Process and Reality, Adventures of Ideas - are an endeavour to express a way of understanding the nature of things, and to point out how that way of understanding is illustrated by a survey of the mutations of human experience. Each book can be read separately; but they supplement each other's omissions or compressions" (AI VII); den genannten drei Werken wären noch RM und MT beizufügen.

62. "the flux of things is one ultimate generalization around which we must weave our philosophical system" (PR 317).
63. "There is not the mere problem of fluency and permanence. There is the double problem: actuality with permanence, requiring fluency as its completion; and actuality with fluency, requiring permanence as its completion... This double problem cannot be separated into two distinct problems" (PR 527).
64. Von da aus wird verständlich, warum Whitehead seine Philosophie bisweilen als Organismusphilosophie bezeichnet.
65. In dieser Richtung geht auch John Dewey's Urteil über Whitehead: "He has opened an immensely fruitful new path for subsequent philosophy to follow, and has accomplished this task by wedding observable facts of physical experience to observable facts of human experience. The result is an almost incomparable suggestiveness on all sorts of topics - in case a mind is not closed to suggestion from a new source. But I am not sure that he does not frequently block and divert his own movements on the road he is opening by subjecting his conclusions to a combination of considerations too exclusively derived from a combination of mathematics with excessive piety toward those historic philosophers from whom he has derived valuable suggestions" (J. Dewey, The philosophy of Whitehead. In: P.A. Schilpp, The Philosophy of Alfred North Whitehead. 659-660).
66. Bezeichnenderweise gibt Whitehead seinem Hauptwerk "Process and reality" den Untertitel "An Essay in Cosmology", doch sind seine Ausführungen so grundlegend und umfassend, dass sie für die Metaphysik ebenso viel hergeben wie für die Kosmologie.
67. In PR 79 zitiert er Descartes' Substanzdefinition, während er an andern Stellen nur auf sie anspielt, so z.B. PR 241.
68. Der hier gewählte Weg entspricht auch dem Vorgehen, das Whitehead selber bei der Darstellung einschlägt, obwohl der Philosophie an sich nicht die deduktive, sondern die deskriptive Methode angepasst ist: "The primary method of mathematics is deduction; the primary method of philosophy is descriptive generalization" (PR 15-16). Whitehead beginnt PR mit einem theoretischen Abriss der Prinzipien ("The speculative Scheme": Ueberschrift des ersten Teiles), um die theoretischen Aussagen in den folgenden Teilen zu applizieren und zu verifizieren, und zwar ganz im Sinne einer Nachprüfung der Theorie an der konkreten Wirklichkeit, wie er es im Gleichnis vom Flugzeug bildhaft ausdrückt (PR 7).
69. Dieser Aspekt wird durch das später zu behandelnde "principle of relativity" noch deutlicher hervorgehoben, das besagt, dass es in der Natur eines Seienden liege, dass es "a potential for every 'becoming'" (PR 33), also Element in einem Werden sei. Dieses Werden ist immer das Werden einer aktualen Entität, die daher wesentlich als Prozess zu verstehen ist (PR 65).
70. Ueber die konkrete Art und Weise dieser Verbindung ist damit noch nichts ausgesagt; sie kann sehr verschieden sein, sowohl in ihrer Intensität (relevant oder irrelevant) wie auch in ihrer Qualität (positiv oder negativ); aufs Ganze gesehen ist sie sehr komplex und vielschichtig. Von diesem Bezogensein hängt zu einem grossen Teil die konkrete Gestalt einer aktualen Entität ab.
71. Es sei nur beiläufig darauf hingewiesen, dass auch hier von der "constitution"

die Rede ist; damit ist gesagt, dass diese je einmalige Umwelt als solche für das je einmalige Seiende konstitutiv ist, und dass die Erklärung dieser Umwelt nur möglich ist, wenn man sie in ihrer Funktion im Konstitutionsprozess der betreffenden aktualen Entität erfasst und von dieser Funktion her interpretiert.

72. Es handelt sich um 4 der 27 sogenannten "Categories of Explanation" (PR 33-39), die verschiedene Aspekte erfassen und festhalten, die bei der Erklärung der Wirklichkeit und der einzelnen Seienden zu berücksichtigen sind.
73. Darauf wird im nächsten Kapitel näher einzugehen sein; vorausgreifend kann gesagt werden, dass das Problem im "zugleich" liegt, in einem Seinsbegriff also, der beide Momente umspannt, ohne sich auf den einen der beiden Aspekte festzulegen und den andern zu verkürzen.
74. Zum Begriff "Prehension" vgl. die späteren Ausführungen S. 104ff.
75. Whitehead nennt 8 Existenzkategorien, denen er aber nicht allen die gleich grosse Bedeutung zumisst, wie er bei deren Aufzählung (PR 32-33) bemerkt: "Among these eight categories of existence, actual entities and eternal objects stand out with a certain extreme finality. The other types of existence have a certain intermediate character" (PR 33).
76. Es handelt sich mehr oder weniger um das, was man sonst mit den Begriffen "universale", "platonische Ideen" oder "abstrakte Ideen" bezeichnet; man muss jedoch mit der Parallelsetzung von whiteheadschen mit klassischen Begriffen sehr vorsichtig sein, denn man läuft leicht Gefahr, dadurch das spezifisch Neue in Whiteheads Terminologie zu unterschlagen und seine Perspektive auf eine herkömmliche Sicht zu reduzieren. Zu den "eternal objects" vgl. A.H. Johnson, Whitehead's Theory of Reality. 19f.
77. Eine solche Untersuchung ist zu finden bei A. Parmentier, La philosophie de Whitehead et le problème de Dieu; besonders zu beachten sind Kapitel IX und X (349-444); vgl. auch Anm. 81.
78. Zum Begriff "subjective aim" vgl. A.H. Johnson, Whitehead's Theory of Reality. 34-36.
79. Auf das Problem der Individualität und der Einmaligkeit der aktualen Entität wird später im Zusammenhang mit dem "principle of intensive relevance" nochmals zurückzukommen sein; vgl. unten S. 86f.
80. Hier zeigt sich sehr deutlich, dass und in welchem Sinne die objektivistische Sicht der Wirklichkeit auch in Whiteheads System durchaus ihre Berechtigung hat, ja sogar unentbehrlich ist; sie darf nur nicht verabsolutiert und als Ausdruck der letzten metaphysischen Dimension der Wirklichkeit verstanden werden, sondern ist der dynamischen Perspektive bei- bzw. unterzuordnen.
81. Wertvolle Hinweise finden sich bei W.A. Christian, An Interpretation of Whitehead's Metaphysics. 283-413; in diesem dritten Teil seines Werkes behandelt der Autor vor allem das Verhältnis zwischen Gott und Welt, in dessen Zusammenhang auch das hier aufgeworfene Problem des "Werdens" Gottes zu lösen ist.
82. Es ist zu vermuten, dass hier ein sehr fruchtbarer philosophischer Ansatzpunkt gegeben ist für ein Neudurchdenken theologischer Fragen, angefangen von der Trinitätslehre über Schöpfung, Menschwerdung, Erlösung und Ekklesiologie bis hin zur Eschatologie. Es scheint, dass in der whiteheadschen Sicht eine Grundkonzeption zum Ausdruck kommt, die nicht nur den fundamentalen

Zusammenhang der verschiedenen Offenbarungswahrheiten, sondern vor allem auch deren heilsgeschichtliche Dimension besser und deutlicher als bisher erfassen liesse; vgl. dazu den in Anm. 4 gegebenen Hinweis.

83. Es muss betont werden, dass es sich hier um den Substanzbegriff handelt, wie Whitehead ihn versteht und interpretiert; es wäre zu untersuchen, wie weit diese seine Interpretation stichhaltig ist und wie weit sie unter Umständen auf Missverständnissen beruht. Doch es geht nicht um die Beurteilung seiner Kritik, sondern um das Positive, das er in Abhebung von der kritisierten Position zum Ausdruck bringen will. Es ist durchaus denkbar, dass man mit einer entsprechenden Interpretation von der klassischen Philosophie her zu den gleichen oder doch ähnlichen Ergebnissen kommen könnte wie Whitehead, was nicht gegen seinen Versuch spricht, sondern vielmehr beide in ihrer tiefsten Intention bestätigen würde.

84. Es sei nochmals darauf hingewiesen, dass der Substanzbegriff in seinen verschiedensten Schattierungen in der Organismusphilosophie seine Berechtigung und seinen Platz behält; abgelehnt wird lediglich sein Gebrauch als Ausdruck für die letzte, ontologisch fundamentale Dimension des Seienden, weil er als Abstraktion das Dynamische als _wesentliches_ Moment zu wenig beachtet.

85. Es scheint jedenfalls, dass Dimensionen wie Evolution und Geschichtlichkeit mit dem whiteheadschen Ansatz besser erfasst und metaphysisch befriedigender erklärt werden können.

86. Diese Akzentverschiebung muss klar gesehen werden, weil sonst Whiteheads Sprachgebrauch unverständlich und widersprüchlich erscheint. Während in der klassischen Philosophie das Begriffspaar "universale-particulare" auf dem Hintergrund _logischer_ Beziehungen verstanden wird, bestimmt es Whitehead vom _ontologischen_ Sachverhalt des konstitutiven Bezogenseins her.

87. Diesem sehr wichtigen Prinzip ist in PR ein eigenes Kapitel gewidmet, das für das Verständnis der Organismusphilosophie und deren geistesgeschichtlichen Hintergrund von grundlegender Bedeutung ist (PR 238-254).

88. "The reformed subjectivist principle adopted by the philosophy of organism is merely an alternative statement of the principle of relativity (the fourth Category of Explanation)" (PR 252).

89. Mit dieser Grundthese ist das Verständnis des Seienden als Organismus gemeint, das sich als Konsequenz aus dem "reformed subjectivist principle" ergibt.

90. Darauf wurde bereits früher hingewiesen; vgl. oben S. 77f.

91. Es geht auch hier keineswegs um eine Monographie über die aktuale Entität bei Whitehead, sondern um die Eröffnung einer Denk- und Sichtweise und deren Auswertung für den Seinsbegriff bzw. die Seinsvorstellung, um dadurch das metaphysische Denken der heutigen Wirklichkeitserfahrung anzupassen.

92. Trotz seiner Wichtigkeit genügen Whitehead knapp zwei Seiten, um es darzulegen (PR 31-32)!

93. Mit diesen drei "more special categories", die diese Grundkategorie voraussetzen, sind folgende drei Gruppen von Kategorien gemeint: 8 "Categories of Existence" (PR 32-33), 27 "Categories of Explanation" (PR 33-39) und 9 "Categoreal Obligations" (PR 39-42).

94. "It must be pointed out that sometimes Whitehead is very _careless_ in expressing

his philosophical ideas" (A.H. Johnson, Whitehead's Theory of Reality. 177).
95. Die von Whitehead gegebene Aufzählung ist nach seinem eigenen Hinweis nicht vollständig, denn die 8. Kategorie umfasst eine unbestimmte Anzahl weiterer Kategorien (PR 33).
96. Auf die Bestimmungen und Eigenheiten der übrigen Entitäten wird nur so weit einzugehen sein, als es für das Verständnis der "actual entity" notwendig ist.
97. Es wurde bereits darauf hingewiesen, dass in der Organismusphilosophie die aristotelische 'primary substance' durch die "Category of the Ultimate" ersetzt ist (PR 32); es wird sich zeigen, dass die Konzeption der "actual entity" erheblich vom cartesianischen Substanzbegriff abweicht, obwohl Whitehead die beiden hier in eine Linie stellt; es dürfte klar sein, was er mit dieser Parallelsetzung sagen will.
98. Um die Verschiedenheit der Perspektiven, die im Begriff "actual entity" vereinigt sind, noch deutlicher hervortreten zu lassen, wurden die entscheidenden Ausdrücke durch Unterstreichen hervorgehoben.
99. Dieser "coordinate division" der Wirklichkeit ist der ganze vierte Teil von PR gewidmet (PR 431-508); unter dem Titel "the Theory of Extension" wird dort in einer sehr stark vom mathematischen Denken her geprägten Weise eine formale, morphologische Darstellung und Erklärung der Wirklichkeit gegeben.
100. Zu dieser ganzen Frage nach der Stellung und der Bedeutung der Zeit vgl. PR 434ff. Es wäre interessant, dem ganzen Problemkreis und vor allem den Zusammenhängen mit der Relativitätstheorie ausführlich nachzugehen; zu diesem Zweck wären auch CN 49-73 und AE 232-247 beizuziehen.
101. Hier liegt eine konkrete Ausformung der "Category of the Ultimate" vor: "The many become one, and are increased by one" (PR 32).
102. Die erste Art ist der makroskopische, die zweite der mikroskopische Prozess: "There are two species of process, macroscopic process, and microscopic process. The macroscopic process is the transition from attained actuality to actuality in attainment; while the microscopic process is the conversion of conditions which are merely real into determinate actuality. The former process effects the transition from the 'actual' to the 'merely real'; and the latter process effects the growth from the real to the actual. The former process is efficient; the latter process is teleological" (PR 326-327).
103. Es sei hier nur darauf hingewiesen, dass die "satisfaction" für eine bestimmte aktuale Entität nicht von Anfang an festgelegt und vorgegeben ist; dies wäre ein essentialistisches Missverständnis. Sie ergibt sich vielmehr in gewissem Sinne erst durch den Vollzug des Prozesses, wird durch diesen mitbestimmt und ist gerade dadurch gegenwärtig.
104. Diese Feststellung gilt jedenfalls für den deutschen Sprachbereich, weniger für den englischen, doch da die englischen Abhandlungen grösstenteils in Amerika erschienen sind, sind sie hier in Europa nur schwer oder gar nicht zugänglich.
 - Für ein umfassenderes Verständnis des konkreten Vollzugs des Prozesses müsste vor allem die Theorie der "prehensions" und der verschiedenen Formen von "feelings" ausführlicher untersucht werden.
105. "The classical doctrines of universals and particulars, of subject and predicate, of individual substances not present in other individual substances, of the externality of relations, alike render this problem incapable of solution" (PR 88-89).

106. Wie bei den andern whiteheadschen Neologismen wird es auch hier am besten sein, den Ausdruck "prehension" als Fremdwort in die deutsche Sprache zu übernehmen, wobei man versuchen muss, den verallgemeinernden Schritt von "apprehension" zu "prehension" im Sinne Whiteheads mitzuvollziehen.
107. Vgl. oben S. 100ff; was dort allgemein von der aktualen Entität ausgeführt wurde, gilt auch hier von der Prehension als einzelnem Vollzugsmoment der aktualen Entität.
108. Der Unterschied zwischen Gott und allen andern aktualen Entitäten liegt, was diese metaphysische Grunddimension betrifft, sehr vereinfacht ausgedrückt darin, dass bei Gott der "mental pole" ("primordial nature") und bei allen andern der "physical pole" primär ist.
109. Whitehead nennt z.B. "propositional feelings", "comparative feelings", "intellectual feelings", "physical purposes" usw.; vgl. dazu den dritten Teil von PR, "The Theory of Prehension" (PR 331-428).
110. Einige wenige Hinweise dazu finden sich bei A.H. Johnson, Whitehead's Theory of Reality. 20-32.
111. Man kann natürlich diese Feststellung einfach als reine, unbeweisbare Hypothese oder gar als unberechtigte Projektion menschlicher Erfahrung auf die subhumane Wirklichkeit abtun und damit erledigt sein lassen. Dies dürfte jedoch gefährlich sein, denn wir wissen nicht zum vorneherein, welche uns noch unbekannten Dimensionen die Wirklichkeit in sich schliessen könnte. Es ist deshalb zumindest zu überlegen, ob durch Whiteheads Vorgehen nicht der Blick geöffnet werde für eine Dimension, die bisher nicht oder zu wenig erkannt worden ist. - Man wird in diesem Zusammenhang unwillkürlich an den Problemkreis der Evolution erinnert, und man kann sich fragen, ob nicht die Entdeckung der Evolution unseres Universums, die heute wenigstens teilweise als gesicherte Tatsache angenommen werden muss, als Offenbarwerden einer bisher unbekannten Dimension der Wirklichkeit verstanden werden muss.
112. "Whitehead's impressive list of technical verbiage is simply a group of terms which apply to various phases of ordinary human experience. He believes these terms are more adequate than those usually employed" (A.H. Johnson, Whitehead's Theory of Reality. 18).
113. Trotz der Schwierigkeiten geht nach Johnson der oft gemachte Vorwurf, Whiteheads Sprache sei unverständlich, zu weit und ist unberechtigt: "Whitehead's language is difficult, but these terms are not unintelligible, if a person will devote sufficient time and effort to their mastery" (A.H. Johnson, Whitehead's Theory of Reality. 176).
114. Bezeichnenderweise kommt Whitehead öfters gerade dann auf das Bewusstsein zu sprechen, wenn es darum geht, dieses Missverständnis abzuwehren.
115. Zum komplexen Problem des Bewusstseins vgl. A.H. Johnson, Whitehead's Theory of Reality. 83-86.
116. Natürlich drängt sich hier eine ganze Menge von weiteren Fragen auf, die mit der Erklärung der konkreten Wirklichkeit zusammenhängen. Vor allem wäre zu untersuchen, inwiefern und wie weit das hier entfaltete Verständnis der aktuale Entität auch auf konkrete Dinge, "societies" oder "nexus", übertragen werden kann; zu diesem Zweck wäre die ganze Komplexität der konkreten Dinge näher zu analysieren. Die genannte Uebertragung, bei der es vor allem um das funda-

mentale Ernstnehmen der dynamischen Dimension geht und die sicher bis zu einem gewissen Punkt möglich ist, wird entscheidende Konsequenzen haben nicht nur für das allgemeine Wirklichkeitsverständnis, sondern auch für das Selbstverständnis des Menschen; doch darauf kann hier nicht eingegangen werden.

117. Ueber die Art und Weise, wie eine aktuale Entität auf Gott zurückgeht, ist damit noch gar nichts ausgesagt. Die darin liegende Problematik ist im Grunde auch bei Whitehead kaum befriedigend gelöst, wie überhaupt die ganze Theorie von Gott mehr oder weniger als Postulat zur Stütze und Rettung des ganzen Systems als selbstverständlich hingestellt wird.

118. Zu diesem Ergebnis kommt auch W.A. Christian im Zusammenhang mit der Frage nach der Freiheit und der Selbständigkeit der aktualen Entität im Hinblick auf Gott; er fasst es folgendermassen zusammen: "We have now seen that though an occasion depends on God in a crucial way it still has the freedom of self-causation. Over and above what God does, something remains to be done which even God cannot do. God cannot enact or even completely determine the occasion's valuation, specification, and actualization of its initial aim. This remains to be done by, and only by, the actual occasion itself" (W.A. Christian, An Interpretation of Whitehead's Metaphysics. 319).

119. Whitehead macht darauf aufmerksam, dass auch dann, wenn beiläufig sehr oft in abgekürzter Weise einfach von einem "Subjekt" gesprochen wird, dieses immer als "subject-superject" zu verstehen ist: " 'subject' is always to be construed as an abbreviation of 'subject-superject'" (PR 43).

120. Einen ähnlichen Bezug zur Wirklichkeit haben auch die "eternal objects"; "in reference to the publicity" sind sie Universalien, "in reference to the privacy of things" hingegen sind sie Qualitäten bzw. Charakteristiken von aktualen Entitäten (PR 443-444) und als solche in der whiteheadschen Sicht als Partikularien zu verstehen (vgl. oben S. 82-83).

121. Dieser Schritt zum expliziten Seinsbegriff kann eigentlich erst dann getan werden, wenn das Wirklichkeitsverständnis, das in ihm zum Ausdruck kommen und ihn bestimmen soll, gleichsam in "Fleisch und Blut" übergegangen ist, sodass es bei dessen Verwendung wie von selbst bestimmend präsent ist, denn so viel ein Begriff zum Verständnis der mit ihm gemeinten Sache beitragen kann, so kann er doch erst gebildet und geformt werden, wenn die Sache genügend bekannt ist.

122. Die Konsequenzen dieses Seinsverständnisses sind wohl nirgends so tiefgreifend und so unmittelbar spürbar wie in jenen Bereichen der Philosophie, die man als "praktische" bezeichnen kann, insofern sie sich mit Folgerungen für das praktische Leben befassen. Wenn nämlich das "Wesen" z.B. des Menschen nicht eindeutig und klar vorgegeben ist, da es erst in der konkreten Verwirklichung liegt und daher durch den Menschen in Freiheit und Selbstbestimmung erst geschaffen wird, ist es auch nicht möglich, unmittelbar aus dem "Wesen" Normen und Gesetze für das menschliche Verhalten abzuleiten, was vor allem in der Diskussion um Naturgesetz und -recht zu berücksichtigen ist. Das heisst aber umgekehrt, dass moralisch gesehen die Pflicht des Menschen letztlich nicht darin bestehen kann, vorgegebene Gesetze einzuhalten (obwohl dies in den meisten Fällen auch gefordert ist), da diese immer irgendwie relativ sind und

deshalb nie absolut verpflichten können; sie besteht vielmehr darin, aktiv und in eigener Verantwortlichkeit die eigene Verwirklichung zu übernehmen und damit am Ganzen der Wirklichkeit mitzuarbeiten, das aber nicht vorgegeben ist, sondern das er erst entdecken und durch seinen Beitrag mitbestimmen muss.

Man kann in der Tendenz, die hinter einem solchen Wirklichkeitsverständnis steckt und die in den vorausgehenden Hinweisen deutlich wurde, eine Gefährdung der objektiv bestehenden und als absolut gültig angenommenen Ordnung sehen und sie deshalb als destruktiv ablehnen und bekämpfen; man kann sie aber auch positiv werten als Befreiung von einer nur geglaubten, in Wahrheit aber nur relativ gültigen Ordnung zu einer echt schöpferischen, auf eine wirklich neue Zukunft hin arbeitenden und diese erst noch erwirkenden Freiheit des Menschen (und damit des Universums?), womit die Wirklichkeit nicht als bestehende, sondern bis in den letzten Kern als werdende und sich entfaltende verstanden und erklärt wäre.

123. Es scheint, dass die Theologie in diesem Punkt der Philosophie um einen grossen Schritt voraus ist, da sie schon seit längerer Zeit (lange vor der "Prozess-Theologie" in Amerika) verschiedene bibeltheologische und vor allem heilsgeschichtliche Begriffe verwendet, die ganz in der Linie liegen, in welcher hier ein Seinsverständnis entfaltet wurde, sodass die Theologie faktisch bereits auf einer philosophischen Basis arbeitet, die noch gar nicht explizit entwickelt und entfaltet ist; die Philosophie hat daher nicht Pionierarbeit zu leisten, sondern Wesentliches nachzuholen, das bisher versäumt wurde.

BIBLIOGRAPHIE

1. Werke von A.N. Whitehead

Im Folgenden werden nur die wichtigsten philosophischen Werke von A.N. Whitehead aufgeführt; für eine vollständige Bibliographie wie auch für eine Uebersicht über die verschiedenen Neuauflagen vgl. P.A. Schilpp, The Philosophy of Alfred North Whitehead (745-778) und A. Parmentier, La philosophie de Whitehead et le problème de Dieu (587-594). Neben der Erstausgabe wird daher in Klammer nur noch jene angeführt, nach welcher zitiert wurde, sowie die deutsche Uebersetzung, sofern vorhanden.

The Concept of Nature (Tarner Lectures 1919). Cambridge Univ. Press 1920. (Paperback edition, Cambridge Univ. Press 1971).

Science and the Modern World (Lowell Lectures 1925). New York, The Macmillan Co. 1925. (Cambridge Univ. Press 1953). dt.: Wissenschaft und moderne Welt. Zürich 1949.

Religion in the Making (Lowell Lectures 1926). New York, The Macmillan Co. 1926. (Cambridge Univ. Press 1926).

Process and Reality. An Essay in Cosmology (Gifford Lectures 1927-1928). New York, The Macmillan Co. 1929. (Harper Torchbooks, New York 1960).

The Aims of Education and Other Essays. New York, The Macmillan Co. 1929. (Ernest Benn, London 1966).

Adventures of Ideas. New York, The Macmillan Co. 1933. (The Free Press, New York 1967). dt.: Abenteuer der Ideen. Einleitung von Reiner Wiehl. Uebersetzt von Eberhard Bubser. Frankfurt a.M. 1971.

Modes of Thought (Six lectures delivered in Wellesley College, Massachusetts (1937-38) and two lectures in the University of Chicago (1933)). New York, The Macmillan Co. 1938. (The Free Press, New York 1968).

Autobiographical Notes. In: P.A. Schilpp, The Philosophy of Alfred North Whitehead. New York, Tudor Publ. Co. [2]1951. 1-14.

Essays in Science and Philosophy. New York, Philosophical Library 1947.

2. Sekundärliteratur zu A.N. Whitehead (Auswahl)

Für weitere Angaben sei auf die z.T. sehr ausführlichen Bibliographien in den zitierten Werken verwiesen.

Böhme G., Whiteheads Abkehr von der Substanzmetaphysik. Substanz und Relation. In: Zeitschr. f. philos. Forschung 1970(24) 548-553.

Christian W.A., An Interpretation of Whitehead's Metaphysics. New Haven [2]1967.

Dewey J., The philosophy of Whitehead. In: Schilpp P.A., The Philosophy of Alfred North Whitehead. 641-661.

Eisendrath C.R., The Unifying Moment. Cambridge, Mass., Harvard Univ. Press, 1971.

Hartshorne C., Husserl and Whitehead on the concrete. In: Phenom. Continuation and criticism. Edited by F. Kersten and R. Zaner (Phaenomenologica, 50). The Hague, Martinus Nijhoff, 1973.

Hossfeld P., Das Christentum in der Religionsphilosophie von A.N. Whitehead. In: Theologie und Glaube (Paderborn) 1969(59) 464-472.

Hossfeld P., Gott und Religion in der Ontologie von Alfred North Whitehead nach seinem Hauptwerk Process and reality. In: Salzb. Jahrb. Philos. 1968-69 (12-13) 377-387.

Johnson A.H., Whitehead's Theory of Reality. New York, Dover Publ. [2]1962. (Bibliographie pp. 255-263).

Klibansky R. (ed.), Contemporary Philosophy. III. Metaphysics, Phenomenology, Language and Structure. Firenze 1969. (Besonders wichtig: Hartshorne C., Metaphysics in North America. 36-49).

Lango, J.W., Whitehead's Ontology. Albany, N.Y., State Univ. of N.Y. Press, 197

Lichtigfeld, A., Leibniz und Whitehead. Eine vergleichende Untersuchung ihrer metaphysischer Grundbegriffe und deren Weiterentwicklung durch Jaspers. In: Akten des Internat. Leibniz-Kongresses, Hannover 1966. Bd. V: Geschichte der Philosophie (Studia Leibnitiana, Suppl. Vol. 5). Wiesbaden 1971. 169-220.

Mays W., Whitehead and the philosophy of time. In: Stud. gen. 1970(23) 509-524.

Parmentier, A., Actualité de Whitehead. In: Rev. de Théol. et de Phil. 1969(19) 225-234.

Parmentier, A., La philosophie de Whitehead et le problème de Dieu. Thèse. Paris 1968. (Bibliographie pp. 587-635).

Parmentier, A., Whitehead et la découverte de l'existence de Dieu. In: Rev. de Théol. et de Phil. 1969(19) 307-317.

Pinottini M., Bibliografia whiteheadiana. In: Filosofia 1969(20) 614-624.

Pols, E., Whitehead's Metaphysics, A Critical Examination of "Process and Reality". Illinois 1967.

Process Studies. Published quarterly by Process Studies at the School of Theology at Claremont, California. (Erscheint mit einigen Anfangsschwierigkeiten seit 1971, von Zeit zu Zeit mit Bibl. über Whitehead).

Schilpp P.A. (ed.), The Philosophy of Alfred North Whitehead. The Library of Living Philosophers. New York, Tudor Publ. Co. ^{2}1951.

Wiehl R., Einleitung in die Philosophie A.N. Whiteheads. In: A.N. Whitehead, Abenteuer der Ideen. Frankfurt a.M. 1971. 7-71. (Bibliographie pp. 513-521).

3. Uebrige Literatur

Bauer G., "Geschichtlichkeit". Wege und Irrwege eines Begriffs. Berlin 1963.

Berdjajew N., Das Ich und die Welt der Objekte. Eine Philosophie der Einsamkeit und Gemeinschaft. Darmstadt o.J.

Bochenski I.M., Europäische Philosophie der Gegenwart. Bern ²1951.

Brunner A., Geschichtlichkeit. Bern und München 1961.

Brunner E., Wahrheit als Begegnung. Zürich und Stuttgart ²1963.

Buber M., Ich und Du. Leipzig 1923.

Darlap A., Fundamentale Theologie der Heilsgeschichte. In: Mysterium Salutis. Grundriss heilsgeschichtlicher Dogmatik. Bd. I. Einsiedeln 1965. 1-156.

Ebeling G., Die Geschichtlichkeit der Kirche und ihrer Verkündigung als theologische Problem. Drei Vorlesungen. Tübingen 1954.

Ebner F., Fragmente, Aufsätze, Aphorismen. Zu einer Pneumatologie des Wortes. Schriften I. München 1963.

Gogarten F., Theologie und Geschichte. In: ZThK 50(1953) 339-394.

- Das abendländische Geschichtsdenken. Bemerkungen zu dem Buch von Erich Auerbach "Mimesis". Rudolf Bultmann zum 70. Geburtstag. In: ZThK 51(1954) 270-360.

Halder A., Person (philosophisch). In: LThK VIII. Freiburg ²1963. 287-290.

Halder A.-Vorgrimler H., Ich-Du-Beziehung. In: LThK V. Freiburg ²1960. 595-598.

Heinemann F. (Hrsg.), Die Philosophie im 20. Jahrhundert. Stuttgart ²1963.

Langemeyer B., Der dialogische Personalismus in der evangelischen und katholische Theologie der Gegenwart. Paderborn 1963.

Lotz J.B., Zur Geschichtlichkeit des Menschen. In: Scholastik 26(1951) 321-341.

- Von der Geschichtlichkeit der Wahrheit. In: Scholastik 27(1952) 481-503.

Noack H., Die Philosophie Westeuropas. Darmstadt ³1967.

Ratzinger J., Einführung in das Christentum. Vorlesungen über das Apostolische Glaubensbekenntnis. München 1968.

Schütz Chr.-Sarach R., Der Mensch als Person. In: Mysterium Salutis. Grundriss heilsgeschichtlicher Dogmatik. Bd. II. Einsiedeln 1967. 637-656.

Tillich P., Systematische Theologie I. Stuttgart ³1956.

Welte B., Wahrheit und Geschichtlichkeit. In: Saeculum 3(1952) 177-191.

Zahrnt H., Die Sache mit Gott. Die protestantische Theologie im 20. Jahrhundert.

München 1966.

Zimmermann W., Evolution. Die Geschichte ihrer Probleme und Erkenntnisse. Freiburg und München 1953.

EUROPÄISCHE HOCHSCHULSCHRIFTEN

Reihe XX Philosophie

Nr. 1   Karl Kränzle, Basel: Utopie und Ideologie. Gesellschaftskritik und politisches Engagement im Werk Ernst Bloches. 220 S. 1970.
Nr. 2   Rolf Sigg, Zürich: Das Autostereotyp des Schweizers erhoben bei jungen Arbeitern, Studenten und Bauern. 342 S. 1970.
Nr. 3   Issiaka Prosper Lalèyê, Fribourg: La conception de la personne dans la pensée traditionelle Yoruba, "approche phénoménologique". 252 p. 1970.
Nr. 4   Alexander Barzel, Frankfurt a.M.: Der Begriff 'Arbeit' in der Philosophie der Gegenwart. 259 S. 1973.
Nr. 5   Karl Brose, Frankfurt a.M.: Geschichtsphilosophische Strukturen im Werk Nietzsches. 150 S. 1973.
Nr. 6   Seong-Ui Kang, Mainz: Nächstenliebe und Fernstenliebe – Eine kritische Auseinandersetzung mit Nicolai Hartmann. 160 S. 1974.
Nr. 7   Werner Schmitt, Frankfurt/M.: Das Selbstbewusstsein als Inbegriff der drei Formen der Positivität. 212 S. 1975.
Nr. 8   Hans-Georg Flickinger, Heidelberg: Die Darstellung der menschlichen Subjektivität im neueren Drama. Ein Beitrag zur Kunsttheorie der Moderne. 152 S. 1975.
Nr. 9   Rudi Ott, Würzburg: Satz und Urteil. Sprachphilosophische Untersuchungen über das Verhältnis von Grammatik und Logik in der Deutschen Grammatik von Karl Ferdinand Becker (1775–1849). 310 S. 1975.
Nr. 10 Irmgard Roebling, Konstanz: Das Problem des Mythischen in der Dichtung Georg Heyms.
Nr. 11 Issiaka Prosper Lalèyê, Lubumbashi: La Philosophie? Pourquoi en Afrique? 66 p. 1975.
Nr. 12 Hikmat Homsi, Frankfurt/M.: Vernunft und Realität in der Ethik Kants. 218 S. 1975.
Nr. 13 Lorenz Moser, Freiburg i.Ue.: Die Dimension des Dynamischen im Seinsbegriff. Versuch, das Whiteheadsche Wirklichkeitsverständnis für einen dynamisch bestimmten Seinsbegriff auszuwerten. 141 S. 1975.

ISBN 3 261 01638 8

Acme
Bookbinding Co., Inc.
300 Summer Street
Boston, Mass. 02210